21世纪经济管理新形态教材·创新创业教育系列
课程思政特色教材

创业基础

主　编◎吕　爽

　　　　　　　　李欣怡　蒋　超
副主编◎　王苏琪　王楠楠
　　　　　　　　张志辉

U0331665

清华大学出版社
北京

内 容 简 介

本书遵循创业研究理论脉络与中国发展实际,按照教育部《普通本科学校创业教育教学基本要求(试行)》的精神,推动高等教育的创新性和规范性发展。本书主要以教授创业知识为基础,以锻炼创业能力为关键,以培养创业精神为核心,阐述了创业的要素、创业者训练、创业流程等。全书分为八章,包括创业概述、创业者的能力素养、创业团队、创业机会、创业资源、创业计划、知识产权申报与转化、"互联网+"创新创业时代。本书体例结构规范,贴近创业实际,强调了创业者创新思维和创业能力的培养,并且配备了丰富的案例资源。

本书既可以作为全日制本科院校和高等职业院校的创业学教材,也可供怀有创业梦想的人士作为学习与参考用书。

图书在版编目(CIP)数据

创业基础 / 吕爽主编. —北京:清华大学出版社,2022.8
21 世纪经济管理新形态教材. 创新创业教育系列
ISBN 978-7-302-61258-2

Ⅰ.①创… Ⅱ.①吕… Ⅲ.①大学生-创业-高等学校-教材 Ⅳ.① G647.38

中国版本图书馆 CIP 数据核字 (2022) 第 115293 号

责任编辑:刘志彬　付潭娇
封面设计:汉风唐韵
版式设计:方加青
责任校对:宋玉莲
责任印制:刘海龙

出版发行:清华大学出版社
　　　　　网　　　址:http://www.tup.com.cn,http://www.wqbook.com
　　　　　地　　　址:北京清华大学学研大厦 A 座　　　　邮　　编:100084
　　　　　社 总 机:010-83470000　　　　邮　　购:010-62786544
　　　　　投稿与读者服务:010-62776969,c-service@tup.tsinghua.edu.cn
　　　　　质 量 反 馈:010-62772015,zhiliang@tup.tsinghua.edu.cn
印 装 者:北京同文印刷有限责任公司
经　　销:全国新华书店
开　　本:185mm×260mm　　印　　张:15.25　　字　　数:313 千字
版　　次:2022 年 8 月第 1 版　　印　　次:2022 年 8 月第 1 次印刷
定　　价:55.00 元

产品编号:095244-01

创新创业教育系列教材编写委员会

主　任：卢　一
副主任：陈云川　吕　爽
委　员（排名不分先后）：

杨　娟	王　林	刘小玲	陈迎阳	魏怡鑫	李倩雯
祖晓霞	李欣怡	蒋　超	刘行行	杨　彬	郝　亮
柴龙国	戴宜雯	谭军华	张志辉	王一夫	王苏琪
王楠楠	孙　轲	刘　磊	陈　然	李　康	李　苗
姜　华	张　振	刘增奇	安芳洁	赵晓晋	赵玉琴
李杏丽	苗　苗	肖瑞华	王璐瑶	李　磊	刘　帅
高夏媛	吴　旷	李　峥	张鸿燕	段　建	姚碧锋
刘　悦	刘汉智	朱广超	陈　希	赵　鹏	赵庆波
关宏帅	王志刚	方　轩	赵丽华	石　坚	胡石尘
姚宏帆	许景瑶	赵天熹	王　巍	鲍敬敬	屈　颖
崔玲玲	杨　明	梁博通			

创新是一个民族进步的灵魂，是一个国家兴旺发达的不竭动力，也是中华民族最深沉的民族禀赋。自 2015 年国务院办公厅印发《关于发展众创空间推进大众创新创业的指导意见》和《关于深化高等学校创新创业教育改革的实施意见》以来，社会上创新创业的气氛变得活跃，创业文化氛围逐步形成；大学校园中师生的创业意愿日渐高涨，大学生创业者不断涌现。"创新创业教育"课程自 2015 年成为高校开设的必修课后，不仅适应了我国经济社会转型教育的需要，而且在推动科技进步、丰富创意创新、促进就业等方面发挥了重要作用。"大众创业、万众创新"经过六年的创建和发展，正在成为中国经济转型和提质保增的"双引擎"之一，中国大地正席卷着一股创新创业的新浪潮。大学生是"大众创业、万众创新"的主力军，也是未来各个领域的建设者和开拓者。在他们心中种下创新创业的种子，激发其创新思维、开创精神，培养他们创业意识、创业技能，让大学生像企业家一样全面地思考，在条件允许或时机成熟的情况下，以积累的基础知识为底气，其创造的核心技能为燃点，勇于行动，敢于实现自己的梦想。高校创新创业教育的水平和成效，不仅关乎高等教育的发展和人才培养质量的提高，更关乎国家战略目标的实现。

吕爽院长主编的《创业基础》就是一本通过创业教育教学，使学生掌握创业的基础知识和基本理论，熟悉创业的基本流程和方法，了解创业的法律法规，激发学生的创业意识，提高学生的社会责任感、创新精神和创业能力，促进学生创业就业和全面发展的教材。创新，一定不是拾人牙慧，也一定不是循规蹈矩，它必然是一个独树一格、人无我有的尝试；它的目的，不是浮在半空听别人浅唱低吟，而是紧贴地面，收获自己的预期，达到突出特色以开创职业、引领行业、谋划事业的愿景。只有在创新之上，才能深涉创业，所有创业者，都不是一时兴起，随心而欲，而是反反复复思前想后、一点一滴艰难探索的过程。在这个过程中，会不由自主地审视自己的知识结构，反思创业体系建构的梁椽榫卯，一如建造大厦所需的基础建材。该书正是从创业者的视角出发，按照创新创业步骤、环节及可能遇到问题的思路组织章节。创业者创业起始，如何创意？创意怎样落地，是否能够成为创业项目？好的项目如何识别、评估和选择？如何组建创业团队，拟订创业计划书及其如何设立企业，这本书娓娓道来，让人不忍释卷。

创新创业不仅是个实践过程，同时又是一个高风险的过程，大学生创业不仅缺乏必要的管理经验、市场运作策划、资本支持，而且对中国的税费体系、法律保障不甚清晰，该书与配套教材《创业管理》《创业行动》和《创新思维》形成一套完整的指导体系，全方位地覆盖创业前后所需要的知识指导，体系完整，见解独到，既有理论深度又有实践宽度，更有现实深度。该教材内容丰富、言简意赅，具有创新创业领域的前沿性和先导性，对于高校开设"创新创业"教育课程而言，是一本实用教材。对于高等院校具有创新创业想法的年轻人而言，是一本高频的创新创业辅导手册，对尚未工作和已经工作的大学生创业行为具有现实的指导意义。

本书由四川旅游学院创新创业学院院长吕爽领衔创作团队写成。吕爽院长在北京大学光华管理学院访问时与我相识，交流颇多，并为北京大学光华管理学院创新创业中心做出诸多贡献。在交流之中，吕爽院长表现出在创新创业教育方面的长期丰富经验，并且已经形成了丰硕成果，让我深感钦佩。本书正是吕爽院长的最新力作。

吕爽院长基于长期创业教育实践，继 2016 年推出普通高校创新创业教育"十三五"规划教材《创业基础》后，先后进行两次调整，构建新的框架体系和章节内容，使之更加贴合创业者的需求。一方面，创新创业是职业生涯发展的一种选择，落实了国家的就业创业教育方针，适应了社会发展的必然规律；另一方面，站在 21 世纪第一个二十年的风口，我们以壮士断腕的勇气，打破原来教材的框架构思，割舍断离，以国际的视野和方向导标，以引领的姿态指导大学生群体疾蹄奋进，为大学生创新创业提供了一盏指路明灯，同时也为高校从事创新创业教育工作的教师带来了满满的信心，与知识经济时代同步，与创新创业先锋为伍，实现价值创造和更新迭代。本书的出版必然为创业者助力，为梦想插上现实的翅膀。

本书正是高校创新创业教育所需要的，希望看到更多的此类著作出版。创新创业教育并不容易，尤其对于大学教师而言，这样的成果是学生所需，也是教师之助，为此作序，是我之幸，谨此为记！

黄　涛

北京大学光华管理学院创新创业中心副主任、教授、博士生导师

北京大学乡村振兴研究院副院长

　　随着新世纪创业型经济在全球的展开，创业在推动经济发展、促进科技进步、解决就业等方面的作用更加凸显。十八大以来，在全球经济下行、我国社会经济转型升级发展的关键时刻，因为创新创业，新企业如雨后春笋，不断创造新岗位，推动着时代的发展和进步；因为创新创业，引领了科学技术进步，塑造了商业的繁荣；因为创新创业，我们拥有琳琅满目的新产品和新服务，创造了数量众多的就业岗位；因为创新创业，激发了人们的创造潜能，展现了创业者的商业才华；因为创新创业，培育了宝贵的创业精神，增强了社会责任感。不得不说，创新创业成为经济增长的"推进器"、科技迭代的"孵化器"、就业岗位的"增容器"。创业活动推动创业型社会的构建，得到国家的支持和社会的认可，创业知识逐步普及，创业研究不断深入，创业精神更是受人尊崇。创业教育也走进了大学课堂，成为大学生的必修课。创业学习，在高等学校已蔚然成风。

　　创新驱动发展，创业焕发生机。创业是开拓创造的高级活动，是一个从零到一、从无到有、从弱到强的过程。这一过程需要大量的知识储备，需要获得资金、人脉等资源，需要组织团队，学习合作与组织管理。从创业认知角度分析，创业活动遵循一定的内在规律，由此形成相应的创业实践模式和创业知识体系。《创业基础》以此为宗旨，作为一本为创业者提供创业要素和知识储备的系统书籍，它包括了创业的要素和类型、创业的过程和阶段、创业者能力和素养的培养；同时，又现实地分析了创业团队的组成和管理、创业机会的评估和风险的规避；最后，实践地运用知识产权的保护、转化和创业时代的检验，搭建创业者知识系统和实际操作指南。

　　《创业基础》是一本融合知识性、理论性、实践性为一体的图书，主要以教授创业知识为基础，以锻炼创业能力为关键，以培养创业精神为核心。本书结构严谨，观点明确，内容翔实，论证充分。本书系统、简明、实用，可操作性强，不仅指导学生进行创业基本知识、基本理论的学习，也关注学生成长成才；注重创业思维的培养，引导学生用创业思维逐步提升对创业过程的正确认识和理解，避免盲目性，减少风险；在案例选择上，注重选取大学生身边最具有代表性、启发性及实用性的案例。通过启发与反思等设计环节，引导培养大学生敢于运用所学知识积极主动创业；运用创业思维勇敢面对生活中的不确定性，不断突破自我、成就梦想。本书聚焦前沿，特点鲜明，符合大学生创业教育需求。本书作者结合自身多年的教学经验，广泛参阅了国内外该领域的研究资料，基于国内外最新研究理论进行编写，参考了大量的图书文献和同仁的研究成果，引用现实案例，对内容进行了呼应，对理论进行佐证。所编内容贴近生活，符合当代大学生的个性特征和思维特点，以及创业教育背景需求及个人实际需求，启发学生结合自身实际选择适合自身的创业之路。

　　本书的完成凝聚了团队智慧，是高质量教学团队精诚合作的成果。每位作者都结合自身创业实践和教学经验，精心合作完成了写作任务。本书由四川旅游学院创新创业学院吕爽院长担任主编，对本书的写作组织、各章内容进行了精心的设计和编排，由李欣怡、蒋超、王苏琪、王楠楠、张志辉担任副主编。具体分工如下：第一、二章由吕爽、李欣怡编写；第三章由李欣怡编写；第四章由李欣怡、王苏琪编写；第五章由蒋超、王楠楠、王苏琪编写；第六章由蒋超、张志辉编写；第七章由蒋超编写；第八章由吕爽、蒋超编写。全书由吕爽统筹，杨娟协调，李欣怡、蒋超统稿。

　　感谢在本书编写过程中参考过的所有文献资料、专著和教材的作者，正是他们的研究成果，激发了我们的创作灵感，丰富了本书的教学内容。书中引用的部分案例和资料来源于网络、期刊和教材等，在此不再一一列举，谨向各位表示衷心感谢。

　　本书进行了反复研讨修改，由于编者水平有限，书中疏漏、不当之处难以避免，敬请广大读者提出宝贵意见，以便我们对本书进行进一步的修改、补充和完善。本书为读者免费提供教学课件和相关教学文件，可登录清华大学出版社网站 http://www.tup.tsinghua.edu.cn 下载。相关教材咨询与出版，可以通过 1450691104@qq.com 与编辑联系。

吕　爽

2021 年 11 月

《创业基础》简介

《创业基础》怎样讲

第一章 创业概述

学习目标

1. 了解创业的概念、创业与创业精神的关系、创业与职业生涯和职业发展的关系；
2. 认识创业在当今时代背景下的意义和价值，正确、理性看待创业。

案例导入

小米神话的创造者——雷军

1969 年，雷军出生在湖北仙桃的一个教师家庭。在中学时代，一直在班级成绩名列前茅的雷军，以可以被清华北大录取的成绩上了武汉大学计算机系。

18 岁的雷军进入武汉大学后，与如今的大学生不同，在大学时候的雷军戒掉了午睡的习惯，把时间分割成以半小时为单位，为自己制订好每半小时的学习计划，比高中时代还要拼。20 岁的雷军用两年读完别人四年才能读完的课程，并包揽学校几乎所有的奖学金。

在毕业的时候，大学班上一百多人，他入学的成绩是第 24 名，但毕业的时候是第 6 名。

在大学毕业后，雷军只身闯荡北京，1991 年年底在中关村与求伯君结识，随后加盟金山软件，成为金山的第六名员工。两年之后，雷军出任北京金山的总经理。1998 年正值 29 岁的雷军风华正茂，升任金山公司的总经理，可谓是年少得志、意气风发。求伯君立志让金山成为一家可以挑战微软的民族软件企业，理想之路步履维艰，金山历经从办公软件到词霸、毒霸，再到向游戏和网络的多次转型，几经起落。2007 年，雷军带领金山成功上市后便淡出，花了三年时间寻找更大的商业机会。但刚从金山出来，他就感受到什么是"人走茶凉"，说道："没有一家媒体想要采访我；没有一个行业会议邀请我参加。我似乎被整个世界遗忘了。"好在这几年，他看到了智能手机潜藏的巨大机会。

2009 年，雷军犹豫了半年时间，在武汉大学的操场上，他沿着 400 米的跑道走了好几个通宵，试想怎样才能塑造与众不同的人生。在思考明白后，40 岁的雷军决心用互联网的方式来做手机。2010 年 4 月 6 日，北京中关村保福寺桥银谷大厦 807 室，14 个人，一起喝了碗小米粥，一家名为"小米"的小公司就开张了。2011 年 8 月 16 日，798 艺术中心北京会所的舞台中央，雷军身着黑色 T 恤和深蓝色牛仔裤，身份是小米科技 CEO，他带着"一款顶级智能手机"，对台下 800 多名听众讲述小米手机的诞生历史。2012 年，小米全年销售 719 万台小米手机，含税营业收入 126.5 亿元，创造了手机业界的销售奇迹，雷军因其创新入围"CCTV 中国经济年度人物"。

2018 年 5 月 3 日，小米正式在港交所递交 IPO 招股说明书。这一天属于雷军。

招股说明书披露的数据显示了小米的成长历程：在 2015 年，小米的经营收入达

668.11 亿元；在 2016 年，小米仍实现了 684.34 亿元的总收入；到了 2017 年，小米的营收几乎翻了一倍，达 1 146.25 亿元。与此同时，小米的盈利也逐年增长：2015 年小米亏损 3.03 亿元，2016 年实现净利润 18.9 亿元，2017 年净利润 53.6 亿元。

分享讨论：

读完以上故事，你认雷军创业成功的关键要素是什么？

（资料来源：https://industry.zbj.com/wap/detail?aid=2763）

第一节　创业的内涵与功能

一、创业

1. 创业的定义

创业一词最早出现于《孟子·梁惠王下》："君子创业垂统，为可继也。"其意思是说，君子创建功业，传给子孙后世，为的是能够传承（光大）。因而《辞海》将创业解释为开创基业、创建事业。

美国最早从事创业教育的教育家，被称为"创业教育之父"的杰弗里·蒂蒙斯（Jeffry A. Timmons）在他经典教材《创业学》中将创业定义为：创业是一种思考、推理结合运气的行为方式，它为运气所带来的机会驱动，需要在方法上全盘思考并拥有领导才能的行为过程。在他的概念里，创业是一个要将时机、资源和个人才能进行全盘思考并付诸行动的实践过程。

国内对创业的研究重点不在于对创业概念的界定，而是在创业管理中。实战性地对创业人在不同阶段的管理措施、绩效提升进行策略指引和方法指导，目的是帮助初创企业生存发展。对创业教育的研究，开始于 2015 年国务院办公厅发布〔2015〕36 号文件《国务院办公厅关于深化高等学校创新创业教育改革的实施意见》，为了实施高校毕业生更高质量创业就业、促进经济提质增效升级、推进高等教育综合改革，实施创新驱动发展的国家战略，逐步推进铺展开来。作为较早研究创业教育的学者，具有代表性的著名生涯规划和创业教育专家李家华教授，他认为：创业是不拘泥于当前的资源约束，寻求机会进行价值创造的行为过程。邓文达教授认为：创业是一个复杂的创造过程，必须要贡献出时间、付出努力，承担相应的财务的、精神的和社会的风险，并以获得金钱的回报、个人的满足和独立自主为目的的社会行为。

综合国内外学者的观点，创业可分为广义的创业和狭义的创业。

广义的创业泛指在各个领域开创事业，并且在特定领域内造成巨大的影响，惠及社会和民生，一般强调创始基业，关系着国计民生的事业。比如历代开国创建者，为建立新的国家而运筹帷幄、千折百回，集智勇于万众，最终大功告成。发展经济，不断突破新领域，呈现新态势，也是创业。创业是以价值实现为终极目标，创业的价值表现为个人价值与社会价值的统一。

狭义的创业泛指在社会各个领域内的自主创业。其可以指举办企业，创造者在不确定的环境中通过发现、识别和捕捉创业机会，并有效整合资源，获得商业利润；也可以指立足组织岗位和社会角色，拓展新的需求、渠道、途径、服务，满足用户需要，获得商业价值、创造个人价值与实现社会价值的过程。

综合创业的内涵，必须从以下几个方面进行理解。

（1）创业是一个艰巨的创造过程。这个创造的"业"，一定程度上属于"无中生有"，是被创造出来的"有价值"的新事物，它不仅对创业者本身有价值，而且对社会、对国家也要有价值。价值属性是创业的首要属性，同时也是创业活动的评判标准，没有增值和创收，创业就没有意义。

（2）创业需要结合机会。创业通常离不开创业时机，识别机会、把握机会、利用机会带来的窗口期，进行有效活动是创业者开始创业的起点。创业必然是从识别"商机"开始，寻求有效商业机会是产生创业活动的前提，只有发现了商机，才有可能更好地整合资源和创造价值。

（3）创业需要创业者花费大量的时间和精力，付出超乎常人的努力。要完成整个创业过程，要创造新的有价值的事物，就需要大量时间来思考、计划、咨询、统筹，以及各个方面的要素准备和综合评估，而想要获得成功，更需要坚韧不拔的意志和"咬定青山"的坚持，接受实践过程中汇水成河的打磨和检验，顶住内部要素和外部客观条件的碰撞与磨合，克服艰苦时期和突发状况的考验与测评，才能"淘尽黄沙始到金"。

（4）创业需要面对资源障碍，设法突破资源约束。创业几乎都会经历白手起家、从无到有的过程。一般情况下，创业者不会拥有创业需具备的所有资源，如果是那样，就无须开创了。正是因为拥有的可利用的资源有限，才需要围绕创业，将资源整合、调动、有效配置起来，优化组合，达到理想状态从而产生效益。或者创新组合资源利用的有效手段、途径及资源获取渠道，摆脱资源约束的困境，获得资源支持和资源效能。

（5）创业要承担必然的风险。创业的风险来自各个方面，可能有不同的形式，但高风险是创业的代名词，也是创业成功的阻碍。创业的外部风险主要包括商机误判风险、人力资源风险，市场风险，财税风险、法律风险、技术风险、合同风险、突发事故风险等；创业的内部风险是创业者及团队的心理压力、精神状态等自身风险。创业者要具备超人的胆识，强大的抗压能力，同时敢冒风险，勇于作为。

2. 创业的功能

在某种意义上说，创业就是创造，是社会进步的动力，也是经济活力之源。如今，创业正在世界范围内催生一种新型的经济形态，这种新经济形态突出了创新特征。正是这种创新创业丰富了市场供需，更好地满足多样性和深层次的需求，引领着人们的消费，推动消费结构升级和市场繁荣发展。许多发达国家借助创业型经济的优势，在知识经济中，或者说在信息化、现代化的社会转型中占得全球市场的先机，填补市场空白，获得全球经济发展或行业先行的红利。根据全球企业观察的报告，我国在全球创业活动中属于活跃型国家。我国的创业环境正在不断改善，创业氛围在国家的推动下日渐浓厚。

创业的主要功能体现在以下几个方面。

（1）创业具有调节社会资源配置的功能。对于一个成长在一定地域上的创新企业，要能够生存并获得持续发展，必须具备一定的竞争力。从行业发展来看，创业企业的发展、壮大、成功，将会影响行业已有的经营格局，打破行业资源的已有状态，加剧行业经营的竞争，形成优胜劣汰的局面。创新企业能够激发市场的活力，犹如鲶鱼效应，有利于资源向经营良好、效率更高的企业流动，促使社会资源合理配置，产生更高的社会效益。

（2）创业具有促进社会科技进步和繁荣市场的功能。创业往往伴随着新技术、新产品、新工艺、新方法进入市场，无论是科研成果转化，还是市场细分和延伸，创新企业可以促进技术进步，推动经济结构升级，这些创新企业能快速促进社会科技进步，促进我国整体科技水平提高和综合国力提升。

尽管我国技术创新水平总体不高，市场开发还不够充分，在国际分工的高、精、尖领域优势不突出，但我国正在逐步改变这种状况，要改变以前的被动状态，就要发展创业型经济，而发展创业型经济的根本，取决于拥有创新创业人才的数量和质量。大学生是社会的精英，未来的接班人和建设者，培养更多的大学生创业者，让更多的大学生拥有创新和创业的技能，是我国改变现实、远谋未来、实现发展经济转型升级的最重要途径。创新性人才的培养将为我国创业型经济发展提供根本性支撑。

（3）创业具有缓解就业压力的社会功能。作为世界第一人口大国，我国有着庞大的就业人群。在我国推进城镇化和经济结构转型升级的过程中，必然伴随着诸多就业矛盾的产生。随着城镇化的推进，相当数量的农业富余劳动力需要转移就业，大量就业人数就地转化，就业总量压力不断增大。而高等教育的扩招，也使得适龄就业人口集中，就业压力重叠。随着我国经济由高速转向中高速发展，就业的结构性矛盾更加突出，一方面传统行业出现大批下岗失业人员，许多人再就业困难；另一方面，新兴产业、行业和技术性职业所需要素质较高的人员又供不应求，不同行业劳动力供求的不平衡性加剧，劳动力素养与岗位需求不能适应的矛盾变得更加突出。据教育部统计，我国应届高校毕业生人数多年持续增长，每年都有几百万至千万的大学生投入人才市场，就业形势十分严峻。因此，培育大学生创业精神和创业技能，提倡和鼓励大学生自主创业，通过创业来解决大学生就业问题，无疑是一种可行且有效的途径。并且，一个大学生的创业成功，可以带动几个甚至一批大学生的就业。形成大学生创业的良好氛围，将会有利于缓解大学毕业生的就业压力。所以，加强大学生群体的就业教育和就业学习具有重要的社会功能。

（4）创业具有帮助创业者实现人生价值的功能。随着社会进步发展，智慧和技能已经成为比土地、资金、劳动更有意义的关键性生产要素。知识、技能、管理作为重要的生产要素，参与价值增值和分配。创办企业越来越需要创业者具有较高知识水平、技术能力、管理能力，知识型、技能型创业者能够运用知识实现产业成果的转化，与社会资本相结合，资本能发挥更强大的作用，从而推动整个社会生产力水平的提高。拥有专业知识和具有技术、技能资本的大学生更有能力，通过创业实现价值创造。大学生群体借助知识和创意来创建企业的梦想，在当今时代更有可能变为现实，创业为每个人创造了发展的机会和增加个人财富的可能性。创业不但是一种充分实现自我的机会，更是发挥个人潜能的平台；不仅仅是实现个人价值，更是实现社会价值。

二、创业要素与类型

1. 创业的要素

研究创业活动是从研究创业的要素开始的，即具备哪些要素可以创业。通常，人们对创业要素的认知和分析，采纳最为典型的蒂蒙斯创业要素模型，即蒂蒙斯模型。该模型提炼的创业要素为：创业机会、创业者及其团队、创业资源。在此基础上，又延伸出多种要素说，如强调技能的三要素之说：技术技能、创业者及团队、创业模式，或者产品、团队、资金；有四要素之说：创业者、创业机会、创业资源、创业模式，或者创业者、创业资源、创业管理、市场机会；也有五要素之说等，都是在蒂蒙斯模型上的细化。一般来说，蒂蒙斯模型中创业要素是创业活动中不可或缺的。蒂蒙斯认为，创业机会是创业过程中的核心驱动力，如果没有机会，创业活动就成了矛盾，难以创造真正的价值。应该说机会是普遍存在的，关键要看创业者及其团队能否有效识别机会、抓住机会并开发利用机会，如果没有创业者及其团队的主观努力，创业活动是不可能发生的。创始人及其团队是创业过程的主导和核心，属于革命者，离开了人的驱动和推进，创业机会和创业资源都成了无源之水、无本之木。创始人及其团队把握创业的合适机会后，还需要有相应的资金和设备等资源，如果没有必要的资源，机会也就难以被开发和实现。

蒂蒙斯模型论证了创业过程中三个因素之间的相互作用，由不平衡向平衡方向发展的过程。随着创业过程的展开，处于模型中的自变量创始人及其团队，要善于平衡，对其创业机会进行创造性的把握，对创业风险进行理性认知和规避，对资源进行合理利用，对市场要素进行动态调整和配置。随着创业过程的推进，其重点也相应发生变化，三者必须做出动态的调整。因此，该模型还阐述了三要素之间的匹配和平衡，创始人及其团队要将创业机会和创业资源两者之间进行有效连接，是创业活动的核心，由不平衡到相对平衡使蒂蒙斯模型具有动态性的特征。

2. 创业的类型

创业活动涉及各行各业，创业者的创业动机千差万别，创业项目和领域多种多样，创业的类型也因此花样纷繁，可以从不同的角度进行分类。

（1）以创业动机的不同，可以将创业分为生存型创业与机会型创业。

2001 年，《全球创业观察》报告最早提出了生存型创业和机会型创业的概念，并逐年对机会型创业和生存型创业的概念进行丰富。根据创始人及其团队的创业动机，可以将创业分为生存型创业和机会型创业。

①生存型创业是指创业者为了生存而相对被动进行的创业。其主要特征为创业者受生活所迫，物质资源贫乏，创业初期基本没有伟大的梦想或理想，只是被生活所迫，在现有市场中捕捉机会，从事低成本、低门槛、低风险、低利润的创业。在我国改革开放的初期，很多创业者以及下岗职工的创业尝试，大多属于这种类型。据清华大学对创业动机的一份调查报告指出，这类创业者占我国创业者总数的 90%。

②机会型创业是指创业者为了追求商业机会，基于实现自我的强烈愿望，在发现和创造新的市场机会的情况下，谋求更多发展而从事的创业活动。创始人及其团队有明确的创业梦想，进行机会的识别和把握，从事技术创新或新领域的开拓，同时自己期望实现人生的更大发展。

机会型创业与生存型创业的主要区别：第一，创业者个人的特征不同。创业者个人特征是机会型创业与生存型创业的主要区别。一般来讲，善于创造新事物和知识学历层次高的创业者更有可能进行机会型创业。第二，创业投资回报预期不同。创业投资回报与创业风险相关，因此，生存型创业者所能承担的风险相对较小，期望的投资回报低一些；而机会型创业者会承担更大的创业风险，创业期望较高，投资回报也较高。第三，创业壁垒和效益不同。生存型创业者更多地受创业资金、技术和人才等因素的限制，回避技术壁垒较高的行业，投入小，效益低；机会型创业者拥有一定资金、技术和人才优势，会将技术壁垒作为一种保护，关注新的市场机会，以技术攻关突破壁垒获得成功，投入多而复杂，效益高。第四，创业资金来源不同。生存型创业者的资金主要来源于个人和家庭，资金来源比较单一；机会型创业者，通过各种渠道如政府政策、风险资金、金融机构贷款等获得资金支持，资金来源途径较多。第五，创造的就业岗位不同。生存型创业，拉动就业动力低，安置的就业岗位少；机会型创业不仅能解决自己的就业问题，而且能拉动更多人的就业。第六，发展前景不同。生存型创业满足当时需要，被动创业，随着发展形势的变化，会呈现淘汰或转型态势；机会型创业利用机会创造机会，不断自我革新而达到行业引领，从而改善经济结构，引导社会进步。

（2）以创业起点的不同，可以将创业分为创建型创业和集团型创业。

①创建型创业。创建型创业是指创业者和团体，从无到有地创建全新的企业组织，这个过程充满机遇，但风险和难度也很大。

②集团型创业。集团型创业也称企业内创业，是指在已有公司和企业内进行创新创建的过程。其可以是企业流程再造，也可以是新业务的拓展和分支，通过二次、三次乃至连续不断地创新，创业企业的生命周期才能不断在循环中延伸。

（3）以创业形式的不同，可以将创业分为复制型创业、模仿型创业、安定型创业和冒险型创业。

①复制型创业是指在现有的经营模式的基础上，简单复制原有公司的经营模式进行创业。在现实生活中，新企业中属于复制型创业的比例很高，且由于前期经验的积累，创业者创业的成功率较高。例如，伊利集团副总裁牛根生从伊利离开后，带领手下启动了一场"复制另一个伊利"的计划，创办了蒙牛乳业集团。加盟创业也属于复制型创业。

②模仿型创业。这种形式的创业，虽然也无法创造新的价值，创新的成分也很低，但模仿不等于复制。模仿型创业往往不能模仿其他企业最为核心的部分，因而与复制型创业不同，其创业过程对于创业者而言还是具有很大的冒险成分的。

③安定型创业。这种形式的创业虽然为市场创造了新的价值，但对于创业者而言，没有太大的改变。这种类型的创业强调的是创业精神，也就是创新的活动，而不是新组织的创造，企业内创业技术就是这一类型。

④冒险型创业。冒险型创业是一种难度很高的创业活动，有较高的失败率，但一旦创业成功，投资回报也很高。这种类型的创业想要获得成功，对创业者的能力、创业策略、模式创新、商业经营、创业管理等各方面都有很高的要求。

（4）以创业性质的不同，可以将创业分为传统技能型创业、高新技术型创业和知识服务型创业。

①传统技能型创业。传统技能型创业是指使用传统技术工艺的创业项目，比如生产面包、饮料、服装与食品加工、重要工艺美术品等，这些独特的传统技能项目在市场上表现出经久不衰的竞争力。

②高新技术型创业。高新技术型创业是指利用技术技能进行高精尖产品创造，属于知识密集性强、拥有前沿性研究，并具有开发性质的新技术。

③知识服务型创业。知识服务型创业是指为人们提供知识信息咨询服务的创业项目。当今社会各类知识咨询服务机构都属于这一类型，知识服务会不断细化和增加，这类创业项目投资少、见效快，市场前景广阔。

（5）以创业方向和风险的不同，可以将创业分为依附型创业、尾随型创业、独创型创业和对抗型创业。

①依附型创业。依附型创业是指企业可以依附于大企业和产业链而生存，在产业链中确定自己的角色，为大企业提供配套服务，也可以是特殊经营权的使用。比如生产汽

车零配件的创业企业，利用合资的汽车品牌效应和熟悉的经营管理模式进行创业。

②尾随型创业。尾随型创业是指模仿他人所开办的企业和经营项目，一般是行业内已经有许多同类企业，创业者尾随他人，为满足市场要求，分割市场利益，尾随着行业先行者做。

③独创型创业。独创型创业是指提供的产品和服务，能够填补市场空白，大到产品完全独创，小到商品的某个技术独创。

④对抗型创业。对抗型创业是指进入其他企业已经形成垄断地位的某个市场，与之对抗较量求得生存的创业。比如 20 世纪 90 年代初，针对外商在中国市场上大量销售合成饲料的垄断局面，希望集团的刘氏四兄弟，对抗性地创建饲料研究所，争夺国内饲料市场，最终取得了成功。

（6）以创新内容的不同，可以将创业分为产品创新的创业、营销模式创新的创业、组织管理体系创新的创业。

①产品创新的创业。产品创新的创业是指技术创新和工艺创新的成果吸引并产生新的消费群体，从而促使创业行为的发生。比如樊登读书会，就是将碎片化时间利用起来，通过听读的方式进行创新的成果。

②营销模式创新的创业。营销模式创新的创业是指采取了一种有别于其他企业的市场营销模式，为消费者带来更高的满足感，如共享单车的营销模式。

③组织管理体系创新的创业。组织管理体系创新的创业是指采取一种有别于其他厂商的企业组织管理体系，因而能更有效地实现产品的商业化和产业化。

（7）以创业者数量的不同，可以将创业分为独立创业和合伙创业。

①独立创业，是指创业者独立创办自己的企业，企业创始人特立独行，决策迅速，但创业者要独自承担风险，自负盈亏。

②合伙创业，是指与他人结成团队，共同创办企业，形成集团抗拒风险，民主决策，利益共享，风险共担。

三、创业过程与阶段

1. 创业的过程

创业的一般过程包括创业者从产生创业动机到创建新企业并获取回报的全过程，是一系列紧密相连的活动流程，通常分为以下六个主要环节。

1）产生创业动机

创业动机是创业机会识别的前提，是创业的原动力。它推动创业者去发现和识别市场机会。创业活动的主体是创业者，创业者强烈的创业愿望是创业活动的开始。很多人看到了创业机会，也看到潜在的收益，但不一定能成为创业者或创业团队的一员。成为创业者会受三方面因素的影响。一是个人潜质。每个人都可能具有创业精神，但创业精神的强度不同，强度的大小有遗传的成分，更受环境的影响，如犹太民族的特质就是善于发现、勇于实践，温州人受当地"鸡毛换糖"商品交换环境的影响，创业意愿相对强烈。二是创业机会。创业机会的增多，会形成巨大的利益驱动，促使更多的人尝试创业。社会经济转型、技术进步等多方面的因素会促使创业机会的增多，同时也会降低创业门槛，进而促成更大的创业热潮。三是创业的机会成本。机会多而且带来的回报高，人们就愿意抓住机会，但如果人们能从其他工作获得高收入和满足需求，创业意愿就会降低。

2）识别创业机会

识别创业机会是创业过程的核心环节。李嘉诚说过："机会存在是可观的，机会发现是主观的，只要做一个有心人，发现机会的存在不是一件困难的事情。"创业者在识别创业机会阶段，应该具有敏锐的嗅觉，具有清醒的判断思考问题能力，并且对以下四个方面进行追问：机会何来？受何影响？有何价值？如何利用？就是说创业者应该找到创业机会的来源在哪里，分析创业机会的相关影响因素有哪些，创业机会所具有的并能被实现的价值是什么，自己能通过什么形式或途径使创业机会变成实际价值。围绕这些问题，创业者在识别创业机会阶段需要采取行动，多交流、多观察、多思考、多分析，最终抓住创业机会。

3）整合有效资源

整合资源是创业者开发机会的重要手段。一般情况下，创业者可以直接控制的可用资源往往很少，创业几乎都会经历白手起家、从无到有的过程，人、财、物都是开展创业活动所必需的基本生产要素。创业活动的复杂性决定了创业者不可能一个人包打天下，而是通过分工合作打造创业团队。对创业者来说，首先，要能够组建团队，凝聚志同道合的人，构建一个分工明确、步调一致的团队，如"腾讯五虎将""阿里巴巴十八罗汉"等。没有人的推进，好的项目和创业一定不会成功。其次，要能够进行有效的创业融资，草船借箭与借船出海，等候时要善于尝试依靠借助别人掌握的资本、资源来帮助和实现自己的创业起步。最后就是要有创业的基础设施，包括创业活动的场地和平台。创业是在创业者面对资源约束情况下开展的具有创造性的工作，一定会面临很大的不确定性，所以创业者需要精诚团结，集中集体智慧，把主要精力放在资源的获取上，以解决初创企业的生存问题。

4）制订创业计划

创业计划是与创业项目有关的事项进行全方位安排的书面文章，用于描述创办一个企业所需要的是所有相关外部及内部要素，包括商业前景的展望、人员、资金物质等各种资源的整合，有吸引力的商业模式，以及经营思想与战略等，是为创业项目制定的一份完整、具体、深入的行动指南。因此，创业者在创办企业之前，必须撰写一份详细的创业计划书来帮助创业者进行自我评估，以及判断创业项目的可行性、竞争力与盈利能力。

5）创建新企业

新企业的创建是创业者的创业行为的产物和标志。创建新企业包括公司制度设计、企业的法律形式、企业注册、经营地址、进入市场的途径，以及是选择完全新建企业，还是采取加入或收购现有企业等。值得注意的是，许多创业者在创业初期迫于生存的压力，以及对未来缺乏准确预判，往往容易忽视这部分工作，结果给以后的发展留下隐患，后悔当初考虑不周到。

6）初创企业的经营和管理

企业一旦创立，就面临着经营与管理问题。企业初期的市场营销、产品规划设计、财务和售后服务体系的建立，税务问题等，最重要的是能否提供市场价值，获得客户和消费者的认可，这关系新企业的生存与成长。因此创业者必须面对挑战，采取有效措施，使创业的市场价值得到充分实现，不断让客户受益，从而获得企业的长期利润，逐步把企业做活、做好、做大、做强。收获企业回报是创业活动的主要目的，对于多数创业者来说，获取回报最为理想的途径，就是把自己创建的企业尽快发展成为快速成长并成功上市的企业。

2. 创业的阶段

根据以上创业过程分析和大量创业实践总结，创业可分为 4 个主要阶段。

第一阶段，即生存阶段。以产品、技术和服务来占领市场，重点是想法符合消费人群，能够有效地进行销售。

第二阶段，即公司化阶段。以规范管理来增加企业效益，这需要创业者提高思维层次，从基本想法提升至企业战略思考的高度。

第三阶段，即集团化阶段。以产业化的核心竞争力为硬实力。依靠一个个团队的合作，构建子公司和整个集团的系统平台，通过系统平台来完成管理。把销售变成营销，扩大产品或服务影响力；把区域性渠道转变成地区性网络，增加产品或服务的覆盖面。

第四阶段，即总部阶段。以一种无国界的经营方式构建集团总部，依靠一种可跨越行业边界的无边界核心竞争力，让企业发展达到最高层级。

第二节　创业与职业生涯规划

一、职业生涯规划

创业是可以规划的，创业能力对个人职业生涯的发展起着异常重要的作用，是自己职业成就获得的源泉。

（一）什么是职业生涯

生涯，英语是"career"，"生"，即活着；"涯"，即边界。从广义上理解，"生"，自然是与一个人的生命相联系；"涯"则是指人生经历、生活道路和职业、专业、事业。美国职业发展协会认为，职业生涯是指个人通过从事工作所创造出的一种有目的的、延续一定时期的生活模式。

中国职业规划师协会对职业生涯的界定，认为是指人的一生中的职业历程，人的职业生活是人生全部生活的主体，在其生涯中占据核心与关键的位置。

职业生涯是以心理开发、生理开发、智力开发、技能开发、伦理开发等人的潜能开发为基础，以工作内容的确定与变化、工作业绩的评价，工资待遇、职称、职务的变动为标准，以满足需求为目标的工作经历和内心体验的经历。职业生涯可以分为外职业生涯和内职业生涯。

（1）外职业生涯是指从事职业时的工作单位、工作地方、工作内容、工作职务、工作环境、工资薪酬等因素的组合及其变化过程。比如职务目标是总经理，经济目标是年薪 50 万元。从结构性质上看，外职业生涯的构成因素通常是由别人赋予的，也容易被施予者收回。在外职业生涯因素中，职务与待遇的取得往往与自己的付出不一致，尤其是职业生涯初期。有的人一生疲于追求外职业生涯的成功，但内心却极为痛苦，因为他们不了解外职业生涯的发展是以内职业生涯的发展为基础的，它依赖于内职业生涯的发展而增长。

（2）内职业生涯是指从事一种职业所具备的知识、观念、经验、心理素质、能力等因素的组合及其变化过程。例如，工作成果目标是销售经理的工作业绩，心理素质目标是经受住烦琐与挫折，能做到临危不惧、宠辱不惊。内职业生涯中各项因素，可以通过别人的帮助而具备，但主要还是要靠自己努力追求而获得。与外职业生涯构成因素不同，内职业生涯的各个构成因素内容一旦获得，别人便不能干预、剥夺或收回，它们构成了别人无法替代和窃取的人生财富。

（二）什么是职业生涯规划

职业生涯规划是指个体将个人发展与组织发展相结合，对决定个人职业生涯的个人因素、组织因素和社会因素等进行分析，制定个人一生中在事业发展上的战略设想与计划安排。

根据定义，职业生涯规划，首先，要对个人特点进行分析，自己的性格、特长与兴趣要与职业发展目标相契合。职业生涯能够成功发展的核心，就在于所从事的工作正是自己所擅长的。从事自己擅长的工作，不仅工作游刃有余；而且从事自己所喜欢的工作，心里感到愉悦和满足，客观上也能脱颖而出。其次，必须对所在组织环境和社会环境进行分析，再根据分析结果制定一个人的奋斗目标，选择实现这一奋斗目标的职业，编制相应的工作、教育和培训的行动计划。最后，也是最重要的，就是要落实到行动中，具有可执行性，并对每一步步骤的时间、顺序、方向做出合理的安排。既要有雄心壮志，但又要避免好高骛远。职业生涯规划要在实际执行过程中，完成资历的积累、经验的积累、知识的积累，需要一步一个脚印，层层晋升，最终才能成就梦想。

在现实中，尽早做好职业生涯规划对于一个人的发展至关重要。只有认清自我，不断探索开发自身潜能的有效途径和方式，才能准确地把握人生方向，实现职业不同阶段的目标，塑造成功的人生。大量的实例证明，在职业生涯中能够有所成就的人，往往是那些有着清晰的职业生涯规划，并能顺势调整的人。

（三）创业能力对于职业生涯发展的重要意义

在现今社会中，创业已成为大学生职业生涯的一种选择。但是，创业是一个实践性很强的过程。创业者不仅要拥有创业精神、创业意识，还要具备足够的创业能力。创业能力与新创企业的成败直接相关，创业能力强，则创业成功率高。

创业还意味着自我管理、自我决策、自我规划，需要结合生涯规划严格自律，开拓性地完成自我设定。很多人在没有督促、没有制约的条件下会懒散放松、效率低下。因此在选择创业前，应该进行创业实践训练，向成功的企业家学习，在实践中提高自我管理能力，特别是开拓创新能力、组织管理能力、人际关系协调能力、决策能力以及发现问题与解决问题的能力等，然后再去创业，这样无疑可以大大提高创业的成功率。

二、创新人才的素质要求

所谓创新人才，就是具有创新精神和创新能力的人才。在日常生活和工作学习中，表现出灵活动脑、开放包容、探索好奇的个性，具有敢于冒险、注意力集中、想象力丰富、精力充沛的特征，同时具有坚持不懈、"咬定青山不放松"等意志品质。当今时代对创新型人才有以下素质要求。

1. 可贵的创新品质

创新型人才必须是有理想、有抱负、敢做敢干之人，具备良好的进取意识和献身精神，具有强烈的事业心和历史责任感。创新人才一定是在钻研某个领域的同时，突破原有的限制，并渴望以自己的开拓带给领域、行业、社会福利，以开创事业为追求的创新品质。具备了这样一种品质，才能够有为求真知、求新知而敢闯、敢试、敢冒风险的大无畏勇气，才能构成创新型人才的强大精神动力。

2. 坚韧的创新意志

创新是一个对已知领域进行破旧立新的过程，也是一个对探索未知领域不断试错纠偏的过程，充满各种困难、挫折、阻力和风险，时时面临如履薄冰、一着不慎满盘皆输的考验，甚至遇到致命打击和失败。因此，创新人才每前进一步，都需要非凡的胆识和强大的承压能力，需要有坚韧不拔的毅力和百折不挠的意志，为了既定的目标坚持不懈，锲而不舍。遭到障碍和阻挠不放弃，遇到挫折和挫败不气馁，遇到打击和对抗不退却。只有具备了这样的创新意志，才能不断地战胜创新活动中的种种艰难险阻，最终实现理想的创新效果。

3. 敏锐的创新观察

历史上的科学发现和技术突破，无一不是创新的结果。从这个意义上讲，创新就是发现，而且是突破性的发现。要实现突破性的发现，就要求创新人才必须具有敏锐的观察能力和深刻的洞察能力，有丰富的联想能力和一触即发的灵感和顿悟，在问题如林的缝隙中观察，不断地将观察到的事物与已掌握的知识联系起来，发现事物之间的内在联系和发展趋势，见别人未见，创别人未有，行别人未行。

4. 丰富的创新知识

创新是推进已有知识在传承上的发展。在人类知识越来越丰富和深奥的今天，要求创新人才的知识结构既有广度，又有深度。创新人才一方面要有一定的知识架构，另一方面还要有广博而精深的文化内涵。也就是说必须具有深厚而扎实的基础知识，知识体系比较完善，同时又要精通自己专业，了解相邻学科及必要的横向学科知识，并能掌握所从事学科专业的最新科学成就和发展趋势。知识面宽、专业面深，这是从事创新研究的必要条件。只有通过知识的不断积累，才能用更宽广的眼界进行创新实践。

5. 科学的创新实践

创新的过程是遵循科学，依据事物的客观规律进行认知、探索、掌握利用的过程，任何一点都不能有马虎和空想，更不能有主观臆断和违背事实。因此，创新人才必须具有严谨而求实的工作作风，严格遵循事物的客观规律，从实际出发，以科学的态度进行创新实践。

三、创业能力与职业生涯规划

对于一个立志创业的人来说，职业生涯规划与其创业规划在一定程度上是同道、同频的。要制定一份好的职业生涯规划，从原则上说，应该把握三个主要内容：自己能够做什么、社会需要什么、自己拥有什么。而在创业规划中，也要回答这些问题：自己能够做什么、社会需要什么、自己能解决什么问题（痛点）、自己拥有什么资源。因此，在二者的同问同步同行中，要从自我分析、环境分析、核心要素分析、关键成就因素分析做起。

首先，自己能够做什么。作为一个创业者来说，只是知道自己想干什么是不够的，更重要的是知道自己能够做什么、做得到什么。能做得到是一个人对自己的兴趣、综合实力、潜能的基本认识和判断，这是一项前提性的工作。

其次，社会需要什么。一个人在明确自己想做什么、能做什么的同时，还应考虑社会的需求是什么这一重要因素。有需求才能开发供给，有市场才能有提供产品或服务。如果一个人所选择的创业领域，既符合自己的兴趣又与自己的能力相一致，但却不符合社会的需求，或者需求达到饱和，没有供应商的空间，那么这种创业既不必要也不可能。由于分析社会需求及其发展态势并非一件易事，因此，在选择创业目标时，应该进行多方面的探索，以求得出客观而正确的判断。

再次，自己能解决什么问题，或者解决问题的痛点，这是对社会需求深挖。任何一个创业者，一开始都不可能涉足社会全领域，只能是在一个专业领域或者一个问题的某方面进行深挖。能解决一个问题，或者解决一个问题中的关键痛点，就能开发一线生机，由此扩展或延伸，才可能开创事业，这是创业的核心竞争力，也是职业规划的核心要素。

最后，自己拥有什么资源。要创业，就必须依赖各种各样的资源。创业者应该清楚地审视自己所拥有或者能够使用的一切资源的情况是否足以支持创业的启动，挺过创业艰难期，突破发展瓶颈，实现企业可持续发展。这里所说的资源，不仅是指经济上的资金，还包括人力资源和社会关系，即通过自己既有人际关系以及既有人际关系的进一步扩展带来的各种支持性创业发展的要素。

总之，一份职业生涯规划必须将个人理想与社会实际有机地结合，创业规划同样能够帮助一个人真正了解自己，并且进一步评估内外环境的优势、劣势、限制和威胁，从而设计出既合理又可行的职业事业发展方向。创业者只有使自身因素和社会条件达到最大程度的契合，才能在现实中发挥优势、避开劣势、扩展有利因素、打破限制、摆脱威胁，使企业规划更具可操作性。

一份创业规划能够在多大程度上取得实际成功，取决于它在多大程度上对以上四个原则进行准确的把握，并在运行过程中，将这些要素协调至完美组合。

第三节　创业与时代经济发展

一、国家经济发展的要求

（一）创业推动经济发展

20 世纪 70 年代中期以来，在技术进步、经济全球化、放松规制、劳动力供给、需求多样性，以及由此引起的高度不确定性的推动下，产业结构发生了从高集中度向低集中度方向变迁的趋势，经济增长的范式发生了变化。创业活动日益成为国家或地区经济活力的源泉。创业活动对经济增长的贡献是长期的和潜在的。经济学家熊彼特说过："创业是经济过程本身的主要推动力。"经济体系发展的根源在于创业活动，创业活动在创新、新兴产业成长、区域经济发展等方面做出了突出的贡献，对一国（地区）生产率增长至关重要。正是在这种背景下，世界各国政府无不把促进鼓励创业、发展以创新为依托的创业经济作为世界各国竞相采取的国家战略和政策取向。例如，欧盟委员会就于2003年1月发表了以创业企业为核心的《欧洲创业》绿皮书，旨在为提高欧洲社会对创业的认知、扶持初创企业和新兴企业的持续增长、平衡创业风险与收益提供一个有利于创业的政策环境，从而掀起欧洲的创业浪潮。

1. 当今时代是创业时代

纵观全球创业发展的历史，大体经历过三次创业浪潮。第一次创业浪潮产生于工业革命时期；第二次是二战后复苏的商业经济使大量的创业活动不断出现；20世纪80年代以来的新经济创业革命风暴席卷全球，则是以经济全球化扩张、信息技术高速发展以及知识时代的出现为背景的第三次创业浪潮。

20世纪80年代，科技发展突飞猛进，科技竞争愈演愈烈，世界新科技革命正在酝酿新的重大突破，新科技革命的出现使资源优势日益让位于技术优势；信息化经济导致地域壁垒日益让位于技术壁垒。以生物医药、光电子信息、航空航天技术、新材料、先进制造技术等为代表的高新技术主导技术群已经成为这个时代经济增长新的技术基础，因此，相应产业领域的科技创业活动日益成为各国科技战略的主流。

在全球新技术、新产业大发展的背景下，包括中国、美国在内的许多国家自主创业率上升，正步入一个创新和创业的"峰聚期"。创业不仅造就了中关村、硅谷等具有竞争力的新兴产业集群，也促进了一轮又一轮的技术创新浪潮。

2. 企业翘楚对国家经济的贡献

企业翘楚对国家经济的贡献，不仅仅体现在其总量对经济和就业的贡献上，许多创业活动还直接促成对国家经济命脉有着重要影响的世界级企业的诞生。微软公司由比尔·盖茨在1975年创建，当时员工只有4人，创业资金是3 000美元，到1977年年底销售收入达382万美元，年发展增速636%。截至2004年5月，其销售收入已经达2 780亿美元。微软的产品已经渗透国民经济、人民生活、国家安全的每一个角落。思科公司由斯坦福大学的两位教师于1984年发起成立。成立初期，公司得到了200万美元的风险投资，于1986年推出第一批产品。1990年2月16日，思科作为互联网设备制造供应商上市，当年的年度收入为6 900万美元。自此以后至2001年财政年度，思科公司的营业额每年以超过40%的速度递增（只有1998年例外）。思科公司能够在大规模的条件下高速增长，按照钱伯斯当初的设想，思科系统会在25年内完成通用电气公司

100 多年才能完成的任务。2000 年 3 月 24 日，思科公司在纳斯达克股市市值超过微软和通用电气，达 5 792 亿美元。这些企业中的翘楚，不仅为社会提供了大量的投资和就业机会，同时也带动了上下游产业，派生出大量的新创企业和创业活动。

扩展阅读 1.1

创业是世界各国经济增长的"秘密武器"

（二）创业促进就业

创业是创业者通过发现和识别商业机会，成立活动组织，利用各种资源提供产品和服务以创造价值的过程。创业是就业的另一种表现形式，创业者不但为自己创造就业机会，而且还主动地为他人创造就业机会。

19 世纪中后期的美国，运输和通信技术方面的革命使得企业可以比市场更为有效地协调生产与流通的各个环节。这种企业内部交易成本的大幅度降低，史无前例地扩展了企业可能存在的边界。这个时代的企业家对生产设施、销售和批发网络以及内部管理都进行了大规模的投资，而大规模投资为企业家带来的是大规模收益。规模为"管理资本主义的时代"拉开了经济高速增长的序幕。规模成为整个时代的主旋律，即大规模生产一定以大规模销售为前提，大规模销售一定以大规模消费为前提。

1. 高成长型创业企业发展态势迅猛

在美国、日本、德国等国家，都有一批竞争力很强的高成长型创业企业，很多大型企业、跨国公司也是从高成长型创业企业发展起来的。高成长型创业企业是新兴企业群体中的优秀代表，它们具有较高的技术创业效率，具备强劲的竞争力，并且勇于采用新的商业模式，是成长速度较快、能迅速进入市场的创业型高技术企业。一个地区的高成长型企业数量越多，表明这一地区的创业活力越强，发展速度越快。推动高成长型企业的快速增长，将高成长型企业逐步培育为专业领域的"小巨人"和具有技术集成创业能力的"大公司"。有证据表明：新创公司和少数迅速成长的年轻公司在提供就业岗位上起重要作用，澳大利亚新工作岗位的 45% 是由新建公司创造的；在荷兰，新创立企业和高速增长公司创造了 80% 的新工作。

2. 全球创业模式日趋多样化

从创业孵化模式角度来看，出现了多种创业模式，如园区孵化的创业模式、大企业衍生的创业模式、自主创业模式等。

比如硅谷模式就是著名的园区孵化创业模式。这种模式是在 20 世纪中期随着美国斯坦福大学园区即"硅谷"的诞生而同步形成的。此后由于科技园区的迅猛发展，目前遍布世界各国的 1 000 多家科技工业园都把其主要功能定位在孵化科技创业企业上，有效地推动了科技创业企业的发展。园区孵化创业模式依托高新技术产业开发区（国外称科技工业园区）良好的基础设施和特有的创新网络，不断孵育科技创业企业。科技工业园区作为适应知识经济的一种新的社会组织形式，集中智力资源、信息和高技术，通过现代管理实现规范化、网络化和产业化，吸引大批科技人员，为其提供信息、技术资金和市场等一切创业服务，帮助其将成果孵化为成熟的技术、成熟的商品和胚胎型的企业实体，并最终将其推向社会，利用社会力量和资源（如风险资本的运作），促使其尽快壮大并脱离母体，成为能在市场中拼搏的企业。

3. 中小企业的创业活动成为吸纳就业的主力军

首先，创业活动产生了大量的中小型企业。这些中小型企业为经济总量及就业做出了巨大的贡献。其次，频繁的创业活动催生出一批优秀的企业成为国家经济的中流砥柱。最后，一些成熟的企业也凭借创业活动和创新精神获得了新生。

提及创业活动对经济总量的贡献，人们最容易想到的还是新创企业对经济总量的贡献。这是由于人们经常将新创企业与创业活动紧密联系在一起。虽然前者不能涵盖全部创业活动（如大公司创业），但讨论新创企业对经济总量的增长也确实能够帮助我们理解创业活动对经济增长的贡献。根据《全球商业观察》的研究报告，40 个参与《全球商业观察》研究的国家和地区的总人口数为 40 多亿人，大约占全世界 70 亿人口的 63%。在这 40 多亿人中，有 24 亿人在 18 ～ 64 岁之间，这是大多数国家和地区的就业年龄。在这 24 亿人中，又有 2.97 亿人（占 12%）所在的 1.92 亿个企业完成了最初的创业工作并运作 3 年。

传统的观念或经济学中的主流观点为：大企业创造了整个社会中绝大多数的就业机会、产品和服务，是经济发展的主导力量和社会福利的主要来源。但是现有的研究表明，1980 年以来，在美国和世界的其他一些地区，小企业和创业者每年创造了 70% 以上的新就业机会和 70% 以上的新产品和服务。

不仅是新创企业的创业活动对经济增长发挥着积极的作用，而且随着投资和企业内部创业的活化，成熟企业内部的创业活动也日益成为经济增长的"推动器"。比如 3M 公司，企业内部的创业活动每年为公司创造 30% 营业收入。苹果公司利用公司创造的"iPod+iTunes"这一新的商业模式获得了新生。

一些统计数据和调查确实能够体现出经济增长与创业活动之间存在的紧密联系。《全球商业观察》1999 年对 10 个国家（美国、加拿大、以色列、意大利、英国、丹麦、芬兰、法国、德国和日本）的调查研究发现：创业活跃程度较高的美国、加拿大和以色列，经济增长率和就业率也较高；创业活跃程度较低的丹麦、芬兰、法国、德国和日本，经济增长率和就业率也较低。

（三）创业带来科技进步

1. 创新是创业的主要驱动力

创新来自两方面：一方面是技术创新，推动产业的发展；另一方面是制度和机制的创新，保证技术创新的环境和氛围，使创新意识、创新文化、创新理论，得以完好地发挥和实现。

人类历史上发生过的三次重大技术革命都强烈地依赖于科学理论、基础研究的突破。第一次技术革命发生于 18 世纪 60 年代，主要的标志是蒸汽机的广泛应用，这同近代力学、热力学发展有着密切的关联；第二次技术革命发生于 19 世纪中叶，主要的标志是电力的应用，是电磁理论突破引发的成果；第三次技术革命始于 20 世纪 40 年代，是在相对论、量子力学等基础理论突破的基础上产生的，其主要标志是原子能技术、电子技术和空间技术的广泛应用。

德鲁克在其《创新与企业家精神》一书中提出：创新是创业过程的一个重要组成部分。第二次世界大战以来，公共媒体、社会公众和政策制定者一直相信：研究和开发发生在大公司。然而客观事实是：尽管中小企业在创新中受资源约束，但它们的创新能力是惊人的。据美国国家科学基金会、商务部等机构统计，二战后 50% 的创新、95% 的根本性创新都是由小型创业公司完成的。事实上 20 世纪有 60% 的发明来自独立的发明者和小企业，许多新产品由小企业创造，如复印机、胰岛素、真空管、青霉素、拉链、喷气发动机、直升机等。其他的研究还表明，较小的创业型企业的研发比大企业更有效率和更为强劲。小企业每一美元的研发经费产生的创新是大企业的两倍，每个研发科研人员产生的创新是大企业的两倍。日本的研究表明：一半的企业技术创新是由小企业进行的，而且付出高额的创新费用。新企业不仅创新效率高，而且创新的商品转化率也高，它们可以在较短的时间内使创新产品进入市场，这段时间平均约 2.2 年，而大公司则需要 3.1 年。

例如，我国科学家在国家重点基础研究发展计划支持下，在分子生物学和基因理论方面开展了一系列重要研究，推动了该领域的科技水平和生产力的提高。在水稻研究方面，开展了杂交水稻理论和克隆水稻中与株型相关的单分蘖突变体分子生物理论研究，通过控制分蘖形成数量，大大提高了水稻等禾本科作物产量；在小麦研究方面，育成了国际上小麦第一套全基因组近等导入系 / 近等基因系，发现了在供体亲本中"隐藏"的大粒、多粒、优质、早熟等重要目标性状，进而为培育第二次"绿色革命"杂交小麦品种奠定了基础；在猪品种优化方面，确定了猪促卵泡素 β 亚基基因为猪高产仔数的主效基因，在此基础上发展了高产仔数基因诊断盒，可以准确、快速地选择高产仔的猪种，已在全国 9 个省份的 12 个国家级和省级的原种猪场进行了进一步的推广和应用，产生了巨大的经济效益。

从 1997 年转基因抗虫棉花在我国大面积推广使用，到 2006 年我国种植转基因棉花大约 3 500 万公顷，占棉花种植面积的 60% 以上，每亩减支增收 130 元，经济、社会和生态效益显著。农民可以减少 80% 以上的农药使用量，减少了农药污染和人畜中毒，提高了棉花的单产和总产。随着研究的开展和技术的普及，一大批拥有国内自主知识产权的非粮转基因作物诞生，一批新型生物技术公司诞生，带动了生物技术育种产业和转基因科学研究的蓬勃发展，对我国非粮农作物丰产稳产起到了引领和支撑作用。同时，转基因技术的发展对基因的基础研究提出更高的要求，如新基因的发现及其功能和调控机理、转基因安全理论等，又对相关的基础研究不断提出了新的课题，从而促进人类对生命本质的认识不断向纵深发展。

高效节能、长寿命的半导体照明产品正在引发新的照明变革。近年来，在一系列科技计划的支持下，我国的半导体照明技术及产业蓬勃发展，形成了产学研紧密结合，基础研究、关键技术和产业化互动发展的创新局面，实现了从物理、材料、器件、重大装备到示范应用的创新链和产业链。目前，已发展出的大功率白光 LED 发光效率达 80lm/W，超过荧光灯的效率，是白炽灯的 5～10 倍、寿命是白炽灯 30～50 倍。在建筑景观照明、大屏幕显示、交通信号灯、指示灯、手机及数码照相机等小尺寸背光源、太阳能 LED 照明、汽车照明、特种照明及军用等领域有广泛应用前景。半导体照明之所以能够迅速取得今日的重大进展，得益于几十年来我们对以氮化镓为代表的宽禁带半导体材料的重要基础问题研究的突破。通过低温缓冲层消除应力和对 P 型掺杂机理的认识，提高了材料的质量和发光的量子效率，实现了从材料到器件的跃变；通过第一原理计算，加深对掺杂机理的认识，将掺杂浓度提高了两个数量级，将这些基础研究的重大突破应用于器件上，使产品性能提升了一倍，实现了特种照明的实用化。可以说半导体照明技术发展过程中每前进一步，都伴随着对材料相关基础问题的深刻认知。要实现半导体照明进入通用照明领域，必须重视和研究解决阻碍其快速和持续发展的宽禁带半导体材料等重大基础问题。

2. 创业是科技进步的主要动力

创业促进技术创新的原因在于创业投资具有创新发现功能、创新加速功能、创新产业化促进功能以及创新风险分散功能。

技术创新作为一种整合科学、技术、知识与经济等要素的人类实践活动，不但在社会经济系统的变迁上显示了积极的推动作用，而且通过其特有的活动方式作用于社会文化系统，改变着社会物质文化、制度文化和精神文化的面貌。

技术创新是指企业应用创新的知识和技术，采用新的生产方式和经营管理模式，提高产品质量，开发新的产品，提供新的服务，占据市场并实现市场价值。

科技是第一生产力，科技创新是经济社会可持续发展的不竭源泉。要发挥科技作为第一生产力的作用，一是要促进技术创新的发生；二是要促进科技成果快速、顺利地转化为现实的生产能力。创业在上述两方面均可发挥巨大的作用。

1）技术创业成为经济发展的引擎和推动力

创业者在促进技术创新发生的同时，还需要促进科技成果快速、顺利地转化为现实的生产能力，将创新产品引入市场，并利用它为顾客创造价值。创业者所研发的产品或服务必须盈利，由一个良性运转和良性领导的组织来进行营销，并得到保护，且不受竞争者的注意。创业过程包含着新产品和新服务的产生，这对创业的成功起关键作用，而从整个经济社会的角度看，这也是产业更替和演进的过程。从经济发展规律来看，许多新兴产业的产生与发展是由一大批富有创造力和创新精神的创业者推动的，尤其是一些高新技术产业，如半导体、软件、计算机、互联网等。

一个企业的创新能力和核心竞争力将决定企业的市场地位、生存能力与发展前景。而新创企业的创业活动正是形成并强化创新能力和核心竞争力的主要途径，对企业的生存和发展有着重要的意义。由此可见，创新是创业的主要驱动力量，创业是促进科技进步和技术创新的主要动力。

2）技术创业已成为科技成果转移、转化的桥梁和载体

基于新技术的创业活动在增加就业、提升生活质量方面发挥的作用日益巨大，已成为经济发展的引擎和推动力。而学研机构作为国家创新系统的重要组成部分，在当今知识经济社会中发挥着不可或缺的功能，并通过技术许可（包括技术合作、技术转让、技术咨询和技术服务等）和衍生企业等技术创业形式，直接或间接参与经济活动，对区域就业水平提高和经济、产业发展水平提升具有积极影响。因此，世界各国对技术创业活动的发展和学研机构参与技术创业活动功能的发挥都非常重视，纷纷出台直接或间接的刺激政策，以提升本国技术创业活动水平。

通过上述内容，我们不难得出这样的结论：科技与经济的结合、创新链与产业链的互动，两者实现真正的紧密结合，才能实现基础研究与科技进步、经济社会发展的良性循环、相互促进的机制。

（四）创业有助于全面建成小康社会

1. 伟大构想

党中央作出建设创新型国家的重大部署，强调要坚持走中国特色自主创新道路，这对我国科技工作者提出了新的更高要求，更对广大青年工作者寄予莫大期待和厚望。广大青年工作者要坚定理想信念、胸怀祖国、心系人民，自觉把个人的创新创业行动与推进国家的科技发展、经济繁荣、社会进步结合起来，坚定地走既灿烂又充实的人生之路；要不断发奋学习，努力掌握本领域最先进的知识和技术、最前沿的动态和趋势，力争在科技创新、产业发展、技能突破等方面不断取得新进步；要恪守科学精神、脚踏实地、埋头苦干、坚忍不拔、不畏挫折、淡泊名利、不浮不躁，始终保持探索真知的坚定意志和创新创业的高昂激情；要勇做创新先锋，善于攻坚克难，努力形成一流的科研成果，创办一流的科技企业，苦练一流的工作技能，成长为一流的创新创业人才，用自己的聪明才智创造无愧于时代和人民的业绩。

2. 创业有助于中国梦的实现

十八大对小康社会的进一步完善即是对中国梦的诠释。"中国梦"关乎中国未来的

发展方向，凝聚了中国人民对中华民族伟大复兴的憧憬和期待；它是整个中华民族不断追求的梦想，是亿万人民世代相传的夙愿，每个中国人都是中国梦的参与者、创造者。中国梦的最大特点就是把国家、民族和个人作为一个命运的共同体，把国家利益、民族利益和每个人的具体利益都紧紧地联系在一起。

习近平总书记在十九大报告中指出：青年兴则国家兴，青年强则国家强。青年一代有理想、有本领、有担当，国家就有前途，民族就有希望。中国梦是历史的、现实的，也是未来的；是我们这一代的，更是青年一代的。中华民族伟大复兴的中国梦终将在一代代青年的接力奋斗中变为现实。全党要关心和爱护青年，为他们实现人生出彩搭建舞台。广大青年要坚定理想信念，志存高远，脚踏实地，勇做时代的弄潮儿，在实现中国梦的生动实践中放飞青春梦想，在为人民利益的不懈奋斗中书写人生华章！

中国梦归根到底是人民的梦，必须紧紧依靠人民来实现，必须不断为人民造福。中国梦的实现依赖于我们每一个中国人的共同参与。为实现目标做贡献，创业就是我们参与的一种形式。一个社会就是一个大的机器，每个人都是其中的一个部件或螺丝钉。如果我们充分利用自己的位置，发挥自己的作用，扮演好自己的角色，尽力工作，努力实践，在自己的位置上身体力行，我们这个社会就会成为和谐美满的创新发展的社会。

二、全球化的创业浪潮

随着新一轮技术浪潮的到来，创新创业成为国际科技竞争的新领域，特别是在最能代表国家实力的制造业方面，竞争空前激烈。按照当今世界的共识，对于工业的划分，普遍认为工业 1.0 是蒸汽机时代、工业 2.0 是电气化时代、工业 3.0 是信息化时代，而工业 4.0 是"互联网＋制造"，也就是所谓的智能化时代。

（一）德国

作为西方工业化强国，德国敏锐地捕捉到了新机遇、新挑战。在 2013 年的汉诺威工业博览会上，最先提出"工业 4.0"战略。2014 年 8 月德国政府通过《数字化行动议程（2014—2017）》，2016 年紧接着发布了"数字战略 2025"，2018 年 10 月又发布"高技术战略 2025"（HTS2025），明确了德国未来 7 年研究和创新政策标志性目标。指明了微电子、材料研究与生物技术、人工智能等领域的技术发展方向、培训和继续教育紧密衔接的重点领域，创建创新机构（跨越创新署），并通过税收优惠支持研发，截至 2018 年年底德国联邦政府投入达 2 亿欧元。"工业 4.0"战略迅速成为德国的另一个标签，并在全球范围内引发了新一轮的工业转型竞赛。

德国实施"工业 4.0"战略的目标，就是在新一轮工业革命中占领先机，在继续保持国内制造业发展的前提下，推动德国成为全球新一代工业生产技术的供应国和主导市场，提升它的全球竞争力。

"工业 4.0" 战略的主要内容：

首先是建设"智能工厂"，重点研究智能化生产系统及过程，以及网络化分布式生产设施的实现。

其次是打造"智能生产"，主要涉及整个企业的生产物流管理、人机互动以及 3D 技术在工业生产过程中的应用等。该计划将特别注重吸引中小企业参与，力图使中小企业成为新一代智能化生产技术的使用者和受益者，同时也成为先进工业生产技术的创造者和供应者。

再次是搭建"智能物流"，主要通过互联网、物联网、物流网，整合物流资源，充分发挥现有物流资源供应方的效率，而需求方，则能够快速获得服务匹配，得到物流支持。

这三方面统称为"智能制造"。"智能制造"构成"工业 4.0"的核心。它通过嵌入式的处理器、存储器、传感器和通信模块，把设备、产品、原材料、软件联系在一起，使得产品和不同的生产设备能够互联互通并交换命令。工厂能够自行优化并控制生产过程。"智能制造"不仅仅在于产品和机器的互联，还在于实现工厂、消费者、产品、信息数据的互联，最终实现万物互联。以万物互联为基础，打造"标准化"。德国以国内的"标准化"向全球推广和应用，企业用标准取得发展，赢得竞争；消费者用标准保护权益，指引生活；技术创新的迅速扩散，转化为现实的生产力提升，从而重构整个社会的生产方式。更进一步说，智能数字化的日益普及，改变了现有生产内容、工艺流程，对劳动者知识技能和工作习惯提出新的要求，需要重组学校、科研院所、生产企业，在交叉融合领域进行组织体系和运行机制的变革，建立创新体系，不仅需要德国自身努力，还应借助和拓展与欧盟及其他国家的教育与科技合作。

德国的制造业，本来就是世界上最具竞争力的制造业之一，在全球制造装备领域拥有"领头羊"的地位。德国完善的民主法制和知识产权保护，是保障制造业健康发展的坚实后盾，更是降低社会生产成本、提升效率的真正利器。但这些都没有让德国骄傲自满、止步不前，反而激发了它放眼全球的战略眼光，它将目光投向了未来，投向全球社会生活领域，投向决定人类命运的创新创业领域。

（二）美国

美国在德国提出"工业 4.0"时，也于 2013 年 6 月，由制造业巨头通用电气提出了工业互联网概念。随后美国五家行业龙头企业联手组建了工业互联网联盟，IBM、思科、英特尔和 AT&T 等也加入该联盟。工业互联网也被称之为"美国版工业 4.0"。

工业互联网是一个开放、全球化的网络，将人、数据和机器连接起来，目标是重构全球工业，激发生产力，让世界更美好、更快速、更安全、更清洁、更经济。

美国的工业互联网主要包含三大要素：

第一，智能机器。以崭新的方法将现实世界中的机器、设备、团队和网络通过先进的传感器、控制器和软件应用程序连接起来。

第二，高级分析。使用基于物理的分析法、预测算法、自动化和材料科学，电气工程及其他关键学科的深厚专业知识来理解计算机器与大型系统的运作方式，并通过数据实现分析共享。

第三，工作人员。建立员工之间的实时连接，连接各种工作场所的人员，以支持更为智能的设计、操作、维护以及高质量的服务与安全保障。

工业互联网的核心是设备数字化。美国基于其强大的互联网技术以及在消费产业的应用经验，将大数据采集、分析、反馈以及智能化生活的全套数字化运用引入工业领域，用自己所擅长的"软服务"颠覆了传统行业的一切生产、维护方式。首先，让设备与设备之间产生关联，生产数据实时记录，能实现全自动化的统计及反馈，工厂的管理者可以随时随地利用手机查看工厂生产状态、设备运行状况、设备故障的预警通知等，实现设备数字化、智能化，提高企业生产效率。其次，通过数据进行智能化管理工厂的一切，包括人、设备、生产过程、生产成果，通过传感器、控制器、软件应用程序、互联网，将现实世界中的机器、设施、生产线和人全部连接起来，形成大的"数据流"。这样不仅使工厂制造的每一项数据都可以被查询和调用，同时国家通过传感器、网络、计算机、云计算系统，将全社会的人口、企业、车辆和数以百计其他类型的实体全面整合，推动整个工业产业链的效率全面提升。

美国在互联网领域是当之无愧的大国，互联网带动无数消费产业的发展，为应对新科技产业革命，争夺国际产业竞争话语权，美国将重振制造业作为近年最优先发展的战略目标。据美国智库威尔逊中心发布的《全球先进制造业趋势报告》，美国研发投资量位于世界首位，其中 3/4 投向制造业，在合成生物、先进材料、快速成型制造等先进制造业领域优势明显。有分析人士认为，在政府和私营部门的大力推动下，美国逐渐形成了无线网络技术全覆盖、云计算运用、智能制造技术创新浪潮。

美国和德国这场工业之争是世界工业之争的缩影，虽然实现途径有所不同，但是从战略的落脚点上看，生产设备是实现智能制造的共同载体，而且都在强调信息通信技术和制造业结合的重要性。

（三）中国

十八世纪中叶开启工业文明以来，世界强国的兴衰史和中华民族的奋斗史一再证明，没有强大的制造业，就没有国家和民族的强盛。与世界先进水平相比，中国制造业仍然大而不强，在自主创新能力、资源利用效率、产业结构水平、信息化程度、质量效益等方面差距明显，打造具有国际竞争力的制造业，是我国提升综合国力、保障国家安全、建设世界强国的必由之路。如今，国际产业分工格局正在重塑，新一轮科技革命和产业变革与我国经济转型发展形成历史性交汇，我们必须紧紧抓住这一重大历史机遇，按照"四个全面"战略布局要求，迎接挑战，实施制造强国战略，加强统筹规划和前瞻部署，力争到中华人民共和国成立一百年时，把我国建设成为引领世界制造业发展的制造强国，为实现中华民族伟大复兴的中国梦打下坚实基础。

2014 年 12 月，我国首次提出"中国制造 2025"这一概念。"中国制造 2025"是在新的国际国内环境下，中国政府立足于国际产业变革大势，做出的全面提升中国制造业发展质量和水平的重大战略部署。其根本目标在于改变中国制造业大而不强的局面，为中国迈入制造强国行列，到 2045 年将建成具有全球引领和影响力的制造强国奠定基础。

"中国制造 2025"的主要内容包括五个方面：

第一，创建制造业创新中心（工业技术研究基地）。围绕重点行业转型升级和新一代信息技术、智能制造、增材制造、新材料、生物医药等领域创新发展的重大共性需求，形成一批制造业创新中心（工业技术研究基地）。重点开展行业基础和共性关键技术研发、成果产业化、人才培训等工作。制定、完善制造业创新中心遴选、考核、管理的标准和程序。在 2020 年，重点形成 15 家左右制造业创新中心（工业技术研究基地），力争在 2025 年形成 40 家左右制造业创新中心（工业技术研究基地）。

第二，打造智能制造工程。紧密围绕重点制造领域关键环节，开展新一代信息技术与制造装备融合的集成创新和工程应用。依托优势企业，紧扣关键工序智能化、关键岗位机器人替代、生产过程智能优化控制、供应链优化。支持政、产、学、研、用联合攻关，开发智能产品和自主可控的智能装置并实现产业化。分类实施流程制造、离散制造、智能装备和产品、新业态新模式、智能化管理、智能化服务等试点示范及应用推广。建立智能制造标准体系和信息安全保障系统，搭建智能制造网络系统平台。

第三，实施工业强基工程。开展示范应用，建立奖励和风险补偿机制，布局和组建一批"四基"研究中心，支持核心基础零部件（元器件）、先进基础工艺、关键基础材料、产业技术基础服务体系的公共平台的创建。在 2020 年，关键基础材料实现自主保障，受制于人的局面逐步缓解，航天装备、通信装备、发电与输变电设备、工程机械、轨道交通装备、家用电器等产业急需的核心基础零部件（元器件）和关键基础材料的先进制造工艺得到推广应用。在 2025 年，70% 的核心基础零部件、关键基础材料实现自主保障，80 种标志性先进工艺得到推广应用，部分达到国际领先水平，建成较为完善的产业技术基础服务体系，逐步形成整机牵引和基础支撑协调互动的产业创新发展格局。

第四，实施绿色制造工程。组织实施传统制造业能效提升、清洁生产、节水治污、循环利用等专项技术改造。开展重大节能环保、资源综合利用、再制造、低碳技术产业化示范。实施重点区域、流域、行业清洁生产水平提升计划，扎实推进大气、水、土壤污染源头防治专项。制定绿色产品、绿色工厂、绿色园区、绿色企业标准体系，开展绿色评价。在 2025 年，制造业绿色发展和主要产品单耗达世界先进水平，绿色制造体系基本建立。

第五，实施高端装备创新工程。组织实施大型飞机、航空发动机及燃气轮机、民用航天、智能绿色列车、节能与新能源汽车、海洋工程装备及高技术船舶、智能电网成套装备、高档数控机床、核电装备、高端诊疗设备等一批创新和产业化专项、重大工程。在 2025 年，自主知识产权高端装备市场占有率大幅提升，核心技术对外依存度明显下降，基础配套能力显著增强，重要领域装备达国际领先水平。

制造业是国民经济的主体，是立国之本、兴国之器、强国之基。"中国制造 2025"被看作是中国进入国际先进制造舞台的宣言，按照市场主导、政府引导的原则，既立足当前，又着眼长远；在制造业领域既能全面推进，但又有重点突破；立足于自主发展，但在表达合作共赢。在新一轮的国际合作与竞争中，保持自己的中高速发展势头，提高创新发展能力和国际竞争力，抢占竞争制高点。

德国"工业 4.0"、美国工业互联网、"中国制造 2025"三大战略，并不是单纯的竞争关系，也不是三个制造业大国关起门来各自为战的制造业竞赛，这其中既有国家之间的竞争，也有战略合作、共享共赢。但谁占据了制高点，拥有先进制造和信息，谁就拥有了全球话语权。

三、创业教育的重要意义

（一）创业教育的内容

所谓创业教育，就是激励青少年积极开发自己的最大潜能，善于发现和把握一生中那些通往成功的无数潜在的机遇，以开发和增强青少年的创业基础素质，培养具有开创型的个性人才为目的的教育。创业教育涉及多方面的研究领域和学科知识。可以说，青少年创业能力的强弱是反映个人素质、创新意识和工作能力的一个重要方面。

创业与创业教育是相互促进和相互依存的关系。中国经济的稳定与发展需要更多的创业者。高等院校的学生要想成为一个成功的创业者，除具备基本的文化知识和专业知识外，还须通过创业教育，具备创业所需的基本素质和能力。反过来，成功创业者的事迹，会影响和推动创业教育的深入，使立志创业的同学更好地学习创业经验，从而使他们成为未来成功的创业者。

创业教育是一种有目的、有计划的群体教育行为。首先通过创业教育培养学生具有企业家精神、自我发展意识和自我就业意识，使他们有眼光、有胆识、有能力、有社会责任感。其次通过创业教育，使学生能够在毕业时做好创业的思想准备、心理准备以及必要的创业知识储备。创业教育可以通过多种形式进行。例如，"挑战杯"创业计划竞赛活动，其主题内容就是中国大学生的创业计划竞赛活动；也可举办各类创业讲座，如华东理工大学曾推出"创业精神论坛"，邀请一批企业家为大学生作报告，或者介绍一些与创业有关的知识；还可利用创业者的成功案例进行案例教学，加深学生对创业与创业知识的理解和认识。

关于创业教育的内容，包括以下几个方面。

（1）培养探索精神、冒险精神、进取心、事业心等心理素质，进行企业家的基本素质和个性特征的教育，如企业家的心理素质、思维方式、行为特征等。

（2）关于参与商业、企业活动的规则、规划和基本过程的教育，学习与创办企业或公司有关的法律事务以及财税金融知识，如合同法、公司法、知识产权、纳税政策等；了解与企业或公司内部运作有关的知识与技能，如创业策划、资金运作、筹资与融资、资产管理、成本控制、市场营销、市场分析、产品开发、产品服务等。

（3）关于创业管理的教育，学习管理学方面的知识，如管理学要素（决策、组织、领导、控制、创新）以及当前各企业颇为关注的质量管理体系和环保政策等。

（4）关于创业环境的教育，如当前国家对于大学生自主创业的优惠政策，法律法规等。

（5）关于与创业有关的实践教育环节，如邀请一些已经成为企业家的高等院校毕业生以自身的创业经历和切身的体会开展讲座、座谈等。

总之，创业教育的实质是让受教育者形成创业的初步能力。

高等院校非常重视创业教育，并建立一种机制，形成一套相对完善的学生创业培训与服务体系，为高等院校的学生增长创业才干创造宽松的环境，提供更多的实践机会，使高等院校的学生的创业意识和潜能尽早发挥出来。

（二）创业教育与实践的结合

1. 政府着力打造良好的创业环境

政府要为高校毕业生创造良好的创业宏观环境。大学生创业者应该是新岗位的开拓者，能为社会带来就业的机会，也可以为政府分担就业压力。

政府应给予创业大学生各项政策支持。鼓励社会上的风险投资家对大学生创业的项目予以重视和扶持。在金融贷款方面：首先，考虑优先贷款支持、适当发放信用贷款。其次，应简化贷款手续。通过简化贷款手续，合理确定贷款额度，在一定期限内周转使用。最后，在利率上给予优惠，对创业贷款给予一定的优惠利率扶持，视贷款风险度不同，在法定贷款利率基础上可适当下浮或上浮。在企业注册登记方面：程序更简化，减免各类费用（如第一年的工商管理费）以鼓励创业者。在各级政府方面：应出台鼓励各种资本对毕业生新创高科技实体进行投资的倾斜政策，尤其是一些科技含量高的项目；设立大学生创业基地，并为创业大学生提供专业指导、法律咨询、市场分析等服务。

2. 健全学校创业教育体系

创业教育作为一种新的教育观念，它不但体现了素质教育的内涵，而且突出了教育创新和对学生实际能力的培养。学校在强调教学质量的同时，把创业教育作为教学目标之一。

（1）深化教学体制改革。教学体制机制是确保创业教育实施的关键，学校可采取积极灵活的措施，促进创业教育与实践。学校在宏观上应对重点创业项目进行扶持，并对大学生的创业设计、立项、论证、审核等给予指导和帮助。作为课堂教学的延伸和拓展，最重要的是要开展创业实践活动教育，加大实验、实习和社会实践等教学环节在课程体系中的比重，通过门类众多的课外活动和领域广泛的社会实践，把创业需要的知识课程纳入创业机会识别、企业成长、成功收获等完整的创业过程，并教授给学生，彻底改变我国创业教育一直存在重理论轻实践、重知识传授轻能力培养的问题，强化大学生创业意识，切实提高创业者的综合素质。

（2）加强师资队伍建设。培养并逐步建立一支师德高尚、指导有力、梯队合理的创业教育教师队伍，是开展创业教育的一项紧迫任务。学校可以通过和相关机构合作，组织教师进行培训或者选择有成功创业经历的企业家或大学生担任创业教育教师等途径实现教师队伍的强化，让学生感受创业体验，接触创业中的实际问题，提高他们分析问题的能力。

（3）优化创业教育课程体系。结合自身学科和专业特点设计课程体系，既要考虑和突出专业知识与技能，又要兼顾创业知识、技能的学习与实践，课程与课程有交叉，专业学习与创业教育互相促进，根据创业教育的目标和内容来确定渗透的知识内容，创业课程应围绕创业构思、融资、创业营销、中小企业管理、财会管理等开设。

3. 大学生自身应积极主动地为创业成功做扎实的准备

（1）理性认识创业教育。创业需要一个人具备创业的综合素质和能力，加强创业教育，不是鼓动学生毕业后都去创业，更不是放弃学业去创业，而是通过了解创业政策、学习创业的理论知识以及一些成功者的创业经验，掌握创业技能、提高创业素质，达到"就业有实力，创业有能力"的目的，拓宽就业途径。

（2）合理设计职业规划。大学生要充分利用大学时光，尽早根据自己的个性、爱好、特长制订实施职业规划，学习专业知识，提高综合素质和创业能力，注重个性发展，发挥自身优势，变被动接受为主动出击，使自己在激烈的就业竞争中立于不败之地。

（3）积累经验，提高抗挫折能力。首先，在创业前，大学生可在兼顾学业的同时利用周末和假期兼职等机会进行大量的社会实践积累经验，加强心理素质的锻炼，提高经受挫折的心理承受能力和持之以恒的坚韧毅力。其次，注重选择创业方向。在创业方向的选择上，应遵循以下三点原则：一是做自己喜欢的事，这样会投入更大的热情，也就容易取得成功；二是做自己熟悉的事，无论从事哪一行，只有自己熟悉各个运作环节才能得心应手，不会找不到头绪；三是做好市场调查工作，通过搜集有关资料和数据，加以研究和分析，为市场的预测提供可靠的依据。比如科技服务、科技成果应用、智力服务、电子商务、创意小店、连锁加盟等都是比较适合大学创业的项目。

尽管大学生自主创业还没形成主流，我国高校创业教育也处于起步的初期阶段。然而，就像每一个新生事物都难以避免种种阻碍，但最终冲破阻碍一样，我国的大学生自主创业也必将战胜重重困难，成为新世纪蔚为大观的新气象。

（三）创业教育的重要意义

创业是创业者全面素质和综合职业能力的体现，是富有创新精神的高层次劳动。这种劳动不仅能为自己和其他就业者提供就业岗位，而且还能为自己和社会创造财富，也是一种促进社会稳定和发展不可缺少的富有进取精神的劳动。创业对创业者的要求更高、更严格。创业不等于创新，但却体现了创新精神。目前，培养具有创新意识、创新精神和创新能力的创业人才已成为高等教育的重要目标之一，成为高等教育深化教育教学改革和全面推进素质教育的重要内容。

1. 创业教育转变了传统的就业观念

我国高等教育的迅速发展和毕业学生人数的不断增加，以及政府部门的人员分流和企业改制而引起的劳动力市场人力需求的变化，叠加了我国结构性就业矛盾，出现了大学毕业生就业难的局面。尤其是国家实施高等教育招生扩招政策后，就业形势更为严峻。

根据教育部发布的最新信息，2016 年高校毕业生人数达 765 万，超越 2015 年的 749 万，高校毕业人数创历史最高，堪称"史上更难就业季"。当代大学生应当顺应形势发展，志存高远、脚踏实地，转变择业观念，坚持从实际出发，勇于到基层一线和艰苦地方去，勇于创业，把人生的路一步步走稳走实，善于在平凡岗位上创造不平凡的业绩。

通过创业教育对学生进行创业素质、精神、开拓创新、合作能力、个性品质、适应能力等方面的教育和指导，可以逐步改变学生的传统思想观念，促进学生树立正确的符合时代的新观念，这是创业教育的核心意义，也是创业教育的目的所在。

创业教育实质上是创业意识的培养、创业能力的训练、创业知识的传授以及创业实践经验的介绍过程。大学生在教师的指导下，认识创业过程，逐步成为一个高素质的创业者，这其中包含着一种全新的就业思想认识教育。以往的职业教育，只是强调一个目标，就是使受教育者具备"应聘"或"从业"能力。而创业教育不仅仅是使受教育者有应聘从业能力，更重要的是使受教育者有自我创业的能力和意识，通过自身的创业实践，更大程度地发挥创业者的潜能和实现人生价值。

2. 创业教育提高了社会就业率

创业者在创业的同时，也为其他就业人员提供就业机会，为社会提供优质服务，因而也就提高了社会就业率，促进了社会稳定，增进了经济的繁荣和发展。可以说，创业者和创业家是国家经济可持续发展的原动力。从20世纪80年代开始，美国率先进入创业型经济时代，每年涌现大量的新企业重新使美国的经济发展速度大大超过了日本、欧盟等，并且率先步入知识经济时代，因此，创业者和创业家被称为美国经济再创辉煌的"新英雄"。鼓励创业、以创业拉动经济增长、减轻就业压力的思路已经成为世界各国的共识。

目前，我国正在各个方面为创业者提供良好的环境。例如，统一的市场体系正在逐步形成，市场法规正逐步建立和完善，市场观念意识日益深入人心，私人财产受法律保护，生产要素市场日益完善，并且各生产要素参与分配已经写入了宪法等。这些都为每个想创业的人提供了良好的机遇和保障。

现代社会为大学生的成长和发展提供了广阔的天地，同时，知识经济的到来和发展需要更多的高新技术企业生产出更优、更好的新产品，来不断满足人们生活的需要。为了加强对大学生的创业教育工作，国务院办公厅2015年印发的《关于深化高等学校创新创业教育改革的实施意见》就已明确提出实施弹性学制，放宽学生修业年限，允许调整学业进程、保留学籍休学创新创业。因此，加强对高等院校学生进行创业方面的教育，有利于加快知识的转化，有利于促进高新技术企业在我国的快速发展，有利于提高企业的管理水平，有利于国民经济的发展，同时，即将走向社会的高等院校毕业生将成为工作岗位和工作机会的创造者。他们在创业的过程中不仅自己获得了财富，同时也为社会创造了就业的机会，为社会尽了一份责任。

但是，创业绝不是件容易的事，绝不是单靠满腔激情和美好的憧憬、幻想就可以成功的。创业需要每一个创业者脚踏实地、准确判断，及时抓住可能的机会。

本 章 小 结

在当今时代背景下，创业及创业教育已经成为世界各国教育的重点及必然趋势，面对我国创业教育的现状，大学生应将职业生涯规划与创业结合起来，扬长避短，抓住机遇，提升素质，创新创业，这是对新时期人才的必然要求。

思考题

1.通过本章学习，你认为创业的主要功能体现在哪几个方面？

2. 创业过程主要分为哪几个环节？

3. 谈谈你对"职业生涯规划"的认识。

4. 简述创业与时代经济发展之间存在的关系。

5. 谈谈你怎么看待"全球化的创业浪潮"。

扩展阅读 1.2

案例分析

即测即练

微课视频

第二章　创业者的能力素养

学习目标

通过对本章的学习，学生应达到以下目标：

1. 了解创业者应具备的创业意识和创业精神；
2. 明确创业者应在创业过程中具备的心理素质；
3. 掌握创业者在创业过程中所需要的能力和素质。

案例导入

蜜雪冰城创业史

张红超是蜜雪冰城的创始人兼董事长，他所创立的蜜雪冰城，是以新鲜冰淇淋、茶饮为主的全国知名饮品连锁品牌，覆盖全国 27 个省市，共计万余家店面。张红超出身于河南商丘农村，从小跟着爷爷在商丘长大。在初中毕业后，从事过养殖业、汽修等，后来便外出务工。他做过天狮奶粉的直销，做过乖乖食品的业务员，为中美史克制药搜集过问卷，忙得不亦乐乎。但是每到夜深人静，他就想，自己总不能靠干兼职过一辈子。

1996 年，张红超考上了河南财经政法大学成人教育公关文秘专业。在即将毕业时，张红超发现自己在郑州上学的两三年，从未见过刨冰类饮品，这让张红超意识到可能将是一个发展机会。随后他利用毕业实习的机会，前往商丘，经过一段时间的潜心研试，一家一家地仔细观察，暗自记下配方和流程。1997 年暑假，在郑州金水路燕庄，一个叫"寒流刨冰"的冷饮地摊正式出摊了，而这就是后来称霸一方的蜜雪冰城的雏形。1999 年春天，他回到郑州重操冷饮店旧业。蜜雪冰城早期主营各种刨冰，2000 年，门店搬到文化路煤炭医院门口，正式更名蜜雪冰城。

2006 年，一款产自日本、叫作彩虹帽的冰淇淋火爆郑州，虽然一支冰淇淋卖十几元，但是购买的人却很多。张红超立刻嗅到了商机，购买品尝后，当即决定要把这个冰淇淋做出来。2006 年秋天，这种火炬冰淇淋在蜜雪冰城开卖，定价 2 元，还能用买家常菜送的一元优惠券。如此极致的性价比瞬间将市场打爆。因为看到了冰淇淋的前景，张红超又开始开专门的冰淇淋分店，张红超不断优化流程，再加上产量有了一定规模，冰淇淋的单位成本控制在不足一元。蜜雪冰城同时也在这一时期开始尝试加盟模式，张红超的弟弟张红甫也于这一时期投身于哥哥创下的事业。2007 年，蜜雪冰城整体扩张，一年内加盟了 20 多家，并且注册了郑州蜜雪冰城有限公司管理连锁业务；并且进行了供应链调整了：在发现了一家更好吃的冰淇淋原料后，就把冰淇淋原料生产线承包给对方；蛋筒也找到一家焦作的供应商，一直合作至今。2008 年，蜜雪冰城"平地起雷"。当年发生了三氯氰胺风波，上游冰淇淋粉供应商恰巧就在受灾严重的河北，被关停了。供货问题从此困扰了蜜雪冰城足足三年，张红甫思考将来自建现代化工厂，但由于蜜雪冰城是家族化运营，自建工厂公司内部意见不统一。这使得张红超兄弟意识到蜜雪冰城需要引入专业经理人，展开管理改革。这一时期张红超把公司的股权结构进行了重新设计，引入了专业管理人员。同时，该时期蜜雪冰城重新找专门的设计师设计了公司 Logo，降低 Logo 指向性，并建立官网和企业文化。

2015 年，张红甫发现，随着公司业务的高速增长，设备和物料频频出现问题，经常使一线的门店和加盟店利益受损。如"一点点"等新品牌的崛起，为久久未推出新产品的蜜雪冰城带来了极大的竞争压力。2016 年，张家兄弟再度紧密合作，张红超在开封建设的固体饮料原物料厂开始投产；2017 年蜜雪冰城成立上海研发中心，在郑州国际会展中心召开盛大的 20 周年庆典；2018 年蜜雪冰城成立蜜雪深圳研究院。为了蜜雪冰城能更进一步，张红甫找到华与华公司，随后推出了超级 IP：雪王。在两年内，蜜雪冰城带着"雪王"，从 4 000 多家门店开到全球门店超过 10 000 家，2019 年的营收超过 65 亿元，并入驻 6 个东南亚国家，真正开始了张红甫的"全球梦"。

古人云：投我以木瓜，报之以琼琚；投我以木桃，报之以琼瑶。蜜雪冰城积极践行企业社会责任，在抗击新冠肺炎疫情、河南特大暴雨期间抗洪救灾及灾后重建、扶贫助教等多领域公益事业积极捐款捐物，力所能及地回馈社会。此外，2020 年 11 月，蜜雪冰城开展云南咖啡助农计划，建立蜜雪冰城云南咖啡种植业支持中心，与当地咖啡联社签订咖啡豆保底收购协议，保障当地咖农利益，助推中国咖啡产业向好向深发展。通过企业不断发展，蜜雪冰城自建工厂、自建供应链、自产核心原材料，依托运营管理、食品研发、仓储物流、农产品采购种植等完整产业链发展，直接、间接带动了近 10 万人创业就业。

分享讨论：

读完以上故事，你认为成为一名优秀的创业者应该具备怎么的素质和能力？

（资料来源：蜜雪冰城官网，https://bingjilingjm.com）

第一节　创　业　者

一、创业者的概念

创业者的概念来自 18 世纪中叶法国经济学家坎蒂隆，他首次将"创业者"

（entrepreneur）的概念引入经济学的领域。1880 年，法国经济学家萨伊提出，创业者是将经济资源从生产率较低的区域转移至生产率较高区域的人，为了组织利益和管理生意愿意承担风险的人，并认为创业者是经济活动过程中的代理人。美籍奥地利经济学家熊彼特认为，创业者应该是创新者，具有发现和引入更好的能赚钱的产品、服务和过程的能力。

现在人们普遍认为，创业者首先是一个有梦想、有追求的人，他追求的是未来的回报，而非现在的回报。如果未来的回报低于预期，或者低于现在的回报，就不可能有内在强烈的驱动，也不可能进行创业。因此，创业者进行创业活动是为了获得更大的价值，这种价值的实现，有物质上的诉求，更多的是人生价值的实现。创业者的未来收益是一种投资性活动的收益，既可能是实际的资本投入，也必然有个人和团队的时间和精力的投入，获得的收益不仅仅是财富的收益，还可以是人生价值的收益、理想的实现等。

创业者一般被界定为具有以下几点的人：创业者是具有完全民事、经济权利能力和民事、经济行为能力的人；创业者是具有思考、推理、判断能力的人；创业者是一种主导劳动方式的领导人；创业者是组织、运用服务、技术、器物作业的人；创业者是能使人追随并在追随的过程中获得利益的人；创业者是具有使命、荣誉、责任能力的人。

在实际生活中，随着对创业的深度理解，人们不仅将那些具有商业才能、成功创办企业的人称为创业者；而且将那些在企业的整个发展过程中，能够做出正确的决策、及时解决面临的问题、修正企业的发展方向、使企业长期保持活力并不断发展壮大的企业家称为创业者；也将那些具有影响力、创建了新的商业模式并使企业获得了长足发展、为其他企业提供样板、为社会提供就业、不断增加社会财富的企业家称为创业者。

二、创业者的类型

一些创业者，往往是基于一个好的想法或者创意，敏锐地发现创意后面暗含的商机，将创意转变成创业机会并建立起盈利模式。另一些创业者，是从有创业的想法开始的，这些人怀着强烈的创业梦想，被创业热情驱动，梦想着自己可以成为自己的老板。尽管这些人在摆脱自己的职业束缚上矛盾重重，但是他们总会寻找机会建立起属于自己的企业，并且取得相当高的成功率。还有另外一些创业者，在企业发展之初就能够为企业制定未来的发展战略，经过长时间的努力和奋斗，历经波折最终达到理想境界。也有些创业者是在企业发展过程中与企业一起成熟的，他们随着企业的发展不断地修正发展方向，并为企业带来持续的利润。

所以，根据不同的标准，创业者分为不同的类型。

（一）根据创业过程中所扮演的角色和所发挥的作用区分

从创业过程中所扮演的角色和所发挥的作用看，创业者可分为独立创业者和团队创业者。

（1）独立创业者。独立创业者是指自己出资、自己管理的创业者。独立创业者可以自由发挥自己的想象力、创造力，充分发挥主观能动性，充分调动聪明才智和创新能力，完全不受干扰地主宰自己的工作和生活，按照个人意愿追求自身价值，实现创业的理想和抱负。但是，独立创业的难度和风险较大，创业者必须面面俱到，很多时候会面临缺乏管理经验、技术资源、社会资源、客户资源等情况，也可能面临缺少资金、缺乏团队支持等情况，生存和发展压力大。

（2）团队创业者。相对于独立创业而言，团队创业是指在创业初期（包括企业成立前和成立早期）由一群才能互补、责任共担，愿为共同的创业目标而奋斗的人所组成的团队来进行的创业。在一个创业团队中，包括主导创业者与跟随创业者。带领大家创业的人就是团队的领导者，即主导创业者；其他成员就是跟随创业者，也叫作参与创业者。

美国曾对高科技创业者进行调查，在受调查的100多家企业中，对于创业者人数的研究报告指出，在年销售额达500万美元以上的企业中，有83.3%是以团队形式建立的；而另外73家停止营业的企业中，一半以上的由多位创业者组成。团队创业模式在一项关于"一百强企业"的研究中表现更为明显，100家创业时间较短，销售额高于平均数几倍的企业中70%有多位创始人。由此可见，团队创业者的优势和劣势一样明显，由于知识、技术互补、资源共享，团队创业的后期成长空间比个人的创业更宽广；但是团队创业也存在想法难以统一、发展过程中存在分歧、内部消耗大使企业发展难以为继的现象，因此创业模式主要依据创业目标的类型来选择。

（二）根据创业者的创业背景和动机区分

从创业者的创业背景和动机看，创业者可分为生存型创业者、变现型创业者和主动型创业者三种类型。

（1）生存型创业者。这类创业者是我国数量最大的创业人群。这种类型的创业者，或许根本就没有什么创业的概念以及伟大的理想与梦想，只是出于生存的渴望与责任，凭自己的辛勤劳动与节俭，在生存的道路上不断积累财富、经验、人脉，然后不断做大做强，最后在历史潮流的推动下，走上一条持久创业发展的道路，最终取得自己从未想过的成就与事业。

（2）变现型创业者。这类创业者就是以往聚拢了大量资源的人，在时机适当的时候，自己抓住机会开公司、办企业。实际是将以往的资源和市场关系"变现"，将无形资源变现为有形的财富。

（3）主动型创业者。主动型创业者可分为两种：一种是盲动型创业者，另一种是冷静型创业者。前一种创业者大多极为自信，做事冲动，敢于担当，这样的创业者很容易失败，但一旦成功，往往成就的是一番无可复制的大事业。冷静型创业者是创业者的中的精华，其特点是谋定而后动，他们"不打无准备之战"，或是掌握资源，或是拥有技术，一旦行动，其创业成功的概率通常很高。这种创业者执着于心中的梦想与目标，充满激情与活力，但可能没有特殊的权势与财富积累，只能凭借自己的眼光、思想、特长、毅力与感召力去坚持不懈地努力。感召越来越多的志同道合者，汇聚越来越多的资源，吸引越来越多的社会资源和资本，凭着一股"打不死、击不败"的精神，做出一番事业。

（三）创业者的共同特征

不管基于何种类型，创业者的共同特征是都会将创业作为自己的人生愿景。愿景是指希望永远为之奋斗并达到的前景，它是一种意愿的表达，表明未来的目标、使命及核心价值，是人生最核心的内容，是最终希望实现的图景。我们分析创业者的共同特质，就会发现创业者的愿景一般可以概括为以下几点：

（1）赚取更多的收益、利润；

（2）获得更大的人生发展空间；

（3）体会成功的快乐；

（4）从事自己喜欢的事业；

（5）满足自我价值的提升。

创业愿景与实际情况存在较大差距，不是每一个创业者都能获得成功或者有较大的收益。创业中的成败非常普遍，物质财富或金钱的失去只是创业者要面对的最常见的问题之一。创业者在创业过程中还需要面对更多的困难，解决没完没了的难题，如资源的短缺、技术的攻关不克、市场的开拓不利、合作伙伴的突然撤资等。如果创业失败，创业者可能面临一无所有，甚至负债累累的局面。这也造成很多人在是否创业的问题上犹豫不决，患得患失。但是创业的过程本身就充满不确定性，在不确定中识别机会、创造机会，这会为创业者带来许多创造的乐趣和丰富的生活体验，使创业者获得享受。因此，一个成功的创业者必定是一个乐于接受挑战，喜欢自己创造未来的人。即使失败，他们仍然能从中学习，并且很快调整自己的状态，重新找到创业机会。因此，创业者无论成败，他们的担当、创新、敢于挑战自己的精神，都是值得人们尊重和敬佩的。

三、创业者应具备的能力

创业需要创业者具备相应的能力，创业者的能力是一个创业者最为基本的素质。创业是一个不断发现机遇，并由此转化出新产品或是新生产方式的过程，创业者的能力素质也需要在创业过程中不断得到提高。因此，创业能力是在知识不断丰富、技能不断提高和社会实践不断深入的基础上获得的。创业能力与其他能力相比，具有更强的综合性和创造性。

创业者的能力是指影响创业活动、促使创业活动顺利进行的主体的各项能力条件，它具有很强的社会实践性，与社会实践活动紧密联系在一起，是创业者应具备的核心素质。创业能力是一个含义丰富的概念，一般认为这是一种能够顺利实现创业目标的特殊能力，除了包含人一般的能力，还包括综合协调能力、商业洞察力、市场分析能力、社会适应能力、分析利用能力、团队合作能力、经营管理能力、学习能力、创新能力等。

大学生创业者的能力素质来源于多方面，主要来源于学校所学的知识、家庭的熏陶以及社会实践。一般来说，大学生创业者应具备学习广泛知识的能力、管理能力、创新能力、领导力与决策能力、合作交往能力以及资源整合能力。

（一）学习广泛知识的能力

创业知识对创业起举足轻重的作用，在知识大爆炸、竞争日益激烈的今天，知识的更新速度越来越快，创业所需要的知识随着社会、环境的变化，需要不断更新；同时，单一的知识完全满足不了创业的需要，创业者需要掌握广博的知识，具备一专多能的知识结构，才能迎接不断出现的风险和困境。因此，掌握不断学习知识的能力，对创业者，尤其是大学生创业者至关重要。具体来说，创业者需要具有以下几方面的知识。

1. 专业知识

创业者的专业知识对于创业者取得创业目标及成功创业有直接作用。只有具备深厚的专业知识，才能正确分析形势，用敏锐的目光把握事物发展的方向，提出精辟的简介和谋略，认清事物的本质，把握其规律，实现自己的创业目标。大学生创业者需要在创业前，必须具备良好的专业知识；专业知识的获得有利于大学生确定自己的创业目标，把握创业过程的发展方向，用敏锐的目光发现创业的问题，并用专业知识解决问题，最终实现自己的创业目标。

2. 管理知识

管理知识是现代创业者必须具备的知识。在日益复杂激烈的市场竞争中，没有管理知识，创业者是无法正常执行自己的创业计划，没有办法管理好自己的创业团体或是企业的。作为大学生创业者，不能仅凭借经验和直觉去经营管理自己的创业团体，必须要用有效的管理知识来武装自己，指导经营活动；大学生创业者必须明白：只有科学地用人，科学管理创业团队或企业，才会创造更多的财富，实现自己的创业目标。因此，大学创业者必须要重视管理知识的学习。

3. 财务、税收及金融等相关商业知识

财务知识是关于如何合理、有效地运用和调配资金以获得更多利润的知识，主要涉及财务管理、会计、审计、市场营销、国际经贸等方面的经济知识。税收知识主要包括货币的概念以及特征、税收的种类、税收征管的基本程序等。金融知识主要包括货币的发行与回笼、存款的吸收与付出、贷款的发放与回收、金银及外汇的买卖、有价证券的发行与转让、保险、信托、国内外货币结算等。对于大学生创业者来说，创业前必须要有丰富的财务、税收及金融知识，这对创业活动的开展非常重要，这些知识是创业活动初期、创业活动中必须用到的知识，它们可以使创业者在创业活动中有足够的自信去面对挑战。

4. 法律知识

毫无疑问，作为 21 世纪的创业者，了解法律知识、了解与创业相关的法律制度，是创业必备的知识储备。我国是成文法国家，创业企业从事经营活动，必须在工商行政管理部门办理相关手续，领取营业执照；如果从事的是特定行业的经营活动，必须在相关主管部门办理批准文件。同时，大学生创业者在初期还有必要了解企业立法的相关法律以及有关开发区、高科技园区等方面的规章制度，最重要的是一定要了解有关物权、知识产权、资产评估等方面的知识。在雇用劳动者或是与创业伙伴合作时，一定要充分了解《劳动法》和社会保险相关法律；在实际经营活动中，必须了解《税法》《合同法》等基本的民商法以及行业的相关管理规定。

5. 社交礼仪知识

社交礼仪是指人们在人际交往过程中所具备的基本素质、交际能力等。社交在当今社会人际交往中发挥的作用越发重要。通过社交，人们可以沟通心灵，建立深厚友谊，取得支持与帮助；通过社交，人们可以互通信息，共享资源，对取得事业的成功大有益处。

社交礼仪是一张人际交往的名片，它具有交流信息、增进感情、建立关系以及充实自我的作用，社交礼仪是大学生踏入社会后首先要掌握的技巧和知识。这些知识往往能帮助创业者取得同伴的信任、与他人成功合作，也是每个大学生立足社会所需掌握的基本知识之一。因此，社交礼仪知识的学习是大学生创业者必须要具备的能力。

综上所述，大学生创业者所需要的知识是广泛而繁杂的。因此，作为一名创业者，大学生必须拥有学习大量知识的能力，这就要求大学生要具有广泛的兴趣爱好、良好的学习习惯、科学的学习方法以及刻苦、坚韧的学习精神，只有这样，大学生创业者在面对繁多的创业知识时，能耐心、努力地学习知识，不会退缩、放弃创业目标。

（二）管理能力

管理者的管理能力从根本上说就是提高组织效率的能力，是管理者能够准确地把握并且提升组织效率的关键。管理能力主要包括经营管理能力、协调能力、规划与统筹能力、培训能力等，大学生创业者必须要学会经营管理自己的创业团队或企业。经营管理能力是指对人员、资金的管理能力。它涉及人员的选择、使用、组合和优化；也涉及资金聚集、核算、分配、使用、流动。经营管理能力是一种较高层次的综合能力，是运筹性能力。经营管理能力主要包括学会经营、学会管理、学会用人、学会理财四个方面。

创业者一旦确定了创业目标，就要组织实施，为了在激烈的市场竞争中取得优势，必须学会经营和效益管理。这就要求创业者在创业活动中，对人、物、资金、场地、时间的使用，都要选择最佳方案，做到不闲人员和资金、不空设备和场地、不浪费原料和材料，使创业活动有条不紊地运转。学会管理还要敢于负责，创业者要对本企业、员工、消费者、顾客以及整个社会都抱有高度的责任感。同时，在市场经济日益激烈的今天，人才的竞争可以看作是竞争的重要组成部分，谁拥有人才，谁就拥有了市场和顾客。一个企业没有优秀的管理人才、技术人才，这个企业就不会有好的经济效益和社会效益，一个创业者不吸纳德才兼备、志同道合的人共创事业，创业就难以成功。因此，必须学会用人，要善于吸纳比自己强或有某种专长的人共同创业。

对于大学生创业者来说，资金的缺乏是创业的一大瓶颈，因此，学会理财对于大学生创业者来说至关重要。首先要学会开源节流。开源就是在创业过程中除了抓好主要项目创收外，还要注意多渠道发掘资金来源；节流就是节省不必要的开支、树立节约每一滴水、每一度电的思想，大凡百万富翁、亿万富翁都是从几百元、几千元起家的，都经历了聚少成多、勤俭节约的历程。其次要学会管理资金。一是要把握好资金的预算，做到心中有数；二是要把握好资金的进出和周转，每笔资金的来源和支出都要记账，做到有账可查；三是把握好资金投入的论证，每投入一笔资金都要进行可行性论证，有利可图才投入，大利大投入、小利小投入，保证使用好每一笔资金。总之，创业者心中时刻装有一把算盘，每做一件事、每用一笔钱，都要掂量一下是否有利于事业的发展，有没有效益，会不会使资金增值，这样才能理好财。

因此，大学创业者在创业过程中要不断地提高管理能力，不断学习新知识，管理好自己的创业团队以及资产，尤其是核心创业者要对合作伙伴、顾客、资产抱有高度的社会责任感。

（三）创新能力

所谓创新能力，是指运用知识和理论，在各种实践活动领域中不断提供具有经济价值、社会价值、生态价值的新思想、新理论、新方法和新发明的能力。创新能力是民族进步的灵魂、经济竞争的核心。在当今社会的竞争中，与其说是人才的竞争，不如说是人的创造力的竞争。创新能力是人们在创造活动的过程中，表现出来的一种新颖、独特的解决问题的能力，是人们根据一定的目的、任务开展积极的思维活动并产生出一定社会价值的新观念、新产品、新工艺的技能。

大学生创业者应该明白：创新是知识经济的主旋律，是企业化解外界风险和取得竞争优势的有效途径，创新能力是创业能力素质的重要组成部分。创新能力是一种综合能力，它与人们的知识、技能、经验、心态等有着密切的关系。通常，具有广博的知识、扎实的专业基础知识、熟练的专业技能、丰富的实践经验、良好的心态的人容易形成创新能力。创新能力主要取决于创新意识、智力、创造性思维和创造性想象等。

一般来说，大学生创业者的创新可以从以下几方面入手。

1. 发展战略创新

发展战略创新是为了应对外部环境和内部条件的重大变化。任何创业的发展战略都是针对一定的外部环境与内部条件制定的。当外部环境或内部条件发生重大变化时，毫无疑问就应该与时俱进、调整或重新制定发展战略。一般来说，发展战略是对原有的发展战略进行变革，是为了制定出更高水平的发展战略。创业者对发展战略创新是为了提高战略水平，实现创业目标。

2. 产品创新

产品创新是改善或创造产品，进一步满足顾客需求或开辟新的市场。在产品创新的具体实现过程中，主要有自主创新、合作创新两种方式。自主创新是指企业不是对外有技术被动依赖与购买，而是通过自身的努力和探索产生技术突破，攻破技术难关，达到预期的目标。合作创新是指企业间或企业、科研机构、高等学院之间的联合创新行为。当今全球性的技术竞争不断加剧，企业技术创新活动中面对的技术问题越来越复杂，技术的综合性和集群性越来越强，即使是技术实力雄厚的大企业也会面临技术资源短缺的问题，单个企业依靠自身能力取得技术进展越来越困难。合作创新通过外部资源内部化，实现资源共享和优势互补，有助于攻克技术难关，缩短创新时间，增强企业的竞争地位。企业可以根据企业自身的经济实力、技术实力选择适合的产品创新方式。例如，手机在短短的几年时间已从模拟机发展至数字机、可视数字机、可以上网和可以拍照的智能手机等。手机的更新换代生动地告诉我们产品的创新是多么迅速。

3. 技术创新

技术创新是企业发展的源泉，竞争的根本。就一个企业而言，技术创新不仅是指商业性地应用自主创新的技术，还可以是创新地应用合法取得的、他方开发的新技术或已进入公有领域的技术，从而创造市场优势。例如，沃尔玛1980年就全球率先试用条形码，即通用产品码技术，结果使他们的收银员效率提高了50%，并极大地降低了经营成本。

4. 组织与制度创新

组织与制度创新主要有三种。一是以组织结构为重点的变革和创新，如重新划分或合并部门、组织流程改造、改变岗位及岗位职责、调整管理幅度等。二是以人为重点的变革和创新，即改变员工的观念和态度，包括知识的更新、态度的变革、个人行为乃至整个群体行为的变革等。例如，通用电气总裁韦尔奇在上任后就曾采取一系列措施来促进通用电气这家老企业重新焕发创新动力。公司内部的一个部门主管工作很卖力，所在部门连续几年盈利，但韦尔奇认为可以干得更好。这位主管不理解，韦尔奇建议其休假一个月，放下一切，等再回来时，变得就像刚接下这个职位，而不是已经做了四年。休假之后，这位主管果然调整了心态，对本部门工作有了新的思路和对策。三是以任务和技术为重点的创新，即对任务重新组合分配，并通过更新设备、技术创新等，来达到组织创新的目的。

5. 管理创新

世上没有一成不变的、最好的管理方法。管理方法往往因环境情况和被管理者的改变而改变，这种改变在一定程度上就是管理创新。例如，英特尔总裁葛洛夫的管理创新就是因环境情况和被管理者的改变而改变：实行产出导向管理——产出不限于工程师和工人，也适用于行政人员及管理人员；在英特尔公司，工作人员不只对上司负责，也对同事负责；打破障碍，培养主管与员工的亲密关系等。

6. 营销创新

营销创新是指营销策略、渠道、方法、广告促销策划等方面的创新。

7. 文化创新

文化创新是指企业文化的创新。企业文化的与时俱进和适时创新，能使企业文化一直处于一种动态的发展过程。这样不仅仅可以维系企业的发展，更可以为企业带来新的历史使命和时代意义。

可见，大学创业者在创业时一定要注重创新能力的发掘和发挥。

（四）领导力与决策能力

所谓领导力，就是指在管辖的范围内充分地利用人力和客观条件，能以最小的成本办成所需的事，提高整个团体的办事效率；所谓决策能力，就是指识别和理解问题和机遇，比较不同来源的数据得出结论，运用有效的方法来选择行动方针或发展适当方法，采取行动来应对现有的情况。

创业者，尤其是大学生创业者，在创业之前就应该明白，领导力与决策能力在创业过程中发挥着巨大的作用。一个企业或是创业团体成功与否，取决于核心创业者的领导力和决策能力。领导能力取决于领导者的个体素质、思维方式、实践经验以及领导方法等，这些影响着具体的领导活动效果的个性心理特征和行为的总和，领导能力是领导者素质的核心。

决策能力在创业过程中是至关重要的，这种能力能帮助创业者在创业过程中遇到纷繁复杂的问题或是难以解脱的困境时，做出正确的决断。决策能力主要由以下几个方面构成。

1. 开放的提炼能力

开放的提炼能力是指创业者能以开放的态度，准确和迅速地提炼出解决问题的各种方案的能力，包括两个基本要素：第一，创业者要以开放和包容的思想及态度获取尽可能广泛的决策方案，特别是不要局限于传统的解决办法之中。要善于"借外脑"来帮助判定决策方案。第二，对各种决策方案要进行提炼，以把握各种方案的本质和核心，正确地评估每个方案的条件及效果，分析各个方案实施的可能性。

2. 准确的预测能力

决策与预测是密不可分的，创业者要具备卓越的决策能力，首先应具备准确的预测能力。预测是决策的基础，决策是预测的延续，正确的决策必须要有准确的预测，如果没有准确的预测，将会导致决策失误。

预测的目的是为企业的决策提供准确的资料、信息和数据，在正确预测的基础上，选择符合企业发展的满意方案。

3. 准确的决断能力

准确的决断能力，即创业者要能从众多的决策方案中选取满意方案，以及在危机时刻或紧要关头当机立断的能力。这种能力是创业者进行科学决策的关键能力，误选、漏选会对企业造成重大损失或使企业与成功失之交臂。

由此可见，领导力和决策能力对大学创业者来说是必备的重要素质之一。

（五）合作交往能力

一般来说，合作交往能力包括两部分：交往协调能力和合作能力。交往协调能力是指能够妥善地处理与公众（政府部门、新闻媒体、客户等）之间的关系，以及能够协调下属各部门成员之间关系的能力。合作能力就是具有个人与个人、群体与群体之间为达到共同目的，彼此相互配合的一种联合行动的一种能力。

作为大学生创业者，应该做到妥当地处理与外界的关系，尤其要争取政府部门、工商以及税务部门的支持与理解，同时要善于团结一切可以团结的人和力量，求同存异、共同协调发展，做到不失原则、灵活有度，善于巧妙地将原则性和灵活性结合起来。总之，创业者搞好内外团结，处理好人际关系，才能建立一个有利于自己创业的和谐环境，为成功创业打好基础。

在创业初期，创业者可以依靠自己的力量来管理、运营自己的创业活动，但随着创业活动的顺利开展、创业团队的不断扩大、业务内容不断增加，这就需要创业者具有与他人良好的沟通、交往、合作的能力，这样不但能凝聚身边有能力、有技术的人才，还能在业务上赢得更多的合作伙伴，不断发展壮大自己的创业活动。

（六）资源整合能力

所谓资源整合，是企业战略调整的手段，也是企业经营管理的日常工作。整合就是要优化资源配置，就是要有进有退、有取有舍，就是要获得整体的最优。一般说来，资源整合包含战略思维的整合和战术选择两个层面。在战略思维的层面，资源整合就是要通过组织和协调，把企业内部彼此相关但却彼此分离的职能，把企业外部既参与共同的使命又拥有独立经济利益的合作伙伴整合成一个为客户服务的系统，取得"1+1>2"的效果；在战术选择的层面，资源整合就是根据企业的发展战略和市场需求，对有关的资源进行重新配置，以凸显企业的核心竞争力，并寻求资源配置与客户需求的最佳结合点。资源整合的目的是要通过组织制度安排和管理运作协调来增强企业的竞争优势，提高客户服务水平。

当今及未来经济走势凸显全球化、信息化、网络化、专一化及知识化的"五化"特征，而企业核心竞争力的内涵也不断丰富与变化。越来越多的企业开始意识到，要想转变经济增长方式、提升企业核心竞争力，科学整合资源必须被提上议程。资源整合能力的强弱，不仅成为衡量创业者、企业家能力的主要指标，更直接关乎企业未来的成长发展。

对于大学生创业者来说，资源整合能力是成功的关键。随着经济全球化进程的不断加快，市场竞争日益激烈，创业团队或是企业的发展过程中，难免经受不同程度的冲击。要想在日益激烈的全球竞争中立于不败之地，保持经济平稳发展，最根本的是要通过一定的管理手段整合内外部资源，以激发自身的活力，增强抵御市场风险的能力。只有加快创业团队内外部的资源整合，加快创新步伐，不断提高管理水平和产品技术水平，增强适应市场竞争的能力，才能使企业有效克服危机的冲击，保持长期持续发展。

第二节 创业者的产生与培养

一、创业者的产生

知识经济高速发展的今天，传统雇用制的经济与创业的界限也变得模糊起来，并且产生了大量的介于雇用制与创业者之间的自由职业者。由于信息的高速发展，社会的价值被大量分享，学习的成本降低，造就了社会的快速转型。在社会转型期，接受了全球化思想的年轻人，随时随地可以学习感兴趣的知识和技能，观望并参与有吸引力的工作，追踪有发展前景的行业，围观有创意的网络领袖，创设不断学习、不断试错的机会，能够与崇拜人物和偶像有效沟通，使得创意有了更加容易实现的资源和平台。各个国家都在改善创业环境，为创业者提供更好、更宽松的创业空间，出台政策和方法予以鼓励，使很多人愿意尝试创业，关注创业。

当人们的创业活动不再与金钱单纯挂钩时，这种创业活动就会变得多姿多彩，创业动机也丰富起来。

（一）创业原因与动机

1. 创业原因

创业者走向创业道路大致有以下几个原因。

（1）理想。这类创业者一般具有宏伟的理想，期望凭借自己的技术或者其他专长为社会做出贡献。他们为了最大限度地发挥自己的潜能和特长、实现自身价值，自创企业谋求发展。

（2）经济。创业具有较高的风险，但也可能带来更高的收入，从而改变生活状况，正所谓"励志照亮人生，创业改变命运"。有时候，偶然的机遇使得创业者尝到了创业的甜头，因而一发不可收拾，无意中创造出一个伟大的企业，如新东方的俞敏洪。有时候，突然遭受变故的家庭不得不走向创业道路，并以期借此改变命运。

（3）自我实现。有些人由于性格使然，不甘心屈居他人之下、接受他人的指使，更愿意按照自己的意愿行事。

（4）自由。自创企业者一般拥有较自由灵活的时间和空间，可以无拘无束地享受生活，这也是一部分业主创办企业的动机。

（5）环境。一些人出身于创业家庭，自小就受创业文化的影响，创业对于他来说是件自然而然的事情。

上述原因有些是内部原因，有些则是外部原因。那么创业动机是什么呢？

2. 创业动机

动机是激发和维持个体进行活动，并导致该活动朝向某一目标的心理倾向或动力，是构成人类大部分行为的基础。创业动机即为激发、维持、调节人们从事创业活动，并引导创业活动朝向某一目标的内部心理过程或内在动力。创业动机大致有以下几种模型。

（1）四因素模型。库洛特克、霍恩斯比和纳夫齐格在总结前人研究的基础上，对来自美国中西部的 234 名创业者进行了结构化访谈，经过搜集和分析数据，提出了创业动机的四因素结构模型，包括外部报酬、独立 / 自主、内部报酬、家庭保障。

（2）二因素模型。我国学者曾照英和王重鸣（2009）提出了中国情境下创业者动机的二维模型：事业成就型和生存需求型。其中，事业成就型包括获得成就认可、实现创业想法、扩大圈子影响、成为成功人士、控制自己人生五个维度；生存需求型包括不满薪酬收入、提供经济保障、希望不再失业三个维度。

人们的创业动机，内在包含了为开创新的企业愿意冒各种风险，即是内在激励动力，也是个体独立性的表现。其表现形式有愿望、理想信念、成就感等。

大学生在创业过程中，具体的目标或需要在产生后，这种目标或需要就会转化为动机，推动人产生创业行为，实现创业目标。当某种创业刺激使人产生某种需要而又不能得到满足时，就会产生一系列的心理状态，如紧张、不安或兴奋，而这些心理状态会推动人们朝着创业目标进发，表现出巨大的热情和劲头。

二、创业者的培养

（一）培养创业者的驱动力

自从"大众创新、万众创业"以来，创业活动对经济的推动作用有目共睹，从"房地产大鳄"到电子商务的巨头，再到开蛋糕店的普通创业者，这些创业者不仅通过创业为自己积累了大量的财富，同时也在创新与实践之间搭起了一座桥梁，改变了人们的生活。那么如何把梦想转变成内在的驱动力？这就需要我们在日常的生活中逐渐培养。

（1）关注世界的发展与变化。从20世纪60年代到21世纪，是世界发展变化最快的时期，从计算机的应用到互联网时代的到来，从干细胞的研究到克隆技术的发展，世界进入了一个全球化、信息化、科技化的时代。知识、信息、产品全球共享，这种改变使得商业更加活跃，创业的种类更加繁多。目前保持竞争力已经不再单单依靠有限的技术，一个好的创意基本不受地域的限制。技术、资源，甚至是专家团体也变得越来越容易得到，这对于创业者来说是一个有利的环境。例如，美国的苹果公司可以将自己的生产线建在中国，在全球建立自己的销售公司，而它的总部在美国，这对于管理来讲是一项巨大的挑战，但是互联网可以使一切有效的资源得到利用，因此管理难题也可以成功地被攻克。对于一个创业者来说，这意味着在生产和商机方面能获取更多的创意、激励和专家意见。

（2）技术的创新与淘汰。我们所处的世界充满了触手可及的全球性的知识、经验、劳动力与资本，技术在迅速更新，这对于创业者来说既充满机遇，也是一种挑战。技术壁垒被打破，科研院所、高校、企业的技术更新和迭代也几乎全球同步，因此，产品的生产周期的缩短与技术的更新，使专利技术失去了保护效力。而且，公司的竞争突破了贸易保护、货币限制、地理条件，就连优质、廉价的劳动力都能全球透视、公开透明。这些都促使创业者必须不断创新以保持竞争优势。创新不仅体现在产品上，而且也体现在商业活动及运营模式上，技术的创新已经成为创业的驱动力之一。

（3）解决顾客的迫切需求。创业的驱动力还来自于针对顾客迫切需求的解决方案。当顾客在市场中发现某种不便或者某种需求未被满足时，就为创业者提供了一个创业的契机，满足顾客需求的方案可以催生一个好的创业项目。例如，罗红是好利来公司的创办者，如今好利来公司不仅有遍布全国的门店，而且还建立了两家大型的食品加工企业，成为蛋糕制造业的领军企业。当时，好利来公司总裁罗红还只是一个仅仅拥有梦想与激情的年轻人。在母亲退休后的第一个生日，为了表达孝心与祝福，他希望能为母亲选购到一个样式新颖、口感丰富的生日蛋糕，然而几乎跑遍了全城，也没有寻找到心仪的蛋糕。时年，罗红在四川雅安开办了第一家蛋糕店，开始了艺术蛋糕的事业。

（4）"互联网＋"创意。互联网的发展与网络的联通，不仅带来了全球知识的共享，更为重要的是不受限制地获得最好的创意、技术、研究资源和专家团队。对创业者来说，任何一项创业活动都离不开互联网宣传、推广、传播、销售、跟踪、评价，"互联网＋"带来更多的商机和模式，帮助创业者走得更远。

（5）相似案例的不同解决方案。当其他人的创意获得成功的时候，创业者还能不能再创业呢？可以明确的是，创业者不会对某一行业的新技术或者新创意已经被运用而产生退缩，相反，如果一个创意获得成功，将会对整个行业甚至是整个经济领域带来不同程度的变化。比如共享单车模式，不仅在单车领域，也可以应用在其他领域，如协同办公、数模共建等，都是共享的模式应用，这使得创业者有更多的机会利用已经成熟的创新技术帮助自己创业。创业者要学会思考，一旦有好的创新，需要考虑创新观念的原则还能应用在其他哪些方面。

（二）识别创业者的显著特征

1. 善于捕捉机会

创业意味着对机会的把握。创业者需要具有这样的特性，即能够敏锐地分析环境，并从中发现创业机会。创业机会也被称作商业机会，这种机会是稍纵即逝的。比如索尼公司在创业之初，是一家生产通信器材的企业，名为"东京通信电气公司"，在事业方面并无什么惊世骇俗之举，真正使公司发生飞跃的是对半导体收音机专利的引进。1955年，美国人首先发明了半导体收音机，随后在日本国家电视台进行展示。众多的参观者虽然觉得新鲜好奇，但也是驻足观望而已。但是，井深大却在其中发现了商业机会，购买该项技术的专利后进行批量生产之后，公司意识到开展国际化业务的重要性，于是更名为"索尼"。可以说，本次机会是索尼公司真正意义上的"创业"。

2. 敢于承担风险

机遇与风险经常相伴而行。风险也可以理解为"危机"。其实，从词语的组合上看，危机意味着"危险"与"机遇"。对于创业者来说，敢于承担风险就意味着有可能把握机遇。在中国的创业者中，无论是20世纪80年代的个体户，还是90年代的"下海"经商者或IT创业者，他们的一个共同特征就是敢于承担风险。

3. 保持强烈的好奇心

前面提及创业者的特性之一就是善于把握机会，但是，能不能发现机会在于创业者是否具有好奇心。从美国的硅谷到中国的中关村，高新科技企业的创立是现代创业的一个基本趋势。于是，这些年轻的创业者在国内被称为"知本家"，顾名思义就是"以知识为资本的人"，新一代的创业者或许不见得都是技术人员，从事的也不都是所学的专业，但是，一定对自己所创造的事业或技术有着强烈的好奇心。所以，好奇心强也是创业者的一个重要特性。

4. 善于学习最新的知识

善于学习也是创业者的重要特性之一。心理学上将学习定义为：通过经验引发行为，或者行为潜能的相对持久的变化。学习又可以分为多个层次，如广义的学习包括人和动物的学习，次广义的学习泛指人类的学习，而狭义的学习是指学生的学习。

创业会面对多变的环境和激烈的竞争，这就要求创业者善于学习。企业在初创期所需要考虑的问题很多，如资金、技术、管理水平、与相关企业和政府部门的关系等。而企业又不可能有充足的人员。这些条件的制约只有通过学习和经验的积累来加以解决，如果创业者和他的团队善于学习，就能掌握要领，节约时间和成本。

5. 保持良好的身体素质和心理素质

创业者还具有良好的身体素质和心理素质。良好的身体素质和心理素质是进行各种工作的基础，对于创业者来说，这一点尤为重要。因为创业者在新创企业中需要承担多种角色——企业法人、经营管理者、社交家，甚至包括会计师、工程师。而这些都需要耗费大量的时间和精力，更需要进行有效的时间管理，没有良好的身体素质和心理承受能力，是不可能完成创业的。

三、培养潜在的创业者

创业者是经过市场竞争淘汰选择过程而获得成功的创业者。而实现创业的成功，则需要具备与完成这一工作内容和获得良好绩效相匹配的能力与素质。尽管因为时代不同、领域各异，对创业者的素质要求是有一定差别的，但总体而言，成功的创业者具有相对共性的人格特征和能力。

（一）成功创业者所必须具备的人格特征

成功的创业者在企业历史上可以说是不胜枚举，如比尔·盖茨、卡耐基、福特，还有希尔顿等典范，就创业经历而言，他们各不相同，出身不同、性格各具特点，但是纵观其创业的过程并进行抽象对比，就可以发现创业家自身的人格特征具有很多相似的地方。

1. "敢为天下先"的风险意识

创业者的风险意识是保证新创企业顺利度过创业过程并且实现迅速成长进而走向创业成功的基础条件。尽管创业具有一定的风险，然而风险也是与企业发展的机遇相伴的，所以说风险也是创业过程中需要创业者适时把握的契机。其中，创业者充当着风险转化者的角色，通过承担一定的风险，在创业之初对风险进行识别，并进行合理地规避，把握创业过程中的核心要素，促使创新成果向商业化过渡。一个成功的创业家通常具有较强的风险意识，对风险的把握，绝不是将企业暴露在超负荷的风险中，而是通过对市场信息的搜集和更强的危机意识来应对风险。

"敢为天下先"的创业者，在创业的过程中能够大胆尝试，善于在意外的失败中寻找机会，积极进取，坚信成功来自于努力，乐于冒险并且善于冒险。对他们而言，冒险的过程也是实现自我价值的过程，他们绝不会因为没有先例就故步自封，也绝不会因循守旧、裹足不前，作为真正的实干家，强烈的自信心必然引导其事业走向成功。因此，创业家进取的风险意识是企业在创业过程中实现风险转化的前提。

2. 坚忍不拔的吃苦精神

尽管在创业的过程中，创业者的个人创造力很重要，尤其想象力等先天因素，但是创业的过程并不仅仅是想象的过程，还需要思想与实践的融合，也就是创造性地实践的过程。由构思到实践的过程是很困难的，因为构思的产生是思维运动的过程，而实践的应用则需要创业者克服创业过程所有不可预料的困难，始终保持良好的心态和进取的热情，不断地从失败走向成功。而创业者只有具备坚忍不拔的吃苦精神，才能把创业进行到底。这种坚韧的毅力来自于创业者的人格特征和对创业本身的坚定信念。

坚忍不拔的吃苦精神包括两方面的含义，即永不言败的毅力和吃苦耐劳的执着精神。具有永不言败的毅力，将会对事业产生忘我的热情，而吃苦耐劳的精神才会产生顽强的斗志，这是一种承受市场挫败的耐力。创业面临着漫长的学习曲线，唯有不放弃与愿意不断尝试新方法，才有可能享受成功的美好成果。尤其对于新创企业而言，在企业之初，创业者个人的意志将转化为企业的意志，而初始阶段也是创业最艰难的阶段，因此，创业者是否能够坚忍不拔，就成了企业是否能够在竞争中取胜并生存的重要条件之一。

3. 具有感染力的自信心

创业者不仅要对自己充满信心，而且还要对他们所追求的事业充满信心，并且能够将这种信心转变为整个创业团队的信心，整个新创企业的信心。创业者通常对于自己的创业目的很明确，并积极地将其量化，转变为对于整个企业的激励措施。通过为自己设立较高的目标来衡量创业过程中各个阶段的成就，依照自己的标准进行评判，才不会在别人的评价过程中迷失方向。

创业者所具有的自信，并不是对周围所有的建议都持否定的态度，而是一种对结果的把握，真正的自信是建立在团队中有效的沟通基础上的；尽管创业的过程并非一帆风顺，但是强烈的自信心会通过创业家在整个创业团队之间形成一种互动，促使企业积极地面对失败，从中吸取经验和教训，逐步实现创业管理的成功。因此，创业家具有感染力的自信心是形成创业团队自信心的前提。

4. 社会性的商业道德

能够创造一番事业的创业者，首要的一点就是立德，即树立具有社会性的商业道德。也就是所谓的诚信意识。其具体表现就是对自己、对员工、对合作伙伴以及对社会的一种责任心，这是一种实现企业长期发展的战略意识。如果只是图一己私利，那么企业发展的动力在运行过程中将会表现出后劲不足的特点。只有和周围环境相适应的发展，才符合企业发展战略的长期目标要求。

社会性的商业道德，即通过创业者对企业的行为形成一种自我约束力。当然，这种社会性的商业道德必须成为创业家素质的一部分，才有可能成为新创企业的企业人格特征。而这一品德的形成，除了与创业家生活背景以及成长经历有关外，与创业者严格的自我要求也是密切相关的，严于律己的创业者才有可能成就一番真正的事业，否则，所谓的创业也不过昙花一现，根本不具有发展性。因此，社会性的商业道德是一个企业长期发展所必须具备的企业人格。

（二）创业者所必须具备的能力

创业过程本身的复杂多变，要求创业家能随时解决各方面问题，当然也就需要一个成功的创业家必须具备多方面的能力。这种对能力的要求是通过创业家在创业行动所表现出来的对知识的运用和把握，以及以某种方式工作的行为特征来评价的。

1. 战略识别的能力

创业者的成功就在于相对其他人而言能够更快、更准确地寻找或捕捉商业机会。他们从不满足于已获得的信息，通过选择有效的信息来源，并从大量的信息中选出有价值的信息，不断地寻找更多的信息及时进行验证，为创业过程做好信息支持系统。通过不断地寻找新机会，创业者适时地调整当前的生活方式，以积极的态度迎接变化，把握变化，通过对企业的洞悉来适应市场，通过对自我组织的调整来使顾客受益，通过对竞争对手的了解来形成一种总揽全局的能力。所以，创业者发现机会和挑选信息的能力是伴随整个创业过程并保证其顺利进展的核心要素。

2. 学习与创新的能力

创业者非常清楚自己的优势与劣势，对于弥补劣势以及提高优势的交流具有强烈的兴趣。成功的创业者具有较强的人际交流能力，很擅长通过良好的沟通进行学习。企业经营需要具有多方面的专长，企业在成长过程中所依赖的资源能力也会有所不同，很少有创业者在创业初期就具备了丰富的企管经验或多方面的专长。但是成功的创业者都具有优异的学习能力，而且极擅长通过创造实践过程进行学习。基于对新事物所特有的积极的学习态度和高度的创新精神，创业者需要不断提高水平，增强驾驭风险的能力，提高创业成功的可能性。所以，学习能力与学习基础上的二次创新是实现创业家不断自我完善进而实现创业成功的关键条件。

3. 知人善任的能力

创业者发现机会，制订计划，但是创业过程不可能由他一个人完成，需要在创业的过程中选择并发展合适的助手，也就是说创业家需要具有网络人才的能力。新企业在发展过程中需要不同的专才，当然，在各个阶段对专业能力的需求也是有区别的。通常在创业初期，企业对专业技术能力的要求比较高，而对制度化管理的需求不是很大，企业所招募的主要是技术专家。但是当企业进入经济规模后，创业者将加大对市场营销专家、财务主管等管理人才需求的力度。企业是由人来做的，此外还应正确地引导企业内部人员，通过合理的激励措施促使他们为了实现企业的目标而努力。通常需要创业者全面了解员工所掌握的技能，合理地分配任务，调动员工的热情，而有效的沟通和谈判能力将影响最终的效果。因此，卓越的领导才能是实现创业成功的必备条件。

4. 筹措资金、统筹资源的能力

投入资金是企业创建需要的启动资金，筹措资金是推动企业发展壮大或者延续的必要手段。在社会资金筹措中，未雨绸缪是每一个创业者面临的考验，如天使投资、风险投资等，创业者自己要在公司的生存与发展的不同阶段做到心中有数，统筹各方面的资源，以维持公司的良性运行。创业者既要有短期可行的资金计划，也要有长期的资金筹措能力和统筹资源的能力。

第三节　创　业　意　识

一、创业意识的内涵和内容

创业活动本身极具挑战和风险，在经济全球化的今天，创业者的创业意识在创业过程中发挥着越来越重要的作用。创业意识是创业教育中的重要部分。创业意识的形成是长期的、渐进的过程，它是要把学生头脑中朦胧的潜在的创业意向转化为一种创业冲动、创业激情，然后内化为创业动机、创业精神。创业意识教育是创业教育的主要与核心内容。创业意识对创业者来说，是促使创业者在创业活动全过程中，不断努力、拼搏的动力，是支持创业者解决问题和发现问题的心理状态。因此，创业意识在创业过程中发挥着不可替代的作用。

（一）创业意识的概念

创业意识是指人们从事创业活动的心理驱动力量，是创业活动中起动力作用的个性因素，是创业者素质系统中的第一个子系统，即驱动系统。创业导师熊正安认为，创业意识是创业者思维活动的产物，是创业者成功的心理活动能动性的集体体现，是创业者源于自己的生理动机和心理动机，对所见、所闻、所知、所了解的客观事物的感觉、知觉，通过对已有的感性材料判断、推理等，经过大脑加工而形成的创业设想，是创业者内在的强烈需要和创业行为的强大驱动力。

创业意识主要包括以下几个方面的要素。

（1）创业需要，是指创业者对现状的不满，并由此产生的最新的要求、愿望和意识，是创业实践活动赖以展开的最初诱因和最初动力。但仅有创业需要，不一定有创业行为，只有当创业需要上升为创业动机时，创业行为才有可能发生。

（2）创业动机，是推动创业者从事创业实践活动的内部动因。创业动机是一种成就动机，是竭力追求获得最佳效果和优异成绩的动因。有了创业动机，才会有创业行为。

（3）创业兴趣，是创业者对从事创业实践活动的情绪和态度的认识指向标。它能激活创业者的深厚情感和坚强意志，使创业意识得到进一步的升华。

（4）创业理想，指创业者对从事创业实践活动的未来奋斗目标较为稳定、持续的向往和追求的心理品质。创业理想属于人生理想的一部分，主要是一种职业理想和事业理想，而非政治理想和道德理想。创业理想是创业意识的核心。

在创业意识的要素研究中，也有人认为，除了创业的需要、动机、兴趣、理想、信念和世界观等心理成分，还包括创业者自我认知以及创业者自我评价。其中，评价不仅是自我评价，还将对伙伴、雇用者、综合环境的评价囊括其中，因为这些能促使创业者抓住机遇、应对风险，奋力拼搏，同时，也能促使创业者与同伴合作，能承受创业过程中的压力、正确面对创业过程中的困难，提高解决问题的能力，最终实现创业目标。

（二）创业意识的主要内容

1. 把握和转化商机意识

商机，可解释为商业经营的机遇。作为一名创业者，在创业前、创业中和创业后，始终面临着识别商机、发现市场的考验。在创业初期，商机何时出现，以及应该如何把握商机，都是一名合格创业者应该具备的初期创业意识。在创业中期，必须有足够的市场敏锐度，要在机会来临时抓住它，也就是把握机会，把商机转化成实实在在的收入和公司的持续运作，可以宏观地审视经济环境。作为大学生，应该学会把自身的才能、在学校学到的知识转化为智力资本、人际关系资本和营销资本，同时，应学会洞察未来市场形势的走向，以便做出正确的决策来保证企业的持续发展；在创业后期，新的商机的出现和把握，以及处理好新旧商机之间的关系的能力，很大程度上依赖于创业者对于商机的把握和操控。因此，在创业过程中，商机意识发挥着重要的作用。

2. 策划、发展策略意识

策划是一种思维的科学，它是用辩证的、动态的、发散的思维来整合行为主体的各种资源和行动，使其达到效益或效果最佳化的一个智力集聚的过程。在创业初期，大学生应给自己制定一个合理的创业策划，解决如何进入市场，如何卖出产品等基本问题。在创业中期则需要制订整合市场、产品、人力方面的创业策略，转换创业初期战略。需要指出的是，创业策划、发展战略不只有一种，也没有绝对的好坏之分，关键要适合自己的创业之路。在这条路上应时刻保持战略高度，不以朝夕得失论成败。

3. 风险意识

风险意识是创业者急需培养和增强的一种重要的创业意识。创业者要认真分析自己在创业过程中可能会遇到哪些风险，一旦遇到风险，要懂得应该如何应对和化解。大学生在创业初期做到正视创业风险，了解创业风险以及如何应对风险。大学生是否具备风险意识和规避风险的能力，将直接影响创业的成败。正确处理创业风险要学会用智慧规避风险、化解风险，使自己在迎战风险的过程中站立起来、成熟起来，成为商海的精英和栋梁。

4. 知识和资源的开发、更新、整合意识

大学生在创业过程中，通常会遇到对知识和资源的恐慌，这种恐慌主要来源于自身所掌握的信息、知识和能力已经不足以对创业活动进行指导。任何一个创业者都不可能把创业中所涉及的问题都解决好，也不可能把一切创业资源都备足，所以，学会在了解信息的基础上进行资源整合，对于大学生创业者至关重要；同时，任何一个人的知识都是有限的，在创业过程中，会不断有新的知识需要学习和整合。因此，创业者唯有随时注意进行知识更新，以及提高对知识的整合能力，才能适应和满足繁重的创业需求。

5. 勤奋、敬业意识

大学生创业，一定要务实、勤奋、敬业，不能停留在理论研究，只有在创业中始终勤奋、敬业，才会成功。古往今来，做任何事情想要获得成功，就必须要有勤奋意识、敬业意识。文学家说勤奋是打开文学殿堂之门的一把钥匙，科学家说勤奋能使人聪明，政治家说勤奋是实现理想的基石，而企业家说勤奋是实现梦想、获得成功的必要品质。同样，对于大学生创业者来说，没有勤奋就不可能成功。而敬业对于创业者来说，就更为重要了，拥有敬业精神的大学生创业者，梦想会实现得更快，在创业的道路上会跑得更快，跑得更远，创业团队的绩效就会赶上或超过竞争对手，最终实现创业目标。

除了以上的创业意识内容，创业动机作为创业意识很重要的一部分，在创业过程中发挥着重要的作用，支配着创业者的态度与行为，并规定了创业活动的方向、力度，具有较强的选择性和能动性。创业动机是创业者思维活动的产物，是创业者成功的心理活动能动性的集中体现，是创业者源于自己的生理动机（如养家）和心理动机（如成就事业，实现自我价值，得到社会承认等）的综合，是创业素质的重要组成部分。第二节已经论述，这里不再赘述。

二、创新思维与创业意识

1. 创新思维

创新思维也可以称为创造性思维。它是指以独特的视角、新颖的思路和超常的方式，发现、分析和解决问题，从而创造出新事物的一种综合性的思维模式。实质上是人们在发现问题、酝酿问题的过程中，通过发散、顿悟等方法得出的独特新颖思想或方法，并最终通过验证成功实施的一个过程。创新思维具有求新突破性、灵活开放性和未来导向性的主要特征，分析和掌握创新思维的特征是培养创业意识的基础。

2. 创业意识

创业意识，就是用商业成就一番事业的思维，是用自己的想法去支配资源，放大自己能量的思维，是突破成规创新进取的思维。更多的人把创业思维称之为创意，并强调这种创意不是停留在"新"上，重点是在"创"上，是将创意输出为创造力的过程，是实践开始的思考。

虽然创业意识与创新思维是两个不同的观念，但是两个范畴之间却存在着本质的契合及内涵上的相互包容。创新思维重在创新，表现为生产要素和生产条件在变化中的新组合，这种组合能够是原来的成本曲线不断更新，由此会产生超额利润或潜在的超额利润，创新思维所带来的创新活动的本质内涵，与创业意识在创业活动中追求商业价值的根本性质，是一致性的。创业意识重在创业，因而，两者也成为创新和创业的外在体现，在实践过程中的互动发展。

总之，创新（思维）是创业（意识）的基础，创业推动着创新。总体上说，科学技术、思想观念的创新，促进了人们物质生产和生活方式的变革，产生了新的生产生活方式，进而为整个社会不断地提供新的消费需求，这是创业活动源源不断的根本原因。另外，创业在本质上是人们的一种创新性实践活动，无论是何种性质、类型的创业活动，都有一个共同的特点，就是创业是主体的一种能动性的、开创性的实践活动，是一种高度的自主行为，在创业实践的过程中，主体的主观能动性将会得到充分发挥，正是这种主观能动性充分体现了创业的创新性特征。

创新是创业的本质与源泉。熊彼特曾提出："创业包括创新和未曾尝试过的技术。"创业者只有在创业的过程中，具有持续不断的创新思维和创新意识，才可能产生新的富有创意的想法和方案，才可能不断寻求新的模式、新的思路，最终获得创业的成功。创新的价值在于创业，从一定程度上讲，创新的价值就在于将潜在的知识技术和市场机会转变为现实生产力，实现社会财富的增长，造福于人类社会，而实现这种转化的根本途径就是创业。

创业推动并深化创新。创业可以推动新发明、新产品和新服务的不断涌现，创造出新的市场需求，从而进一步推动和深化各方面的创新，因而也就提高了企业，甚至是整个国家的创新能力，推动了经济的增长。创业与创新二者密不可分，我们应弘扬创新与创业精神，健全创新与创业的机制，完善创新与创业的环境，推动经济社会的可持续发展。

三、培养创业意识的方法

笛卡儿说过："最有价值的知识是关于方法的知识。"因为方法不仅仅可以提高个人的学习和工作效率，达到事半功倍的效果，而更重要的价值在于能够成功复制。

总结创新创业活动中带有普遍规律性的方法和技巧，通过学习、模仿、超越，是创业思维、创业意识培养的方法。它是通过研究一个个具体的创新创业过程，如创新创业的项目是怎样确定的、创新创业的设想是怎样提出的、设想又是如何变成现实的等，从而揭示创新创业的一般规律和方法。

应用这样的方法，能诱发人们潜在的创造能力，使长期以来被人们认为是模糊的、只有少数成功人士或创新者所独有的创新设想，为普通人所掌握。

（一）常用的创新创业的思维方法

1. 缺点列举法

所谓缺点列举法，就是通过对已有的、熟悉的事物进行深入的分析，在对其缺点进行列举的基础上，找出相应的解决方案，从而找到创业思维的方法。

扩展阅读 2.1

思维方法应用实例

缺点列举法可以帮助我们突破"问题感知障碍"，启发我们发现问题，找出事物的缺点和不足，从而有针对性地进行创新和发明。而对于企业来说，如果能站在消费者的立场上，切实改进产品的缺点，就能进一步满足消费者的需求，赢得到市场的认可，从而为企业带来可观的经济效益。

2. 检核表法

所谓检核表法，就是围绕需要解决的问题或者创业的对象，把所有的问题罗列出来，然后一个一个讨论，以打破旧的思维框架，引出创新设想和新创意。

检核表法几乎适用于任何类型与场合的创新创业活动，因此享有"创新方法之母"的美称。不同的领域有不同的检核表，但这些检核表大部分都来源于数奥斯本检核表，它是不同行业检核表的"压舱石"。

3. 组合法

所谓组合法，就是将两种或两种以上的事物的部分或全部进行有机组合、变革、重组，从而诞生新产品、新思路或形成独一无二的新技术。

据统计，现代技术创新中组合型成果已经占 60% ～ 70%。这也验证了晶体管发明者之一肖克莱所说的话："所谓创造，就是把以前独立的发明组合起来。"

组合创新是最常见的创新创业活动，许许多多的发现和革新都是组合创新的结果。组合的产品随处可见，如可视电话、药物牙膏等。

4. 移植法

常言说，"它山之石，可以攻玉"。移植法是指将某个领域中已有的原理、技术、方法、结构、功能等，移植应用于其他领域，导致新设想诞生的方法。

英国生物学家贝弗里奇说："移植法是科学研究中最有效、最简便的方法，也是应用研究中运用得最多的方法。"中国四大发明之一的造纸术，其技术就来自移植，即把丝加工技术移植到造纸中，不改变技术本身，只是改变了加工对象，由加工丝改成了加工植物纤维。

5. 头脑风暴法

头脑风暴法又称脑力激荡法、智力激励法、自由思考法，是由美国创造学家奥斯本首次提出的，一经使用并发表之后就风靡全球，成为在进行创新创业活动时常用的方法之一。

头脑风暴法以小团体会议（5～10 人）的形式，在一个相对独立安静的场所，对某一问题，每人从不同的角度、思路出发，相互启发，互激升华，形成"互激效应"或"互补效应"，使得集体思维能力大于个人思维能力，起到增强思维能力的作用。

扩展阅读 2.2

开展头脑风暴会议的条件和基本原则

6. 菲利普斯 66 法

菲利普斯 66 法，也称小组讨论法。该方法以头脑风暴法为基础，采用分组的方式，限定时间，即每 6 人一组，围绕主题进行 6 分钟定时讨论。该方法是由美国密歇根州希尔斯代尔学院校长菲利普斯发明的，因此被命名为菲利普斯 66 法。

菲利普斯 66 法也叫作"蜂音会议"。这种方法最佳应用场所是大会场，人数较多，可通过分组形成竞争，使会场气氛热烈，犹如蜜蜂聚会。比如，著名的"黑板擦改进方案"就是菲利普斯本人运用这种方法的案例。当年菲利普斯为底特律某公司做创新思维的演讲，突然提出"怎么把黑板擦改进得更好"的问题，然后将听众分成了若干个 6 人小组，实施定时 6 分钟头脑风暴会议。会议的效果惊人："利用海绵制作黑板擦，防止粉尘飞扬""设计一种能换芯的黑板擦""像电熨斗一样，给黑板安装一个把手""换一块可拉动的黑板，省去黑板擦"等。6 分钟内诞生了许多改进黑板擦的设想，其中有些设想很快被企业采用，并变成了新产品上市。

（二）创新创业思维的发展阶段

第一阶段：最初的观念。

有一个问题要解决或有一件事要做、想找一份更好的工作、房子需要重新装饰一下等，这些都属于最初的观念。

第二阶段：准备阶段。

要寻找发展这个处在萌芽状态下，观念所有可能实现的方法，如尽可能多地搜集有关这方面的资料、阅读有关书籍、记笔记、和别人交谈等。要善于接受新东西，这些都是开启想象力的有效方式。

第三阶段：酝酿阶段。

这个阶段可以让人的潜意识活动起来。正如有位作家曾说过的："一个故事，要在它自己的汁液里慢慢炖上几个月，甚至几年，才能成熟。"

第四阶段：开窍阶段。

这是创造过程的最高阶段。思考者突然感觉豁然开朗，一切东西都变得井井有条。例如，达尔文一直在为写作《进化论》搜集材料，直到有一天，当他坐在马车里旅行时，这些材料在他的脑海中突然融为一体。达尔文说道："当解决问题的思想令人愉快地跳进我脑子里的时候，我的马车驶过的那块地方我至今还记得清清楚楚。"开窍是创造过程中最令人兴奋和愉快的阶段，因此有人也把开窍阶段称之为顿悟阶段。

第五阶段：核实阶段。

开窍时得到的启示是需要发挥理智判断的，预感或灵感都要经过逻辑推理加以验证。要尽可能客观地看待设想。可以征求别人的意见，对这些出色的设想加以修正，使之趋于完善，而且，在经过核实后再落实，往往会得出更好的见解。

第四节 创 业 精 神

一、创业精神的定义与内涵

创业精神具有一种能够持续创新生长的生命力。

创业精神作为一种奋发向上、积极进取、追求成功的精神状态，一般认为，创业精神是指在创业者的主观世界中，那些具有开创性的思想、观念、个性、意志、作风和品质等。早在 1988 年加兰就对创业精神的含义做过研究，他认为创业精神就是新组织、新企业的创造者进行开创活动的勇气和精神，即创业精神是创业者本身所具有的特质。米勒在 1993 年拓宽了创业精神的含义，他认为创业精神还应包括企业的行为特征。我国研究者王萍、王力薇在 2010 年提出：创业精神是通过贡献必要的时间和努力，承担伴随而来的钱财、精神和社会风险，并且接受报酬，而成为带有价值东西的过程。综合以上研究，我们认为创业精神除了指创业者本身的特质，还应包括企业的创新和应对风险的行为。

创业精神是就业、经济增长和革新的主要动力，它改善了生产和服务质量、促进了竞争和经济的灵活性，是许多人进入社会主流经济，以增添文化结构、群体整合和社会灵活性的一种机制。一般说来，创业精神包含以下几方面。

1. 创新精神

创新精神是创业精神的核心精神，是创业者通过创新的手段，或是运用创新的理念，将资源、信息合理、有效地利用，为市场创造出新的价值的精神。在经济全球化的今天，在激烈的市场竞争中，创新往往是作为企业获得成功的必备手段。美国著名管理学家德鲁克在《创新与企业家精神》一书中提出："创业就是要标新立异，打破已有的秩序，按照新的要求重新组织。"作为大学生创业者，创新精神不但应该是创业者本身所具有的，更应该是创业的企业所必备的精神。创新精神意味着突破、打破陈旧的观念或是手段，是大学生创业者在创业过程中，应该积极寻求一种精神状态，这种精神状态可以作为推动企业发展的直接动力，也是创业者，尤其是核心创业者在面对残酷的社会、经济、政治压力和竞争压力时，必须具备的精神状态，这种精神状态最主要的表现形式就是灵活性，这种灵活性可以使企业在复杂的环境中，不断战胜困难和挑战，最终获得成功。

20世纪90年代以后，出现了一大批以创新为主要特征的高科技企业，其中以雅虎和苹果公司为主要代表。雅虎实现了互联网商业模式的创新，预测互联网上的信息爆炸所引起的需求，将搜索引擎做到极致，并进一步在电子商务领域大展拳脚；在苹果推出 iTunes 之前，音乐界一直都没能开发出自己的数字音乐销售网站，苹果便开始为把 iTunes 变成一个购买音乐的商店作准备。当 iTunes 还只能在 Mac 上使用的时候，苹果就巧妙地同各大唱片公司签订了协议。苹果公司在发展、推广 iTunes 的过程中，一直注重不断创新，不断开发新功能、新领域，这使得苹果公司在当今的网络数字音乐销售领域处于领先地位。

2. 良好的创业品格

大学生的创业之路是充满曲折的，这要求创业者在面对复杂多变的竞争环境以及随时出现的、需要解决的问题时，要表现出多种良好的创业品格。这些创业品格使创业者在创业过程中形成积极稳定的心态，有良好的调控能力，能够应对创业过程中的困境，并能知道如何进行下一步的活动。

（1）高度的责任心。责任心是指一个人对不得不做的事或是一个人必须承担的事所表现出的态度。大学生在创业过程中，尤其是核心创业者，在整个创业活动中，起决策、执行的主要作用，每一次决定、每一次行动都会对创业活动产生不同的影响。作为核心创业者，要明白自己所承担的责任，并且随着事业越大，责任就越重。作为创业者，还应该明白自己的创业活动是负有社会责任的，每一位创业者都应抱着"取之社会、回报社会"的心态。每个创业者在创业过程中会遇到各种各样的困难和问题，这需要创业者有高度的责任心、责任感和使命感，才能在创业过程中不断解决问题、战胜困境，获得成功。

（2）诚信与执着。诚信是中华民族的传统美德，是立身、处事、修德的根本，无论什么时候都是不可或缺的。在现代社会，诚信已经成为一个人或是一个企业成功的最重要的无形资本，执着则是一个创业者取得成功的最重要的因素之一，一个人良好的创业品格最好的体现就是对创业坚持不懈、执着追求。

在现代社会，诚信和执着越来越成为一个创业成功者的重要特质之一。现代社会是一个诚信社会，无论是创业者还是创业企业，没有诚信是不可能取得成功的。守信行为是创业者决策得以执行、创业活动得以继续的重要保障，也是一个人得以在社会立足的必备条件。牛顿曾说过：“发明的秘诀在于不断的努力。”创业也是一样，只有坚持不懈地努力，创业最终才有可能获得成功。每个人的创业之路都是前路布满荆棘，大学生创业者唯有保持锲而不舍、执着努力的精神，才有机会获得成功。

（3）自立与自强。自立自强就是靠自己的劳动生活，不依赖别人，不安于现状，勤奋，进取，依靠自己的努力不断向上。自立自强是一种良好的品质，一种可贵的精神。作为大学生创业者，没有自立自强的精神是不可能取得成功的，唯有自立自强，才能不断地掌握独立解决问题、独立思考的能力，才能在遇到困境时，坚持实现自己的创业梦想。

自立自强是立身之本，对于创业活动来说也是一样的。学会自立自强。对于创业者而言非常重要。一个能够自立的人，首先必须有一颗崇高的心，因为这是心中力量的源泉；同时，一个自立的人，拥有一颗平静淡泊的自然之心，再大的风雨也波澜不惊。因此在创业活动中，一个有自立自强精神的人，能勇敢面对创业时遇到的困难和问题，能淡定地处理问题、解决矛盾。

（4）合作和践行。在社会竞争日益激烈的今天，合作精神越来越被人们重视，成为推动社会进步的重要力量。先秦时期，我国著名的思想家孟子说过：“天时不如地利，地利不如人和。”德国著名的哲学家叔本华说：“单个的人是软弱无力的，就像漂流的鲁滨孙一样，只有同别人在一起，他才能完成许多事业。”古往今来无数的仁人志士，都看到了合作的重要性。

合作是可以产生“1+1>2”的倍增效果。在诺贝尔获奖项目中，因协作获奖的占 2/3以上。在近几年的诺贝尔获奖数据统计中，人们发现因合作而获奖的比例已达 80%。可见，合作精神对大学生创业有积极的作用，学会合作已经成为大学生创业者的必胜法宝之一。

俗话说：只要出发，就能达到。创业也是一样的，如今很多大学生都存在创业想法，很多却瞻前顾后，畏首畏尾，不去实践。对于创业来说，没有实践，是永远不会成功的，而且只有在实践中才能不断地验证创业想法正确与否，才能不断修正自己的创业想法。因此，没有实践的创业是空谈，只有把创业想法付诸实践，最终才有获得成功的可能。

二、创业精神的作用

创业是以创新为核心的活动，创新精神作为创业者必备的心理品质，是决定创业成败的关键因素，创业精神能够激发人们进行创业实践的欲望，是一种心理上的内在动力机制。它决定着一个人是否敢于投身创业实践活动，是否在创业活动中坚持不懈，它支配着人们对创业实践活动的态度和行为，并影响着态度和行为的方向及强度。

创业精神对创业活动起到下面三个方面作用：

（1）个人所获得的成就。个人创业后，如何成功地创建自己的企业。

（2）企业的成长壮大。公司在发展过程中，如何使其整个组织都持续焕发创业精神，不断更新创造，以具有更强的竞争力，获得壮大成长的不竭动力。

（3）推动国家的经济发展。创业致富，带动就业，拉动经济结构改变，经济实力提升，使人民富裕，使国家强大。

创业精神，是一个民族活力的象征，是一个国家保持发展潜力的支撑。创业精神的力量能够帮助个人、企业、民族乃至国家走向成功和繁荣。当前，世界正在经历百年未有之大变局，产业结构正经历着彻底转变，创业精神在我国将发挥更大的作用，它有利于加快经济发展方式的转变，促进经济社会又好又快的发展。

三、大学生创业精神的培育

（一）培育大学生创业精神的要点

创业既是一种能力，也是一种精神。提高人的主观能动性，提高辩证思维能力和提高自主创新思维能力，是培养创业精神的必由之路。培养大学生的创新精神是一个系统工程，全社会都应该热心地关注和支持大学生创新创业。政府、高校、教师、大学生及家庭应各尽其责，构建"五位一体"互相协作的创业精神培育机制。

（1）宣扬优秀的创业文化。校园是学生成长的外部环境。校园文化对学生具有熏陶功能、激励功能、导向功能。国务院、教育部不断发文激励高校大学生创新创业，高校应想方设法将创业精神融入文化活动、科技活动等活动中，以培养学生的创业精神。国内有的高校已经积累了这方面经验，如浙江大学、北京邮电大学等，它们的具体措施有的是经常邀请成功的企业家和成功的校友来学校作报告，增强在校大学生的创业信心，利用他们的创业激情感染大学生，使他们成为激励大学生创业的榜样；同时，使有意创业的大学生能从企业家校友那里获得指导、帮助和资源。还可以借鉴国外发达国家大学生创业精神的培养方式，校企合作，产教融合，共同研制创业方案和科技攻关，着力营造鼓励创业的校园文化环境。高校应在社会主义核心价值观体系教育中融入创业精神的教育，加强对学生的创业教育及相关风险意识的教育，在校园中形成推崇创新、尊重创业、宽容失败的文化环境。

（2）培育创业人格。美国斯坦福大学教授推孟在 30 年前追踪研究了 800 人的成长过程，结果发现，他们中成就最大的 20% 与成就最小的 20% 最明显的差异就是个性方面的不同，高成就者具有谨慎、自信、不屈不挠、积极进取、坚持不懈等个性特征，这说明个性特征对个体的创业来说是非常重要的。尤其是独立性、坚持性、敢为性等人格教育，同创业精神与创业能力的培养是相辅相成的。高校要依据大学生的心理特点，有针对性地讲授心理健康知识，帮助大学生树立心理健康意识，优化心理素质，增强心理调适能力和社会生活的适应能力，自觉培养坚韧不拔的意志品质和艰苦奋斗的精神，提高承受和应对挫折的能力。此外，高校还可以采用创业案例剖析创业者的人格特征，进行心理训练，让学生掌握形成良好心理素质与优良人格的途径。

（3）培养创新能力。创新是创业精神的核心，高校必须强调对学生创新能力的培养。要尊重学生的个性发展，爱护和培养学生的好奇心、求知欲，为学生的天赋和潜能的充分开发创造一种宽松的环境，鼓励学生勇于突破，有意识地突破前人、突破书本、突破老师，通过开设创新创业系列课程，举办主题技能竞赛、创意大赛等，让学生感受、理解知识产生和发展的过程，培养学生的科学精神和创新思维。

（4）强化创业实践。鼓励学生利用课余时间参加一定的创业模拟和社会实践活动，增强学生对企业的了解和对社会的适应能力。例如，在校内外开展创业竞赛活动，与社会企业联合开展学生的实习见习等。"纸上得来终觉浅，绝知此事要躬行"，让学生在实践中磨炼自己，形成正确的创业认知，培养创业精神和提高解决问题的能力。

（二）大学生创业的时机与途径

1. 大学生创业的时机

（1）在校创业。在校创业是指边读书边创业的活动。有的大学生想出好的创业点子，有的学生申请了专利，想把专利技术转化成实实在在的产品，但他们又都不愿意放弃学业，于是出现了在校创业的现象。比如清华大学的王科、邱虹云和徐中就是典型的在校创业的例子。这种做法的优点是能够在创业的同时继续完成学业，但不足之处是可能难以处理好创业和学习的矛盾，有时会顾此失彼。

（2）毕业即创业。毕业即创业是当前大学生在就业过程中积极倡导的一种"就业"选择。这样可减轻国家、社会的负担，让大学生及早为社会、个人创造财富，并能在大学毕业生中形成一种激励。只要具备一定条件，大学毕业生完全可以成为创业者。

（3）就业后创业。有着创业理想的大学生，在条件还不成熟时，如没有合适的项目、足够的资金、一定的社会阅历和社会经验，难以应对社会复杂的人际关系时，没有必要急着创业，可以先工作，获得实践经验，积累一定资金，并在策划一些好的创业项目之后再创业。

2. 大学生创业的途径

（1）利用专利技术入股，寻找投资人。大学生在大学期间拥有发明专利，即可利用专利技术去寻找投资人，如果能获得风险投资家的青睐，则更容易迅速成为创业老板；如果公司的经营管理科学合理，则可较快获得成功。比如丁磊在创办网易公司的过程中、张朝阳在创办搜狐公司的过程中，都获得了风险投资的支持。

（2）瞄准创业行业，先学习再创业。有的大学生希望在技术领域创业，但又缺乏实践经验，技术不够精湛。在这种情况下，可先进入瞄准创业的行业，学习技术，了解现状，等条件成熟时，再开始创业。

（3）通过推销，积累原始资本，再创办公司。推销是一个充满挑战与机遇的职业，有的大学生毕业之后先从事仪器、药品、机械、电子设备等推销工作，当推销的商品数量较大时，可获得高额的业务提成。有了一定的资本和经验之后，他们就注册成立贸易公司，为一些企业做产品销售代理。因为做销售代理可采用先销售产品后付款的形式，所以对新创办公司的资金周转非常有帮助。

（4）看准市场，创办实体。有的大学生有灵活的经济头脑，能洞悉市场的需求，则可采用贷款、集资的方式创办自己的实体创业。比如四川省的欧阳晓玲在中专毕业后，辞职筹资创办了四川省第一个民营林业园艺科技企业——永川园艺植物研究所，她带领全所从事果树良种的引种、繁育和配套栽培等技术研究、技术服务，承包经营荒地，将荒山秃岭变成了生"金"长"银"的示范园林，带领5万多名农民致富，取得了巨大的经济效益和社会效益。

（5）从小事做起，由小利起步。历史上，有不少企业家都是从小本生意开始起步，很快就完成了资本积累。大学生创业普遍面临缺乏资金的困难，从小事做起，从求小利做起，不失为一条稳妥的途径。投入小，风险就小，但积小利成大利，聚沙成塔。

（6）"借鸡生蛋"，借钱赚钱。大学生开始创业时，资金都比较少，有时看准了机会，自己也没有条件去干，或者自己有一定的资金，但缺乏经验，难把事情办好。在这种情况下，最好能"借鸡生蛋"，即利用别人的资金、渠道、资源、关系、组织机构和人员去创业，之后按利润分成。例如，有个学模具设计与制造的大学生掌握了制造先进模具的技术，便联系了一个大学同学，他们与某乡政府合作，由该乡政府出资60万元，创办了一个模具厂，由两位大学生承包经营，模具厂的业务很快得以扩大，获得了良好的经济效益。

本 章 小 结

创业是极具挑战的社会活动，创业的成功与失败很大程度上取决于创业者的能力和素质。在创业过程中，创业者本身所具有的素质和能力，比创业过程中的机遇、创业所需的资源更为重要。培养创业者的素质、能力，培养创业者的创业意识和创业精神，是培养创业者的基础和根基。因此，作为大学生创业者，最重要的是了解作为创业者应具备哪些能力和素质，并通过不断努力学习来提高自己的能力和素质，以便为将来的创业活动打下坚实的基础。

思考题

1. 从创业者的创业背景和动机看，创业者可分为哪几种类型？
2. 简述创业者的基本素质与必备能力。
3. 创业者的显著特征包括哪几个方面？
4. 什么是创新思维？简述创新思维的形成过程。
5. 简述创业精神的内涵与表现形式。

扩展阅读2.3

穿越时空的"三国杀"

即测即练

微课视频

第三章 创业团队

通过本章学习，学生应达到如下要求：

1. 了解创业团队的含义及团队对创业成功的帮助；

2. 学习如何创建创业团队，思考创业团队的管理策略。

📄 案例导入

绝配的携程创业团队

梁建章、季琦、沈南鹏、范敏所构成的携程网创始人团队，是中国互联网企业中构成最复杂、职位变动和交接最多的一个，但却是过渡最平稳、纷争传闻最少的一个，他们成功的密码在哪儿呢？

知己知彼 发挥所长

携程的创立，来自发起者季琦和梁建章，他俩因为想做一个网站而聚合在一起。季琦从上海交通大学毕业后，在计算机行业打拼数年，创办了上海协成科技，擅长市场和销售。梁建章从复旦大学毕业后，到美国佐治亚州理工大学攻读硕士，随后进入美国甲骨文公司工作，因业绩突出，荣升甲骨文中国区咨询总监，擅长企业架构管理。沈南鹏是季琦的大学同学，又与梁建章在美国相识，先在美国花旗银行工作，有着敏感而又精准的资本嗅觉。三人一拍即合，决定一起创建公司。季琦和梁建章各出 20 万元，占股 30%；沈南鹏出资 60 万元，占股 40%，携程旅游网便成立了。

团队组建以后，季琦、梁建章、沈南鹏虽然背景互补、性格迥异，但共同的感觉是还少一块，那就是缺乏一个真正懂旅游的人。宁缺毋滥，是当时三个人抱定的决心，几经周折，季琦找到了范敏，认为范敏就是他们的答案。范敏也是上海交通大学的学生，研究生毕业后加入了上海的老牌国企——新亚集团，逐渐成长为新亚集团旗下上海大陆饭店的总经理。经过无数次的软磨硬泡，范敏心里的激情终于被唤醒，答应一起参与创业。

就性格而言，季琦有激情有闯劲，锐意开拓，业务能力强；梁建章，理性冷静，用数字说话，眼光长远；沈南鹏，风风火火，一股老练的投资家做派；范敏，则善于经营，方方面面的关系处理得体。四人都能独当一面，又能特长互补。

这样一个阵容豪华的创业团队，从 1996 年创立，到 2003 年 12 月在纳斯达克上市，携程的上市之路仅仅用了四年。而且，还是在互联网寒冬期间做到的。神奇的是，四人之中，三人兼职，只有季琦一人全职，但季琦并不是名义上的当家人，他和梁建章同为公司的 CEO。事实上，梁建章认为自己比其他人有更丰富的经验：在国外管理过大公司，在国内也有两年经验，了解国情；熟悉 IT 行业，知道如何利用先进的模板去优化一个公司的管理。而这正是用互联网平台和 IT 技术去改造传统旅游产业的携程所需要的。因而这样一个低调、成熟的团队没有意气之争，也没有血雨腥风的权力较量。后来，季琦作为董事长和总裁，其他人也欣然接受，简单说，这是一群理智的成年人，每个人成长所需要遭遇的挫折和付出的成本，他们在创业之前都已经历，而不会把那些虚浮的烦恼和面子的虚荣或江湖之争带进团队。大家的出发点都是考虑怎么对公司有益，不会感情用事，少有江湖气。

相互信任 不计付出

四人创业团队只有一个人在忙，季琦还真无怨无悔。在一次接受采访时，季琦由衷地说："我是非常理解的，当时沈南鹏正在国际投行运作上亿美元的项目，梁建章则在跨国公司担任高管，而范敏在国企里有稳定的工作与家庭生活。他们的机会成本都是相当大的，让他们一下子辞职有些不现实。"他对这些也根本不介意，而是心甘情愿地担任起了开路先锋的责任。季琦说过："对他们来讲，创业就是下海。而我自己就在'海'里，没什么可失去的。所以这个开路先锋，就应该由我来做。"

后来，公司走出了创业期，需要更加精细化的管理动作，季琦在 2001 年自动让位给了更加细腻、理性，更懂得现代企业管理的梁建章。而在 2006 年这样的故事又发生了一次，梁建章主动隐退，范敏开始执掌携程的帅印。

其实，携程开创时期，范敏就一直处于梁建章的领导之下，工作上直接向梁建章汇报，虽然在管理层上似乎低于他们，但在相处之中，一直都是以合作和伙伴来看待，是一种对等的交流。所以当范敏任执行总裁承担重任时，对创业团队的评价，既公正也中肯。他打了一个比喻来形容四个创始人的定位："我们要盖楼，季琦好客又热情，能疏通关系，他就是去拿批文搞来土地的人。沈南鹏精于融资，他是去找钱的人。梁建章懂建筑，能发掘业务模式，他就去打桩，定出整体框架。我来自旅游业，善于搅拌水泥和黄沙，制成混凝土去填充这个框架。楼就是这样造出来的。"所以范敏认为，拿到批文和搞到土地之后，季琦基本完成使命，当然会去另谋天地。他成为第一个离开携程的人。在携程成功上市之后，沈南鹏也功成身退，成为第二个离开的人。而在打基础、定框架的工作完成之后，梁建章就退出一线，到董事长的位置上去谋划下一代的业务模式。不停地往模式里添加内容，是一个更为持续的工作。所以自己逐渐挑起大梁，为彼此安排好发展空间并保证利益，是接力和传承，是本分，有谁不为大局做出妥协呢？没有不计代价的付出，携程就没有今天。

胸襟开阔 相互站台

季琦离开携程后，与首都旅游共同投资创建如家全国连锁酒店。携程在一年多的时间里持续给予资源上的帮助。2003年，携程撇清了和交易关联方如家的投资关系，使季琦成为如家的独立当家人。四年之后，如家在纳斯达克上市时，季琦仍在携程握有与梁建章、沈南鹏占有相差无几的股份，三人的比例分别是5.2%、6.3%和7.3%，而携程的当家人范敏，真正践行了彼此照应、保证利益的诺言。季琦的职位和身份的变化，后来被梁建章称之为"开创性"的，它为携程后来的发展"摆平"了道路。2006年的暮春，季琦向《中国企业家》披露，看到经济型连锁酒店的机会并要创立如家的创意，其实出自梁建章，而不是他自己。而携程另两位创始人沈南鹏和范敏，都把投资如家称为集体智慧。尤其梁建章，没有把发掘出一个新的创业机会，当作对外宣讲的资本，而是持续开拓时代之机，深耕行业创新领域。现在季琦把成熟的如家交给职业经理人打理，自己和梁建章则开始新的创业，打造另一个商务酒店连锁品牌华住会——汉庭。他们开创了一个如何处理各个创始人之间力量消长的隐含的经典版本。

当然，他们之间会有分歧，有时也争执得面红耳赤。风格强硬的梁建章就曾对几位创始人约法两章："第一，既然我是CEO，最后要我说了算。第二，如果有新人进来，不一定是在你们之下，只要他们比你们强。"这话让人内心不舒服，但共同的目标与沟通的"游说"，特别是新机会的发掘和新平台的搭建，让团队成员看到了每个人的无私付出。无论季琦，还是范敏，直到今天面对媒体时，仍然不吝啬对其他三人的赞许，尤其认为梁建章既有开拓新市场的敏感，又具备守定江山的严谨。

其实，中国有很多比梁建章聪明的企业家、比季琦更勇猛的创业者、比沈南鹏更精明的投资人，或者比范敏拥有更多体制内资源与关系的管理者。但很少有人能聚在一起，形成一个真正的"团队"。这个团队，不是依靠权威，而是依靠平等的伙伴关系和契约精神共同协作，取得持续的成功。

分享讨论：

通过上述案例，你认为创业团队应如何进行有效沟通？

（资料来源：作者根据网络资料改编）

第一节　创业团队的构成

一、创业团队的定义和内涵

创业离不开团队，创业团队是创业组织的核心，建设一个高效的创业团队对创业的成功起非常重要的作用。好的创业团队是创业成功的关键。早期理论研究并未认识到这一点，相关研究集中于创业个体研究，创业团队的相关研究并不受重视。直到 20 世纪 90 年代，卡姆（kamm）等学者呼吁"团队创业普遍存在且具有独特的绩效优势，要剖析创业行为过程的内在规律，必须重视解析创业团队"。随后，多位学者从不同角度丰富创业团队的概念。艾森哈特和斯宏霍芬较早地界定了创业团队，他们认为创业团队由一群在创业过程中担任管理职位的个体组成。这一界定相对宽泛，后续国外学者从所有权、参与程度、参与活动以及共有信念等几个角度阐述了创业团队的内涵。我国学者张玉利认为创业团队具有两个主要特征：①创业团队成员必须是创业初期加入，全身心投入新企业创建活动，在新企业核心决策中发挥积极且关键的作用；②是否拥有新企业所有权是判断创业团队成员的关键标准，但拥有所有权的比例并不构成判断创业成员的依据。在综合国外学者观点的基础上，张玉利提出创业团队是指由两个或两个以上具有一定利益关系的，彼此间通过分享认知和合作行动以共同承担创建新企业责任的，处在新创企业高层主管位置的人共同组建形成的有效工作群体的概念。他指出狭义的创业团队是指有着共同目的、共享创业收益、共担创业风险的一群创建新企业的人。创业团队则不仅包括狭义创业团队，还包括与创业过程有关的各种利益相关者，如风险投资家、专家顾问等。虽然迄今为止创业团队尚无一个权威且统一的界定，但从总体上说，创业团队可以理解为由两个以上具有一定利益关系、共同承担创建新企业责任的人组建形成的工作团队；是创业者在创业过程中组建的以实现创业目标、满足共同的价值追求为共同目的，甘愿共同承担创业风险和共享未来收益并紧密结合的正式的或非正式的工作队伍。目前学者研究认为，创业团队内涵的把握可以从以下四个方面入手。

（1）创业团队是一种特殊群体。创业团队首先是一种群体，创业团队成员在创业初期把创建新企业作为共同努力的目标。在现实中，有些企业是由创业者个人创立且拥有的，然而大多数企业是由两人或两人以上共同创立并拥有的。大量研究表明，创业团队在创建新企业的过程中起着非常关键的作用。在一个企业创业的头几年，一般都由创业团队来支撑。他们在集体创新、分享认知、共担风险、协作进取的过程中，形成了特殊的情感，创造出了高效的工作流程。

（2）创业团队工作绩效大于所有个体成员独立工作时的绩效之和。虽然个体创业团队成员可能具有不同的特质，但他们相互配合、相互帮助，通过坦诚的意见沟通形成了团队协作的行为风格，能够共同对拟创建的新企业负责，具有一定的凝聚力。曾有研究得出这样的结论：工作群体绩效主要依赖于成员的个人贡献，而团队绩效则基于每一个团队成员的不同角色和能力而产生乘法效应。

（3）创业团队对创业成功具有重要的价值。一方面是因为团队创业有利于分散创业风险；另一方面通过创业团队成员之间的技能互补可以提高企业家驾驭环境不确定性的能力，从而降低新创企业的失败风险。更为重要的是，团队创业能够形成更强的资源整合能力，并且同时从多个融资渠道获得创业资金。

（4）创业团队是高层管理团队的基础和最初组织形式。创业团队处在创建新企业的初期或小企业成长早期，而高层管理团队则是创业团队组织形式的继续。当然，在高层管理团队中既可能存在部分创业时期的成员，也可能所有的创业元老都不在其中。

二、创业团队的五要素

创业团队开始创建时，由少数具有技能互补的创业者组成团队，创业者为了实现共同的创业目标，会制定担负责任分工明细的规章，共同为达成高品质的结果而努力。创业团队需要具备五个重要的组成要素，称为"5P"。

（一）目标（purpose）

创业团队的一个既定的共同目标，为团队成员导航，知道要向何处去。没有目标，这个团队就没有存在的价值。

（二）人（people）

人是构成创业团队最核心的力量，在一个创业团队中，人力资源是所有创业资源中最活跃、最重要的资源。应充分调动创业者的各种资源和能力，将人力资源进一步转化为人力资本。

（三）创业团队的定位（place）

创业团队的定位包含两层意思：

（1）创业团队的定位。创业团队在企业中处于什么位置、由谁选择和决定团队的成员、创业团队最终应对谁负责、创业团队采取什么方式激励下属，这些问题的解答都需要明确创业团队的定位。

（2）个体（创业者）的定位。作为成员在创业团队中扮演什么角色，是制订计划还是具体实施或评估；是大家共同出资，委派某个人参与管理，还是大家共同出资，共同参与管理；或是共同出资，聘请第三方（职业经理人）管理；在创业实体的组织形式上，是合伙企业还是公司制企业，这些问题的解答也需要明确个体的定位。

（四）权限（power）

创业团队当中领导人的权力大小与其团队的发展阶段和创业实体所在行业相关。一般来说，创业团队越成熟，领导者所拥有的权力相应越小，在创业团队发展的初期阶段，领导权相对比较集中。高科技实体企业大部分实行民主的管理方式。

（五）计划（plan）

计划有如下两层含义。

（1）目标的最终实现需要一系列具体的行动方案，可以把计划理解成达到目标的具体工作程序。

（2）按计划进行可以保证创业团队的顺利运行。只有在有计划的操作下，创业团队才会一步一步地接近目标。

三、创业团队的类型

从不同的角度、层次和结构，可以划分为不同类型的创业团队，而依据创业团队的组成者来划分，创业团队可分为星状创业团队、网状创业团队和虚拟星状创业团队。

（一）星状创业团队

这种团队在形成之前，一般是核心人物有了创业的想法，然后根据自己的设想进行创业团队的组织。这种创业团队具有权威的核心主导，一般是由一个商业点子或一个商业机会组建所需要的团队，组建团队的人往往就是这个团队的领导核心，其他人力资源围绕领导核心运转。因此，在团队形成之前，核心人物已经就团队组成进行过仔细思考，根据自己的想法选择相应人员加入团队，这些加入创业团队的成员也许是核心人物以前熟悉的人，也有可能是不熟悉的人，但这些团队成员在企业中更多的时候是支持者角色。

这种创业团队有以下几个明显特点。

（1）组织结构紧密，向心力强，主导人物在组织中的行为对其他个体影响巨大。

（2）决策程序相对简单，组织效率较高。

（3）容易形成权力过分集中的局面，从而使决策失误的风险加大。

（4）当其他团队成员和主导人物发生冲突时，因为核心主导人物的特殊权威，使其他团队成员在冲突发生时往往处于被动地位，在冲突较严重时，一般都会选择离开团队，因而对团队的影响较大。

（二）网状创业团队

网状创业团队的建立主要来自于因为经验、专长和共同目标而结成的一个群体，经过群体成员彼此在一起发现商业机会，并且能充分运用团队内部分工、发挥各自专业优势，组建呈圆桌形状的、参与者都有较大发言权的团队协作关系。这种创业团队的成员一般在创业之前都有密切的关系，如同学、亲友、同事、朋友等。他们在交往过程中共同认可某一创业想法，并就创业达成了共识以后开始共同进行创业。在创业团队组成时，没有明确的核心人物，大家根据各自的特点进行自发的组织角色定位。因此，在企业初创时期，各位成员基本上扮演的是协作者或者伙伴角色。

这种创业团队有如下特点。

（1）团队没有明显的核心，整体结构较为松散。

（2）在组织决策时，一般采取集体决策的方式，通过大量的沟通和讨论达成一致意见，因此组织的决策效率相对较低。

（3）由于团队成员在团队中的地位相似，因此容易在组织中形成多头领导的局面。

（4）当团队成员之间发生冲突时，一般都采取平等协商、积极解决的态度消除冲突，团队成员不会轻易离开。但是一旦团队成员间的冲突升级，使某些团队成员撤出团队，就容易导致整个团队的涣散。

（三）虚拟星状创业团队

这种创业团队是由网状创业团队演化而来，基本上是前两种的中间形态。在团队中，有一个核心成员，但是该核心成员地位的确立是团队成员协商的结果，因此核心人物从某种意义上说是整个团队的代言人，而不是主导型人物，其在团队中的行为必须充分考虑其他团队成员的意见，不如星状创业团队中的核心主导人物那样有权威。

四、创业团队优劣势分析

（一）创业团队优势分析

创业团队中的成员为了团队的利益和目标而相互协作，将个体利益和整体利益统一，从而实现高效率运作的理想工作状态，为企业创造更大的利益。一个好的创业团队的建立，能够使每一个团队成员很好地借物使力，取团队其他成员的长处来补自己的短处，也把自己的优点和长处分享给大家，互相学习，共同进步。

（1）"1+1>2"。创业团队不仅强调个人的工作成果，更强调团队的整体业绩。它依赖的不仅是集体讨论和决策，同时也强调成员的共同奉献。创业团队合作能激发团队成员不可思议的潜力，让每个人都能发挥最强的力量。但是一加一的结果却是大于二，也就是说，团队工作成果往往能超过成员个人业绩的总和。

（2）创造性增强。创业团队的目的是开创新的事业，而不是去完成已经被实现过的目标，这往往意味着开发新的技术、开拓新的市场、应用新的经营管理思想、创立新型的组织形式等。这种开拓性就要求创业团队必须是一个创新观念和能力很强大的集体，而且对创新气氛培养的重视远高于对规章纪律的重视。

（3）组织结构合理。在创业过程中，创业团队的人员构成和组织架构都经常变动。

组织的变动性从短期看，更多的是会增加创业风险，因为团队资源遭到破坏，创业资本、技术、人才等创业资源会流失。但从长期看，组织变动不可避免，在变动过程中可能会形成结构更为合理、共同点更多的、更有力量的创业团队。

（4）创业团队平等。创业团队往往都具有高度的平等性，但是这种平等并不意味着股权和各种权力的绝对平等，而是立足于公正基础上的平等，也就是在团队内部客观评定各个成员对于团队的贡献程度基础上的平等性。

（5）能力结构全面。创业团队面对的是不确定的市场环境，机遇和风险都在各个方面出现，这就要求创业者需要具备一定的素质，对机遇有较高的敏感性。因而创业者团队成员的能力应各有所长且能够互补，科技型新创企业的创业者要尽量是某些技术领域的专家。

（6）相互协作紧密。由于创业团队的风险和机遇可能来自任何方面、任何时间，这就要求创业团队不可能完全通过事先分配好的方法来进行工作；同时也由于创业团队的个人能力的专擅性和团队成员总体能力的全面性，更要求创业团队的成员紧密协作以应对多种挑战。

（7）创业团队具有较高的凝聚力和强烈的归属感。由于创业团队能够最大限度地实现个人价值的追求，一旦成功就意义非凡，同时团队成员之间的素质高、关系平等密切、合作紧密、氛围浓厚，这一切都使创业团队拥有很高的凝聚力，团队成员对创业团队有很强的归属感。这主要体现在团队成员对于团队事物的尽心尽力和全方位的投入上。

（二）创业团队劣势分析

在创业团队中，人多意味着思想不同，大家的想法也不同，在思考问题上，大家思考的角度也不同，所以，在同一个问题上思考出来的答案也会不同。每个人都有自己独立的思想，在采取措施或实施方案的时候，就往往会产生争论，各执己见，力量也会由此而得不到凝聚。如果没有处理好，整个创业团队就会像一盘散沙，力量凝聚不到一起，当观点形成对立的时候，不但不能促使创业团队的发展，反而会阻碍创业团队的发展。

五、创业团队的重要性

许多研究和实践都证明了团队工作方式能够有效提高企业绩效。1988 年，某权威杂志对 100 家在首次公开募股前几年表现最好的企业做调查，数据显示其中有 56% 是创业团队成员都还在，其余的 44% 不是由个人创业就是只剩下一个团队成员，另外，创业团队比非团队创业要成功。

很多研究报告也显示，创业投资公司都认为创业团队在创业的过程中是很重要的。针对投资者的调查显示，有将近一半没有成功的投资案是因为创业团队的关系。越来越多的证据表明，一个好的管理团队对于风险企业的成功起举足轻重的作用，这是企业通向成功的桥梁。在挖掘新型风险企业的发展潜力，以及打破其创始人的自有资源限制，从私人投资者和风险资本支持者手中吸引资本的能力与企业管理团队的素质之间有着十分密切的联系。

新创立的公司既可能是一个仅为创始人提供一种替代就业方式，为几个家人和几个外人提供就业机会的公司，也可能是一个具有较高发展潜力的公司。两者之间的主要不同点之一在于是否存在一支高素质的管理团队。一个团队的营造者能够创建出一个组织或一个公司，而且是一个能够创造出重要价值并有收益选择权的公司。当然，并不是说没有团队的企业注定会失败，但可以说要建立一个没有团队而仍然具有高成长潜力的企业却极其困难。

总之，一个好的团队对于创业企业的成功具有重要影响，主要表现在以下几个方面。

（1）所有的风险投资家都十分重视团队的作用。一个创业企业要吸引风险资金的投入，就必须要有一个好的创业团队。正如赛伯乐（中国）创业投资管理有限公司董事长朱敏在被问及在行业、团队、技术、商业模式等多种要素中，最看重被投资对象的哪些因素时，毫不犹豫地回答：“团队肯定放在第一位。”有了风险资金的投入，创业企业的生存率会大大提高。那些快速成长的创业企业，一般都有一个好的创业团队。创业企业的发展不仅与团队的存在与否有关，而且与团队素质的好坏有重要关联。风险投资家们不仅越来越重视团队的素质，而且还积极参与创业团队的建立和创业团队的改进。

（2）在企业的创业过程中，创业者经常面临各种各样的压力。有时会感到孤独，有时还会觉得紧张，有问题时找不到合适的人沟通等。为此，合适的团队成员在创业企业的发展过程中能够起积极的作用。这些团队成员在一起不仅能够减轻互相之间的创业压力，而且有助于促进对创业企业发展进程中各种深层次问题的思考。“三个臭皮匠顶个诸葛亮”讲的也是这个道理。前面已经讲到，风险投资家十分看重创业团队及其团队成员的素质，这些潜在投资者的态度十分明确，他们认为创业企业的管理质量是他们决定在一个新企业投资与否的唯一重要因素，而企业的管理质量取决于创业团队的素质。

（3）由于创业团队往往拥有各种不同专业知识和不同实践经验的人才，能够满足创业企业对多种人员的需求，所以一支好的创业团队比一个企业家更能够增强创业企业的优势。一支创业团队的存在，能够保证创业企业管理的连续性，因为一个创业企业如果只有唯一的创业企业家，那么他的离开将会对这个创业企业产生破坏性的影响，甚至可能导致企业的倒闭。但是，一个创业企业如果有一个创业团队的话，那么某位团队成员的离开对创业企业产生的影响就不会那么大。再者，一个强有力的创业团队能够使创业企业的理念得到充分发挥，俗话说“众人划桨开大船”，集体的智慧是无穷的。一支好的创业团队，它的团队成员会努力从各个不同角度、不同方面去诠释企业的理念，让企业的员工、顾客、潜在投资者和银行家等能够更好地去理解企业的发展理念，从而把大家的力量积聚起来，共同为企业的发展服务。例如，广东南海联邦家私集团在长达20年的过程中，创业团队始终保持完整的原因，就是因为在企业发展过程中处理好了制度、情感和利益的关系，在这个过程中团队中各个成员自身也在不断取得突破，保证了企业目标的高度一致。

第二节　创业团队的组建

创业者能否走得更远，取决于创业者和创业团队的基本素质。企业的成长是人才成长的一个集中体现，企业的成功也是人才的成功。构建一支优秀的创业团队对任何创业者而言都是一项至关重要的工作，它决定着创业的成败。优秀团队的标准是具有高度责任感、成功的行业经验和合作的心态。那么，我们怎样才能组建一支优秀的创业团队呢？

创业团队的组建是一个相当复杂的过程，不同类型的创业项目所需的团队不一样，创建步骤也不完全相同。

一、创业团队组建原则、途径与程序

（一）创业团队组建原则

（1）创业目标明确合理原则。创业目标必须明确，这样才能使创业团队成员清楚地认识共同的奋斗方向是什么。与此同时，创业目标也必须是合理的、切实可行的，这样才能真正达到激励的目的。

（2）互补原则。创业者之所以寻求团队合作，其目的就在于弥补创业目标与自身能力间的差距。只有当创业团队成员相互间在知识、技能、经验等方面实现互补时，才有可能通过相互协作发挥出"1+1>2"的协同效应。例如，搜房网创业者莫天全在刚开始组建团队时，就非常重视团队的互补性。他认为，创业团队一定要以互补性考虑为主，大家各有其长，这样才可以组成比较稳定的长期发展的团队。因此，当年的搜房创业团队基本由三方面人选组成：一是懂互联网的技术人员；二是与房地产产业相关的人员；三是来自国外的"海归"，或者有比较强的资本背景和海外企业运作背景的人员。

（3）精简高效原则。为了减少创业期的运作成本、最大比例地分享成果，创业团队成员构成应在保证企业能高效运作的前提下尽量精简。创业开始时期的团队成员不要求数量很多，因为业务量还没有提升，有些财务、法律等方面的问题，可以通过外包解决。

（4）打造稳定的初创团队。一开始就拥有一支成功的、稳定的创业团队是每一个创业者的梦想。但现实是，创业合伙人分手的概率是很大的，即使企业成功地存活下来并得到发展，创业团队仍然有分手的可能。团队成员的离去有可能带走股份，或者需要收购股权，造成公司的资金紧张。如果团队成员急于离开，创业者就应该考虑是不是公司的管理出了问题，并及时与团队成员沟通，解决问题。公司发展的初期，团队成员的离开有时会造成"灾难性后果"，这一点创业者应当在招募时就考虑，并与团队成员做出约定。

（5）动态开放原则。创业过程是一个充满了不确定性的过程，创业者在处理创业团队建设上应有发展观念，团队中可能因为能力、观念等多种原因不断有人在离开，同时也有人要求加入。不要认为团队成员的离开就是对企业"不忠""叛逆""叛变"。如果有些想离开团队的成员是企业紧缺的人才，创业者首先要真诚地努力挽留。如果他们的确想走，创业者不应该生硬地加以阻挠。即使这样留下来了，他们也是"身在曹营心在汉"，造成企业的内耗。因此，在组建创业团队时，应注意保持团队的动态性和开放性，使真正完美匹配的人员能被吸纳进创业团队中来。

（6）学会及时沟通。创业者在组建创业团队时，首先应制订一份人才计划，想要哪方面的人员，希望对方从事什么样的工作，能够给予对方哪些有利条件等，都应该考虑清楚。招聘是招募团队成员的一种方式，创业者应多参加一些招聘人员的活动，以便接触这些人员，找到合适的人选。如何说服对方加入你的创业活动，也是创业者需要考虑的问题。例如，描述企业的发展前景、坦率地讲出目前遇到的困境、激发对方实现价值的渴望等，都是十分有用的方法。沟通需要技巧，创业者应当成为一个沟通高手，通过沟通，可以使双方都了解彼此的需要，这样招聘时可以针对性地寻找合适的人选。

在企业初创时期，公司的各项事务烦琐零乱，公司的各项业务开展也会遇到障碍，这需要团队成员有充分的准备，在这种情况下创业团队的沟通就显得格外重要，一方面，通过沟通可以使团队成员相互了解，增加信任；另一方面，创业者也可以通过沟通了解团队成员的技能优势、思想状态提前决策。沟通的话题可以不拘于工作、家庭、业余生活，这对于创业团队的彼此了解是非常有用的。

（二）创业团队组建的途径

（1）寻找相同或相似背景的伙伴。创业团队的组建，虽然有很多种途径，但大学生创业者在招募创业团队时，更喜欢从自己的校友、室友、同学中寻找，这是最常见的大学生创业团队组建方式。以这种方式组建的团队，成员之间因为有共同的理想、相同的教育背景，能够相互了解从而达到默契，而且在个人与集体利益发生冲突时，成员之间能很好地沟通，有利于问题的解决。但是以这种方式创建的团队，也有明显短板。例如，技术类的创业者往往首先找到的是相同的技术类人才，这是由自己的生活圈子决定的，因此，一个有创业想法的人，应当有一个完整的团队建设方案，并注重人员的配置，有意识地跳出自己熟悉的圈子，寻找一些与自己完全不同的人才，这样创业团队的人员才会配备得更完整。

（2）招聘。招聘是一条快捷方便的寻找团队成员的途径。每个企业都有招聘任务和计划，但是创业团队与成熟企业不同。因此，招聘团队成员与企业的日常招聘也不相同。新企业无法与成熟的企业在待遇上相比，但是新企业会有很多机会与挑战，对于有着相同的创业理想的人员和希望实现自身价值的人来说，这些远比薪资待遇更加有吸引力，但是完全不提薪资是不可能的，如果只靠理想、愿景来集合团队成员，是很不现实的。

在中国的传统文化中，开始招聘的合伙人，一起为创业而奋斗，很多时候是从道德约束的角度认同的。在创业过程中尤其是创业初期，当公司的利润并不显现的时候，创业者与合伙人更多考虑的是公司的利益，而耻于谈钱，友谊是维系他们之间关系的主要纽带。这种合伙人关系貌似牢固，但也有很大弊病，当企业发展步入正轨，运营平稳，利润增加的时候，个人的利益观念就会凸显。合伙人有的会因为付出与得到不匹配，有的会因观念不同而产生情绪，导致离开团队并带走部分利润，影响公司的持续发展。因此，在创建团队时，即使是最好的朋友，也应该建立一个合理的利益分配制度并得到合伙人的认同，同时建立健全绩效制度，这样公司就不会因为某个人的离去而无法正常运作，从而为公司今后的发展打下良好的基础。

（三）创业团队组建的程序

（1）明确创业目标。创业团队的总目标就是要通过完成创业阶段的技术、市场、规划、组织、管理等各项工作，实现企业从无到有、从起步到成熟。总目标确定之后，为了推动团队实现创业目标，再将总目标加以分解，设定若干可行的、阶段性的子目标。

（2）制订创业计划。在确定了一个个阶段性子目标以及总目标之后，紧接着就要研究如何实现这些目标，这就需要制订周密的创业计划。创业计划是在对创业目标进行具体分解的基础上，以团队为整体来考虑的计划。创业计划确定了不同创业阶段需要完成的阶段性任务，并通过逐步实现这些阶段性目标来实现最终的创业目标。

（3）招募适合的人员。招募合适的人员是创业团队组建最关键的一步。关于创业团队成员的招募，首先考虑互补性原则，使其成员在能力、技术上形成互补，而且必须保证有管理、技术和营销三个方面的人才。只有这三个方面的人才形成良好的沟通协作关系后，创业团队才可能实现稳定高效。其次，考虑适度精简原则，团队成员太少，则无法实现团队的功能和优势，而团队成员过多也会在交流沟通上降低效率，提升成本，进而大大削弱团队的凝聚力。一般认为，创业团队的规模控制在 2 ～ 12 人之间最佳。

（4）职权划分。为了保证团队成员执行创业计划、顺利开展各项工作，必须预先在团队内部进行职权的划分。创业团队的职权划分就是根据执行创业计划的需要，具体确定每个团队成员所要担负的职责以及相应所享有的权限。团队成员间职权的划分必须明确，既要避免职权的重叠和交叉，也要避免无人承担造成工作上的疏漏。此外，由于还处于创业过程中，面临的创业环境又是动态复杂的，不断会出现新的问题，团队成员可能不断出现更换，因此创业团队成员的职权也应根据需要不断进行调整。

（5）构建创业团队制度体系。创业团队制度体系体现了创业团队对成员的控制和激励能力，主要包括了团队的各种约束制度和各种激励制度，这些制度必须以规范化的书面形式确定下来。一方面，创业团队通过各种约束制度，主要包括纪律条例、组织条例、财务条例、保密条例等，约束其成员做出不利于团队发展的行为，实现对其行为的有效管理，保证团队的稳定秩序；另一方面，创业团队要实现高效运作，还必须有明确的激励机制，主要包括利益分配方案、奖惩制度、考核标准、激励措施等，使团队成员随着创业目标的实现，其自身利益将会得到改变、提高，从而达到充分调动成员的积极性、最大限度发挥团队成员作用的目的。要实现有效的激励，有经验的团队组建者会把成员的收益模式、股权、奖惩等与团队成员利益密切相关的事项首先确定下来。

（6）预留团队调整融合的空间。完美组合的创业团队并非创业一开始就能建立起来的，很多时候是在企业创立一定时间以后，随着企业的发展逐步形成的。随着团队的运作，团队组建时在人员匹配、制度设计、职权划分等方面的不合理之处会逐渐暴露出来，这时就需要对团队进行调整融合。问题的暴露需要一个过程，因此团队调整融合也应是一个动态持续的过程。在制度设计中，要预留专门针对调整的空间，为进一步融合营造宽容宽松的氛围，更要保证团队成员间经常、及时、有效的沟通与协调，培养强化团队精神，提升团队士气。

二、组建创业团队的因素

影响创业团队筹建工作的因素很多，可以区分为基本因素和其他因素。其中，基本因素包括创始人、商业机会、外部资源供给、机会成本、失败的底线；其他因素则包括与个人目标的契合程度、个人偏好等。

（一）创始人

需要什么类型的团队，既取决于商业机会的性质，又取决于创业带头人的能力、作用。对创业战略进行准确的评价是创业带头人建立团队的一个关键步骤。创业者需要首先考虑建立团队是值得的还是必需的，以及是否长远打算把企业发展为一个更具潜力的企业；然后再具体评价拥有的人才、专业技术、接纳功能、实战业绩、关系网络和其他资源，就是说已经获得的"资源组合"。一切就绪后，创业者就要进一步考虑企业必须具备什么条件才能获得成功，以及在什么时候需要什么样的人才，怎样形成优势互补。

最好的创业者是乐观的现实主义者，他们真心希望提高自己的工作绩效，努力去分析、评估哪些是他们所知道的，学习、补充哪些不知道的，并对此求真求实。创业者所需要考虑的问题包括以下几个方面。

（1）需要哪些与市场、行业、技术、销售有关的知识和经验。

（2）是否拥有所必需的关系网络、资源组合以及能为企业带来的竞争优势，是否需要在这方面寻找合适的合伙人。

（3）是否能够吸引所需人才，组成"明星队"合伙人团体，能否有效协调团队成员之间的关系。

（4）评估为创业要做出的牺牲和贡献，并为此做好准备。

（二）商业机会

需要什么样的团队取决于创业者与商业机会之间的匹配程度，以及打算以多快的速度和多大的举措来推进企业。尽管大多数的新企业都打算依靠自身的资源来求得发展，而且，在公司特殊情况下才会招募关键成员，然而如果创业团队一开始就会利用风险资本，或者有政府支持、上游企业支持、私人投资者驻资，团队组建越早，吸引投资价值就越高。

单从商机带来利益的角度考虑，商业机会包括以下几个方面。

（1）做这项业务的附加值和经济利益如何，与谁共同获利。

（2）能够影响组建企业成功与否的关键变量是什么，需要什么因素或什么人来对这些变量产生积极影响。

（3）是否拥有或得到把握商业机会所必需的关键外部关系，如投资人、供应商、管理机构、银行家、顾客、律师等。

（4）具有哪个方面的优势和竞争战略，什么样的人是推行这一战略或优势的必要人选。

（三）外部资源

通过获取外部资源来弥补企业的职位空缺，如董事会、会计师、律师、咨询顾问等。通常来说，税务和法律方面的专家，在企业初创，最好以兼职的方式聘请，特别是那些对企业经营的关键任务、目标、活动来说并不重要的业务，比较妥当节约成本的做法是聘请咨询顾问。创业者从以下方面切入。

（1）那些专业性强、具有一次性特点或可请兼职人士提供的专业知识，对于企业来说是不太重要的还是至关重要的。

（2）如果从外部获得专业技能，是否会泄露商业机密。

（四）机会成本

一个人一生的黄金岁月大约只有 30 年，其间要经历学习、发展与收获等不同阶段，而为了这项创业机会，你将放弃什么，可以从中获得什么，得失的评价如何，在决定进行创业之前，所有参与创业的成员都需要认真思考创业所要付出的机会成本。必须通过机会成本的客观判断，才能得知创业机会是否真的对个人生涯发展具有吸引力。

（五）失败的底线

古人说："留得青山在，不怕没柴烧。"创业必然要面对可能失败的风险，因此创业者不必也不宜将个人声誉与全部资源都押在一次创业活动中。理性的创业者（团队）必须设定承受失败的底线，以保留东山再起的能力与机会。因而需要了解团队成员有关创业团队对失败底线的看法。

三、创业团队选择成员的注意事项

不管何种类型的创业团队，都必须在创业前慎重选择成员。在团队初始组成时，其选择成员必须注意的问题有以下几个。

（一）团队成员加入的目的

根据马斯洛的需求层次理论，人的需求大体上可以分为五个层次：生理需要、安全需要、社交需要、尊重需要、自我实现需要。团队成员基于哪个层次的需要而加入团队，对其在组织中的行为方式起决定性作用。比如，对一个目前还缺乏基本生活保障的人来说，其更注重组织的获利能力，更迫切地想赚钱养家糊口，这就可能导致企业短期逐利行为。而基于自我实现需要的成员，其更注重企业的未来发展，想把事业做大，充分发挥自己的能力，企业对其来说是实现抱负的最好舞台，因此，他更注重组织战略目标的确定和执行。

（二）团队成员的知识结构

在一个创业团队中，成员的知识结构越合理，创业越可能成功。纯粹的技术人员组成的公司容易形成技术为王的倾向，从而使产品的研发与市场脱节；全部是市场和销售人员组成的创业团队，缺乏对技术的领悟力和敏感性，也容易迷失方向。因此，在创业团队的成员选择上，必须注意人员的知识结构，技术、管理、市场、销售合理搭配，并充分发挥个人的优势。

（三）团队成员的性格、个性、兴趣

创业团队成员的性格、个性、兴趣特征都影响团队的稳定性。在创业初期，大家同甘苦、共患难，怀着满腔热情工作，在这种情况下，团队成员在个性上的差异、兴趣爱好上的差异、处理问题的差异容易被掩盖，从而表现出不同的行为方式。而一旦企业发展至某个阶段的时候，由于个性冲突导致的矛盾可能会激化，使创业团队出现裂痕，严重的还会导致团队分裂。

（四）团队成员的价值观念

在一个创业团队中，成员的价值观念和道德品质决定了企业文化底蕴的形成。甚至可以说，企业文化的最初源头就是企业创始人自身价值观念和道德品质的体现。有的人诚信为本，有的人利益至上；有的人"天下兴亡，匹夫有责"，具有极强的社会责任感，有的人"事不关己，高高挂起"，只求独善其身。一个人的价值观念很难改变，因此，在创业团队形成之前，必须通过深入的交流和充分的了解，使价值观念相近、个人素质较高的人一起组成团队，这样创业成功的可能性更大。

在团队成员确定以后，企业的组织结构就可以基本确定了。组织结构的设计归根结底是组织中个体层次、需要与组织目标相协调的问题，是个体价值发挥与群体绩效达成的问题。为了避免创业团队在今后的组织行为中，因为利益分配、企业决策等方面产生分歧，在创业团队形成之初，必须通过公司章程或者协议的方式，确定公司发展目标、业务领域、出资及退股原则、利润分配方法、分歧解决原则等。尤为重要的是，创业团队要有好的分配制度，不仅充分照顾现有团队成员的利益，还要考虑吸收新的成员时的股份再分配。

第三节　创业团队的管理

一、团队管理的策略

新创企业的管理，实际包含公司组织、生产服务、市场营销等几个方面，新企业的管理重点一般会落在生产管理、市场、服务等环节上，而忽视团队的建设与管理。但是如果没有创业团队的管理，创业成功的概率是要受很大的影响的。例如，领导者变更、计划不连续、裁减成员、规则不连续等都会冲击创业团队的合力。如果缺乏有效的管理，团队或者说新企业的生命力难以长久。而有效管理是新企业保持团队士气的关

键。有效管理既要求给予创业团队成员以合理的"利益补偿"，也要给予心理收益，如创业成就感和地位、感受到尊重等。因此，成功的管理才能成就成功的团队。团队管理主要有以下几个方面。

（1）注重团队凝聚力。团队的凝聚力是指群体成员之间为实现共同目标而实施团结协作的程度，凝聚力表现在人们的个体动机行为对群体目标任务所具有的信赖性、依从性乃至服从性上。在创业过程中，团队所有成员都认同整个团队，这是一股密不可分的力量，是劲往一处攒、五指成拳的力量，团队的利益高于团队每一位成员的利益，如果团队成员能够为团队的利益而舍弃自己的小利时，团队的凝聚力就表现得极强。

（2）合作第一。虽然在创业团队中，每一位成员都可以独当一面，但是合作仍然是团队成员首先要学会的东西。在成功的创业公司中，团队的成功远远高于个人的成功，创业者与团队核心成员相互配合，共同鼓励。

（3）致力于价值创造。团队的每一位成员都致力于价值的创造，大家想尽办法解决问题，一旦决策方案提出，大家都会遵从执行。每一位成员都与企业一起，在成长、发展、壮大的过程中变得成熟、强大，在这一过程中，团队的每位成员不但获得了丰厚的物质回报，个人技能、处事技巧、处理问题的能力也将得到提升。

（4）分享成果。在新创企业中，一般的做法是将公司的股份预留出 10% ～ 20%，作为吸引新的团队成员的股份，团队中不仅要有资金的分享，还要有理念、观点、解决方案的分享。

（5）重视绩效考核。绩效是指给评估者和被评估者提供所需要的评价标准，以便客观地讨论、监督、衡量绩效。绩效管理可以使团队成员明确自己的职责，依据团队的目标和计划，明确自己的角色、权利与承担的工作，同时也可以根据自己的价值对自己的薪资产生期待。

团队中的角色扮演，一般是指在团队中承担的不同责任，根据职、责、权来划分不同的角色。在团队中，扮演好自己的角色至关重要，这与团队的运作效率以及核心凝聚力息息相关。

（6）充分发挥决策者的作用。决策者的角色一般由企业的核心成员承担，他们不但对问题进行决策，而且承担决策产生的后果，所以在公司做出每一项重要的决策时，决策者通常都会在决策前召集团队成员讨论解决方案。作为团队中的决策者，如果大家的意见与决策者相左，就应该重新分析方案的可行性，并对方案进行修改。决策的主要内容是公司发展的长期目标与一定阶段的计划，还有一些是与公司发展相关的重大决策。

（7）明确团队执行人的任务。执行人是根据公司制订的业务计划和目标，从职能职责方面来统筹自己的工作和计划，细化、量化自己的工作，具体执行决策者的决策。

在新创企业中有时会遇到团队成员职、责、权混淆的情况，这时就需要制定出规范化的企业制度，保证团队成员的工作，而且企业的核心成员也应该时刻记得自己的角色分配。需要明确的是，决策者的角色并不是一成不变的，决策者应首先从一个执行者要求自己，只有当自己完成方案时，才能将方案交给其他执行者去执行。

二、创业团队的报酬激励

（一）形成分享财富的理念

创业团队的分配理念和价值观，必须遵循以下几个方面的原则：①与帮助企业创造价值和财富的人一起分享财富。②吸引到风险投资的企业，其最终目标往往是获得 5～10 倍原始投资的报酬。由此我们就很容易理解为何寻找好的创业机会，建立优秀创业团队并采取分散型持股方式实行财富共享，远比拥有公司多少股权份额重要。③成功的创业者往往不只是创建一个企业。因此，当前的企业可能并非其最后一家企业，最重要的是取得这次创业的成功，做到这一点之后，将来还会有很多商机。

（二）综合考虑企业与个人目标

如果一个企业不需要外部资本，就不必考虑外部股东对报酬问题的态度或影响，但团队核心成员却要综合考虑企业与个人目标的一致，在有资金需要时能够轻松融资。例如，如果企业的目标是在未来 5～10 年获得大量资本收益，那么就需要针对这一目标，既要完成企业的收益，又要刺激团队成员的长期敬业精神，以实现与企业水涨船高的薪资期待一致。

（三）规范制定报酬制度的程序

创业团队要建立起这样一个理念：让每个团队成员都觉得自己的付出对得起所得的报酬。每一个关键团队成员都必须致力于寻找有关合理制订报酬制度的最佳方案，使它能够尽可能公平地反映每位团队成员的责任、风险和相对贡献。

（四）实施合理分配方案

如何分配报酬，目前还没有任何有效的公式可以套用，也没有简单而行之有效的答案。在制订方案时，需要对团队成员的贡献大小进行衡量。可以重点考虑以下几个方面。

（1）创业思路人。对创业思路提出者的贡献应当予以充分考虑，尤其是提供对原型产品或服务极为重要的商业机密、特定技术，或是对产品、市场进行调研的当事者。

（2）准备商业计划者。制订一份优秀的商业计划往往需要花费很多的时间、资金和精力。因此，商业计划书制订者的贡献也应该适当考虑。

（3）风险承担者及敬业精神。一个把大部分个人资产投入企业的团队成员，不仅要在企业失败时承担巨大的风险，还将牺牲一定的个人利益、投入大量的时间和精力并接受较低的报酬，因此，应充分考虑风险承担者的利益，并对敬业精神强的员工做出嘉奖。

（4）拥有工作技能、经验、业绩或社会关系者。团队成员可能为企业带来工作技能、经验、良好的工作业绩，也可能是在营销、金融和技术等方面的社会关系。如果这些对于新创企业而言是至关重要的，而且是来之不易的，那么就必须予以考虑。

（5）岗位职责不同，绩效应有区别。团队成员在不同的岗位上为企业做贡献，而岗位所需技能和工作强度各不相同，应该为不同的岗位分配不同的权重，以鼓励关键岗位的重大贡献。

在衡量每位团队成员的贡献率时，需要充分考虑上面列举的各项因素，团队成员之间不仅要协商，以达成对各项贡献价值的一致意见，而且还应该保持充分的灵活性，以适应今后的变化。

（五）综合考虑分配时机和手段

报酬分配制度，在企业发展的第一阶段就被制定出来并加以实施，不过还应考虑按个人在企业整个周期内的业绩来定。创业团队可以综合采用月薪、股票期权、红利和额外福利，作为反映业绩变化的一种措施。但是运用上述手段的能力，在一定程度上取决于企业发展的程度。以现金报酬为例，我们把现金作为报酬分给员工还是用于企业发展，这期间存在一个平衡问题。因此，在企业成立的初期阶段，薪金往往需要维持在较低的水平甚至不发薪金，其他红利和福利等则先不考虑。薪金、红利和福利都要吞噬现金，而在企业盈利之前，现金往往优先用于支持企业的经营和发展。就算企业在获得盈利之后，现金的支付仍然会制约企业的成长。只有在企业顺利实现盈亏平衡后，薪金的提高才会促进企业的竞争力。至于红利和额外福利，可能还是保持在较低水平，直至企业持续多年获利，才可以考虑进一步加以提高。

三、团队成员的股权结构设计

（一）股权结构类型

在创业企业中，由于股东的种类以及持股比例不同，从而导致不同的股权结构，概括起来大概有以下三种类型。

（1）高度集中型股权结构。在这种股权结构下，绝大多数股票掌控在少数股东手中，尤其是第一大股东。创业者在创业过程中常常为了引领企业，原始持股数目非常大，掌握着公司的控制权，占有绝对控股地位。相对于这些大股东，其他股东只占有公司少量的股票，在企业的重大决策、经营生产、利润分配等方面都受制于大股东。这种股权结构以集中为特点，占大多数。

（2）适度分散型股权结构。在这种股权结构下，既有一定的股权集中度，又有若干大股东存在，主要是机构法人相互持股，控股者多为法人股东。这种股权结构能促使股东适度、有效地行使最终控制权，比较民主。在重大决策、经营生产、利润分配既发挥股东权力，同时又不滥用权力，从而有效地解决委托代理关系下效率降低的问题，这是一种较为合理的股权结构。

（3）比较分散型股权结构。在这种股权结构下，有相当数量的股东持有相当数量的股票，不存在大股东，股权高度分散。在重大决策、经营生产、利润分配问题上，股东之间相互牵制，容易出现相互推诿、"搭便车"的现象，这种股权比较分散的结构容易造成公司股东群龙无首、公司控制权落在经营者手中，由经营者实际掌握公司，容易形成"内部人控制"的现象。

创业者及团队在安排产权的问题上，无论采取哪种构成结构，但需要遵循以下原则以避免产权纠纷，为创办的企业带来损害：首先，拥有完整的法人财产权利；其次，有利于创业团队的团结，有利于获取并掌握创业需要的关键资源；再次，有利于核心人员掌握企业的控制权和收益权；最后，有利于提高创业活动的效率，保持企业活力和持续发展。

（二）股权结构的设计原则

（1）人力资本所有者与投资人共同分享利润。对于高科技企业而言，技术和产品的完整结合是完成产品研发和企业发展的必要条件，因此企业获得的利润是人力资本所有者和投资人共同的贡献，人力资本所有者和投资人共同分享利润是合理的。两者之间的分配比例最终由其反复博弈之后而定。

（2）采用人力资本的期权制度。因为创业企业在研发新产品、销售产品的过程中不仅要产生现金利润，同时还要产生无形资产，因此人力资本所有者和投资人按比例分享企业的无形资产是合理的。但是，与现金利润不同的是，无形资产往往是和企业的发展联系在一起的，难以分割。只有企业的股东才有权利享受企业的无形资产。因此，要想让人力资本所有者能像投资人一样享受企业的无形资产，就要想办法让人力资本所有者变成企业的股东。其中比较有效的方法就是期权制度，也就是说人力资本所有者，对企业做出了一定的贡献，达到规定的条件，需要得到分红权和在一定时间内按原始价格收购一定比例股权的承诺，技术人员分到红利以后，从投资人手中收购部分股权，成为投资股东，再按原定比例与投资人一起分享企业的所有利润。

（3）遵循股权预留空间、动态变化的原则。对于创业企业而言，它们是在不断发展的，这就需要不断地为企业输入新鲜血液、技术突破、扩充资金，不管是人力资本还是非人力资本，对于新加入的投资人和人力资本所有者，他们也要参加到企业的股权分配中去，这就要求企业的股权比例有一定的空间，能够容纳后来者，呈现动态变化。

在新企业创立发展壮大过程中，物质收益中包含的股权、产权都应当比较明晰。这样才能对创业团队成员起激励和凝聚作用。将期权激励作为经济激励的一项重要内容来实施，从而将传统的以报酬为代表的短期经济激励和以期权为代表的长期经济激励结合起来，体现人力资源的价值。以华帝公司为例，公司从无到有，一步一个脚印，发展壮大至今，原动力就是它能在不同的发展阶段建立与之相适应的、产权明晰的现代产权制度。华帝公司最初是邓新华等七名一起长大的同乡共同成立的，当初华帝七子在结盟之际，就以清晰的产权结构为依托，以人尽其能、人适其职作为岗位界定的支点，为今后的华帝大厦打下牢固的根基。

四、领导创业者的角色和行为策略

创业团队是团队而不是群体。团队中成员所做的贡献是互补的，而群体中成员之间的工作在很大程度上是互换的。依据不同逻辑组建创业团队既可能带来优势，也可能带来障碍，对后续创业活动会带来潜在影响。

（一）领导创业者的角色和行为功能

创业团队管理的重点是在维持团队稳定的前提下，发挥团队多样性优势。创业团队领袖是创业团队的灵魂，是团队力量的协调者和整合者。对于一个团队来说，其领军人物——领导者是至关重要的，"一只狮子领着一群羊，胜过一只羊领着一群狮子"，这一古老的西方谚语说明了创业领导者的重要性，伟大的创业构想并不难产生，但实现创业构想却需要一位能够塑造愿景、坚持信念并且具有领导团队魅力的伟大创业者。领导者的言行和所做出的决策直接影响这个团队的业绩，所以成功的领导者应注意以下几点内容。

1. 责任承诺和决心

责任承诺和决心比其他任何一项因素都重要。有了责任承诺和决心，企业家可以克服不可想象的障碍，并大大弥补其他缺点。如卡尔文·库利居所说："世界上没有什么可以取代恒心。才能做不到，有才能而没有获得成功的人到处都是；天赋做不到，没有作为的天赋几乎成了一句格言；教育做不到，世界上到处都是受过教育却被社会抛弃的人。恒心和决心是无所不能的，'奋进前行'的口号已经解决了前人所遇到的问题并将一直解决人类的问题。"

成功建立新企业的创业者们能积极主动地克服困难、解决问题并完成所有工作，他们在解决问题和完成任务过程中严格自律、坚韧不拔并能持之以恒。他们可以很快地承担责任和交付责任。有关资料表明，大多数研究者认为，成功的创业者们大多极有恒心，他们在判断什么能做，什么不能做，以及他们从哪里可以得到帮助，或者在解决一项十分困难但又十分必要的问题时，表现得非常坚定。创业者不能有勇无谋，不要把时间都浪费在即使坚持也得不到效果的项目上，否则还会对企业资金造成巨大浪费，这就需要创业者在坚持和利润上做出更好的抉择。

2. 领导力

领导力（leadership challenge）可以被定义为一系列行为的组合，这些行为将会激励人们跟随领导执行要做的事，而不是简单地服从。所谓领导力，就是一种特殊的人际影响力，组织中的每一个人都会去影响他人，也要接受他人的影响，因此每个员工都具有潜在的和现实的领导力。在组织中，领导者和成员共同推动团队向着既定的目标前进，从而构成一个有机的系统，在系统内部具有以下几个要素：领导者的个性特征和领导艺术、员工的主观能动性、领导者与员工之间的积极互动、组织目标的制定以及实现的过程。提高领导力的方法有以下几个。

（1）必须提高决策的谋略能力。深谋远虑属于谋略策划范畴，是领导对全局工作的长远规划。提高对上级决策的科学理解能力，是一个基层领导者战略头脑的高层次要求，它关系一个团队的决策是否正确、业绩是否理想。所以，一个单位的"领导者"应该在把握国家政策的基础上，结合本团队的实际情况，创造性地制定本团队工作的突破口，这是团队领导者的经常性工作，因此也是领导者们必须练就的基本功。

（2）必须提高领导阶层的凝聚能力。在实际工作中，有的领导阶层之所以对正确的意见无法集中，对本级分歧意见统一不了，对错误认识纠正不了，并非是领导水平低，在很大程度上是因为领导者在领导层和团队成员心目中的威望不高，这种因不信其人而抵其见的现象时有发生。可见领导者在领导阶层具有一定的影响力、号召力和凝聚力，对决策能力有很大影响。

（3）必须有工作上的创新能力。决策是以改变现状为前提的，它是一项创造性的活动，从这个意义上讲没有创新就没有决策，提高团队领导的创新能力是与提高决策能力联系最直接、最密切的一个问题。

（二）领导创业者的角色和行为扮演类型

在创业领导者的角色和行为中，具有人格魅力也很关键，能将团队的潜力充分挖掘出来。张树新说过："对任何一个员工，或者合伙人永远的一句话，就是，这家公司因为你的加入而不同。我们最大的资产是人，既然如此，每个人能不能把他的最大潜力发挥出来，看你领导的能力，是不是发挥了所有人的潜能。"通用电气公司的韦尔奇、海尔集团的张瑞敏、阿里巴巴的马云等，都是通过人格魅力迅速地集结人力，成立无坚不摧的创业团队。所以对创业者而言，如何组成、发展、凝聚团队，已成为一项必要的创业管理能力。

杰出的创业领导者必须同时扮演以下三种不同的角色。

（1）强势的企业领导人。但凡创业时期的团队，人力资源必定是极其匮乏的。已有的人员不是缺乏知识技能，就是缺少经验素养。再加上社会关系生疏，可以调动借用的外部资源稀缺。创业者必须清醒地意识到，作为这个团队的领导人，应当对团队最终的结果负全部责任。创业领导人，要培养增进自己对内点石成金的功夫、对外借力整合的能力。对员工和下属，必须在布道传经、授业解惑、指导说服、设立标准、转变观念、纠正习惯、校正行为等方面下功夫，来提高员工素养、培养团队精神、凝聚团队力量。只有这样，这个团队才有中流砥柱，员工才有主心骨，创业领导人才能赢得所有相关人员的尊重和信赖，才能使这个团队具有战斗力、持久力。

（2）亲密的创业伙伴。一个企业的成功绝对不是一个人坚持的结果，而是一个团队坚持的结果。领导者的内心真诚是团队成员愿意不离不弃的真正原因。当企业不能给员工足够的物质利益时，亲密的创业伙伴关系能够让员工真诚信赖以及坚定未来理想。正如太平洋建设集团董事长严介和所说："部下是第一上帝，丢了顾客还可以从另外的市场找回来，而部下只有一个。是部下创造了财富，是部下创造了太平洋建设，部下才是第一个上帝，才是最可爱的人。"创业团队的愿景、核心价值观和使命，是企业稳健发展的命脉，是企业战略决策清醒正确的保证，是照亮企业前进航程的灯塔。塑造愿景，沟通及宣扬愿景，说服他人共同追随愿景，是创业领导人的重要职责。

（3）温和的家庭大家长。员工归属感就如同企业的生命。凭借归属感，员工不仅可以释放出潜在的巨大能量，而且还可以发展出一种坚强的个性；凭借归属感，员工可以把枯燥乏味的工作变得生动有趣，使自己充满活力；凭借归属感，可以感染周围的同事，让他们理解你、支持你，拥有良好的人际关系；更重要的是，凭借归属感，可以感染顾客，实现销售业绩。今天，工作的目的不仅仅是生存，还包括工作有成就感。员工工作的目的包括一份满意的薪水、快乐地工作和一个好的工作环境。其中最重要的就是在企业中能快乐地工作。所以，不要总是对员工们板着面孔，总是高高在上，要做一个"远景规划者""煽情高手""内部员工的服务者"。

（三）领导创业者塑造创业文化（企业文化）

通常情况下，新企业的创业文化在初创期就已经打下了基础，随着企业的发展，不断更新、提炼，最终成为企业形象的一个组成部分。

所谓"创业文化"，是指企业在创业及成长过程中逐渐形成的，为创业团队成员所接受、传播和遵从的基本信念、共同价值观、行为准则和角色定位等的总称。创业文化是一种无形的、隐含的，似乎不可捉摸而又理所当然或习以为常的东西，是创业团队中一套规范成员日常行为的核心理念和隐含原则，其导向、规范、凝聚和激励功能是潜移默化的、内在的、自然的、积极的。创业文化其基本内涵主要包括鼓励创新、开拓进取、积极向上、容许失败和面对失败，具有团队精神和学习精神。创业文化是维系团队的黏合剂。对于任何一个新企业来说，团队的创业文化都是其"灵魂"，是经营活动的"统帅"，是新企业行动的"指挥官"，在新企业的经营发展中具有无法替代的核心作用。它的作用具体体现在以下几个方面。

（1）导向作用。团队的创业文化作为共同价值观念和共同利益的表现，决定了新企业行为的方向，规定着新企业的行动目标。在团队创业文化的引导下，新企业建立起反映创业文化精神实质的、合理而有效的规章制度；团队的创业文化引导着新企业及其团队成员朝着既定的发展目标前进。

（2）凝聚作用。共同的价值、信念及利益追求，把创业团队成员凝聚在一起，增强新企业的内聚力。因为共同的目标，新企业产生极强的向心力；因为共同的价值追求，创业团队成员有了坚强的精神支柱。为了实现新企业的目标，每个成员会凝聚成一个强有力的团体，迸发出巨大的能量。因此，团队的创业文化是新企业成功的黏合剂。

（3）规范作用。团队的创业文化是管理制度的升华，它通过把外在的制度约束内化为自觉的行为，从而真正达到规范约束的目的。

五、创业团队的社会责任

任何创业团队都应承担社会责任，即在创造利润、对股东承担法律责任的同时，还要承担对员工、消费者、社区和环境的责任。

创业团队承担社会责任的战略意义是：可以促进企业创新，获取长期利润；向公众传递一个良好的企业形象，从而提高社会声誉、建立良好的品牌形象，增进公众对企业的尊重；形成创新气氛，吸引优秀的员工，提高员工积极性，建立友好的社会关系以赢得更多的社会资源，并建立长期合作关系；赢得公众和政府监管部门的信任，有利于降低政府部门的监管力度，拥有更自由的空间，使"企业公民"形象深入人心，这样也能够获得政府部门在相关政策上的优惠和扶持。

自创业团队成立之日，就应该引入社会责任管理体系。创业团队首先要把共同目标、共同创业、共同利益、共同发展"四个共同"作为团队的社会责任理念。共同目标是指创业团队把成员目标、团队目标和社会目标统一起来，致力于团队成功创新，承担企业使命，使团队成员和企业共同朝着正确的方向努力。共同创业是指创业团队成员不分职位、不分资历，相互鼓励、相互帮助，共同发展。共同利益是指创业团队内每位成员及外部供应商、客户、社会都是利益共同体的受益者，共享发展成果。共同发展是指企业是创业团队每位成员事业发展的平台，在这个平台上人人有发展机会，通过企业发展实现员工及各利益相关方的共同成长。

在众人看来，创业团队代表着一种积极向上的精神。人们赋予创业团队太多的希望，创业团队也承载着众人的期盼、团队成员内心的梦想，因此创业团队的一举一动都受众人的关注。事实上，创业是一种成员能力、团队凝聚力以及社会资源的有效利用，一旦创业成功，团队有责任也有义务反馈社会，主动承担起自己的社会责任，带来良好的社会影响。

创业团队的社会责任主要体现在以下三个方面。

（1）为社会带来积极的影响，鼓舞人们积极创业。创业不仅能解决创业团队的就业问题，更能带动更多人就业，从而解决目前大学生就业难的问题，在一定程度上缓解就业压力。创业，总是能够带来一股积极的能量，这对于现在很多对就业持消极态度的年轻人来说是一种鞭策，唤起年轻人对创业的热情、积极就业的冲动。同时，创业本身也是一个励志故事。创业者在其中学会吃苦，学会忍耐，对于梦想的事业努力去做，不轻言放弃。创业团队的社会责任在这一方面主要是体现在精神层面上。

（2）创业团队作为资源的有效利用者，在进行资源的有效配置时，应适时反馈社会，做到取之于民、用之于民。如今很多企业在不断发展，生意在不断做大做强的时候，也不忘公益事业，积极做慈善。这一举动，不仅能帮助一些需要帮助的人，帮助他们解决生活困难，在他们困难的时候助他们一臂之力，帮助他们完成人生梦想，还有利于企业树立良好的形象。在进行公益活动时，企业喜欢以自己的名字冠名，然后对外宣传，这是一件双赢的事。企业既帮助了需要帮助的人，又树立了良好的形象。在这一层面，创业团队的社会责任主要是体现在物质层面上。

（3）创业团队需要良好可持续地发展。创业团队在创业的过程中，占据了一定的人力、物力、财力等一系列社会资源，创业团队若能将创业当作一生的事业，必能将这些资源有效地组合在一起，进行资源整合创造最大的社会价值，而这些资源正确进入轨道后就能有效地可持续使用，从而形成良性循环。但如果在创业初期，创业团队成员因为意见不合、资金短缺、工作繁重等磨合期必经的矛盾而中途放弃创业的话，创业团队将损失惨重。因此，这也是创业团队社会责任感的体现，中途放弃创业必将造成这些宝贵的人力、财力、物力资源的流失，给社会造成极大的浪费。因此，创业团队的社会责任的最后一方面体现在保持自身的可持续发展上，使创业项目成功地投入运行。

本 章 小 结

本章的学习要理解创业团队的重要性，掌握创业团队的五要素，熟悉创业团队组建的原则、组建的途径、组建的程序，掌握创业团队的关键要素有哪些，选择团队成员时应注意的事项，了解创业团队物质激励、股权结构和报酬体系，同时对于创业团队的核心人员，要知道团队领导者的角色、行为策略，以及所创立的企业文化和社会责任。

思考题

1. 怎样在创业走廊中不断发现新的创新点?

2. 到底是关注当下解决问题,还是着眼长远,构建体系?

扩展阅读 3.1

创业团队案例分析

即测即练

微课视频

第四章 创业机会

学习目标

通过本章学习，学生应达到以下目标：

1. 根据大学生创业的影响因素，利用合适的方法，认识和识别创业机会；
2. 掌握大学生创业的资源，对创业项目进行合理评估；
3. 结合大学生创业模式的各种因素，选择合适可行的创业模式。

案例导入

人生可以逆转，从打杂小弟到千亿富豪

郑裕彤，全球华人十大富豪之一，珠宝大王，是香港新世界发展有限公司及周大福珠宝金行有限公司荣誉主席，恒生银行有限公司独立非执行董事，信德集团有限公司非执行董事及利福国际集团有限公司非执行主席，同时被誉为香港地产界"四大天王"之一。2008 年和李国能、胡鸿烈、陈瑞球一同获颁授最高荣誉大紫荆勋章。

从有富豪榜以来，郑裕彤就一直排名前茅。他从一个中学未毕业的打杂小弟，到千亿级的超级富豪，做出"周大福""新世界"两大龙头企业。

（一）学习和思考，是创新创业的根本

郑裕彤从在一家金铺做打杂小弟开始学做事情，这个金铺就是周大福的前身——周大福金店。金铺老板周至元则在后来成为他的岳父。只用两三年，郑裕彤就熟悉了店内店外的经营，十七八岁时就能代行老板的职责，二十岁，前往香港成立了周大福分号，做起了真正的掌柜。在通常人眼中，郑裕彤做掌柜，显得有些"不务正业"。他常常只在店里待四五个小时，就让伙计负责看店，自己跑到外面，直到关门打烊才回来。而且，到澳门之前他就已经养成这样的习惯了，岳父还一度责备他，怪他偷懒。但这却是郑裕彤做好掌柜的一个成功法宝。他说："我不喜欢一直坐在店里，我喜欢到外面去了解生意。老板不要总坐在家里埋头苦干，要到外面去看。我就是去看市场，去看别的店铺。做得好的，要看人家成功的因素是什么，做得不好的，要看他们为什么会做不好，从其他人的经验中去学习，我们要怎样做得更好。"这种爱到外面了解、学习，然后思考、总结的习惯，让郑裕彤看到很多人看不到的机会。1955 年，郑裕彤看到珠宝业很有前途，让周大福也开始经营珠宝。香港市场竞争激烈，他从市场普遍卖 99 金，而且还有商家还把 94、95 的黄金都当成 99 金来卖的局面中，看到做 9999 金的机会，并且首创了这个后来成为黄金业行业标准的公司标准。看到外资公司怎样搞管理，他也

学习过来。他看到钻石是个新生意，毅然经营起钻石业务，后来成为南非最大的钻石厂商。进入地产业、酒店业后，他也是一路看别人、做自己，始终未曾停止过学习。

（二）放眼长远，做大事者不能急功近利

郑裕彤创立的新世界是香港四大地产商之一，而且一度是香港发展势头最猛的地产企业。他看准了需求，香港的地方小，人口却越来越多，即使短期有波动，只要撑得住，从长远看，做地产一定不会有错。所以，他敢于大手笔地把地买下来盖房。看对了香港地产业的黄金时代，重拳出击，而且从长计议，用时间换空间，这也是郑裕彤获得成功的重要原因。在地产业，除了小打小闹，所有大项目，郑裕彤都是放眼长远，每个项目一做都是几年或十几年，很多物业更是只租不售。即使遇到经济萧条，他也等得起，熬得住。"我不喜欢立刻就能赚钱，越赚得快的钱，风险越大。我做每一件事都是从长远去看，看透了才去做，不是急功近利的。"郑裕彤解释，"以香港会展中心为例，我做的时候，别人说我很大胆，其实我已经看透了，中国最终一定要收回香港，我对香港的前途、对国家的前途有信心。"放眼长远，投资长期事业的策略，令郑裕彤把时间化为制胜筹码，在经济长期向好的大趋势下，成为分享香港与内地经济发展红利的大赢家。

分享讨论：

读完本章案例，你认为创业机会来自哪里？

（资料来源：祝春亭.郑裕彤传：鲨胆大亨 [M].武汉：湖北人民出版社，2020.）

第一节　创意与创业机会

一、创意

（一）创意的概念

创意是指创造意识或创新意识，它是指对现实存在事物的理解以及认知所衍生出的一种新的抽象思维和行为潜能。

创意是一种特殊的思维活动，其特殊性表现在新颖性和独创性两个方面。而创新则是通过一系列行动将这些创意付诸实施。当然，创意要能够创造价值才值得去付诸实施。例如，2006 年国家最高科技奖获得者李振声曾想过：能不能通过小麦与天然牧草的杂交来培育一种抗病性强的小麦品种，这就是创意。这个创意是新颖的，是突破前人的，同

时也是独创的，有了这个独创的点子才有后来集持久抗病性、高产、稳产、优质等品质于一身的小偃 6 号的培育。

简而言之，创意就是具有新颖性和创造性的想法，也可以理解为人们具有的与众不同，能够使人眼前一亮的好点子。它是传统的叛逆，是一种智能的拓展，是深度情感与理性的思考与实践，是一项创造性的系统工程。

（二）创意的产生

对于创意的产生，世界公认的创意大师詹姆斯·韦伯扬认为：创意也是有规律可循的。他认为，产生创意思维的过程经历以下 6 个步骤。

1. 搜集原始资料

一般来说，搜集的资料（信息）有以下两种类型。

（1）特定资料。其主要是指与特定策划创意对象相关的资料，以及与特定策划创意对象相关的公众的资料。这类资料，大多通过专业调查得到。

（2）一般资料。其主要是指那些未必都与特定的策划创意对象相关，但一定会对特定的策划思维有所帮助的资料。

因此，一般策划者应该对各方面的资料具有浓厚的兴趣，而且要善于了解各个学科的资讯。掌握的原始资料越多，就越容易产生创意。

2. 仔细整理、理解所搜集的资料

在搜集完资料后，就要对所搜集的资料进行认真的阅读和理解。这时的阅读不是一般的浏览，而是要认真地阅读，而且是要用宏观的思维方式去深入思考阅读。对搜集的全部资料，包括历史的资料、专业的资料、一般性的资料、实地调查资料，以及脑海中过去积累的资料，都应逐一梳理，达到对材料的深度掌握。

3. 认真研究所有资料

研究是有一定技巧的，对同一事物需要用不同的方式去思考，还要通过不同的角度进行分析，然后尝试把相关的两个事物放在一起，研究其内在关系。

4. 放开题目，放松自己

选取自己最喜欢的娱乐方式，如游泳、唱歌、打球、听音乐、看电影等，总之将精力转向任何能使自己身心轻松的、与材料研究高度集中截然相反的氛围中。不要以为这是一个毫无意义的过程，实质上，这个过程是转向刺激潜意识的创作过程。这些方式均是激发自己的想象力的极佳方式。

5. 创意出现

假如上述 4 个阶段做得非常好，几乎可以肯定会经历第五个阶段，即创意出现。创意往往会在策划人费尽心思、苦苦思索，经过一段停止思索的休息与放松之后出现。

6. 对萌发的创意进行细致的修改、补充、锤炼、提高

这是创意的最后一个阶段的工作，也是必须要做的工作。一个创意的初期萌发，肯定不会很完善，所以要充分运用商务策划的专业知识予以完善。这时，重要的是要将自己的创意提交给创意小组，履行群体创意、集思广益、完善细化的程序。

创意遵从以上 6 个程序。同时要把握以下 5 个要点：①努力挣脱思维定式的束缚；②紧紧抓住思维对象的特点；③尽量多角度地去思考问题；④防止两个思考角度完全重合；⑤努力克服思维惰性的影响。

（三）挖掘创意的方法

尽管创意的来源有多个方面，但要使创意成为创业的发展基础，仍然要经历一个漫长的阶段，创业者可以运用多种方法，来激发新的创意并加以测试。这些方法包括集中小组法（focus group）、头脑风暴法（brain stroming）和问题编目分析法（problem cataloging analysis）。因头脑风暴法在第二章第三节已经讲过，这里不再赘述，下面讲述集中小组法和问题编目分析法。

1. 集中小组法

集中小组法出现在头脑风暴法之前，是自 20 世纪 50 年代以来广泛运用于创意激励碰撞的方法。具体而言，集中小组法是由核心人物带领一群人聚在一起，进行公开的、深入的讨论，用不局限于任何人提问的方式来征得其他与会者的反应，核心人物以直接或间接的方式来集中该小组的讨论。一般来说，小组由 8 ～ 14 个参与者组成，每个成员都会接受其他小组成员的评论，以刺激其创造性地产生新产品的创意。例如，有家美国公司对女用拖鞋的市场感兴趣，便召集了 12 位来自波士顿地区、具有各种社会经济背景的妇女组成了一个集中小组，并通过小组讨论产生了一个新的产品概念，即"像旧鞋子一样合脚、温暖而又舒适的拖鞋"。这个产品概念被开发成新产品，并取得了市场销售的成功，而且其广告词也是根据集中小组成员的讨论得出的。除了产生新的产品创意以外，集中小组法也可以用于对产品构思和概念进行筛选。通过一定的程序，可以得到更加量化的分析结果。因此，集中小组法是产生新产品创意和企业创意的一种有效的方法。

2. 问题编目分析法

编目，就是编制目录。编目开始多用于图书整理，是指按照一定的标准和规则，对某范围内文献、信息、资源实体（item）的外部特征和内容特征进行分析、选择、描述，并将其记录成为款目，继而将款目按一定顺序组织成为目录（catalogue）或书目（bibliography）的过程。问题编目则是指按一定要求，对问题进行切分、归类、著录、标引，并对每一个内容加以概括，提取关键词，围绕关键词提出问题和解决问题的方法。

格力空调的客服就是按照他们的编目来标注和汇总问题的：首先是对售前、预售、售中、售后进行准确的切分后，将切分的内容标注，包括分类、型号、关键词、关键点、功能类型、功能说明、机号形态、介绍用词、责任者、时空范围等；其次，客服将编目信息反馈给质检人员，进行逐项检查，质检人员对所有关键词和问题核查后，将检查无误的编目提交给总审，进行最后核查，总审确定后将编目交给技术和研发组，以此作为不断依据消费者需求改进和研发技术提升的一种途径。

二、创业机会内涵、构成及特征

（一）创业机会的内涵与构成要素

机会是指具有时间性的有利情况。社会预测学家托·富勒说："一个明智的人总是抓住机会，把它变成美好的未来。"加拿大作家马尔科姆·格拉德威尔在他的《异类不一样的成功启示录》一书中，意外地揭开了一连串令人惊异的统计结果，他发现，英超联赛大多数球员都在9月至11月出生，比尔·盖茨和斯蒂夫·乔布斯都出生于1955年，纽约很多著名律所的开创者竟然都是犹太人后裔，并且其祖辈大多在纽约服装行业谋生，为什么会出现这种情况？原因在于英超联赛的注册时间是每年9月，在同龄球员中，9月出生的人，实际上比8月出生的人几乎大了一岁，一岁之差，对他们的职业生涯影响巨大。1955年前后，正是计算机革命时期，出生太早，无法拥有个人电脑；而出生太晚，计算机革命的时机又被别人占去。因此。那些奇才异类，得感谢机遇的眷顾。怪才格拉德威尔告诉我们，如果没有机遇，即使是智商超过爱因斯坦，也只能做一份平庸的工作。创业者，也需要发现并抓住机会！

创业机会是指有利于创业的一系列条件的形成情况。这些条件至少包含如下要素。

（1）某个细分市场存在或新形成了某种持续性需求。

（2）拟创业者开发了或持有有助于满足前述市场需求的创意。

（3）创业者有能力、有资源，可实施所持有的创意。

（4）创业者将自己的创意转变为具体的产品或服务，不需要大规模的资金（所谓的轻资产）和大的团队（所谓的小团队）。

当这4个要素具备时，客观上也就存在或形成了某种创业机会。

另外，还要注重商机的持续时间，如果这种商机是不可持续的，而是昙花一现的，它就不是创业机会。因为创业者还没有起步行动，这样的商机就可能已经消失了。针对特定的商机，还要具备主观要素，创业者如果不能开发出可与之匹配的创意，这样的商机也不能被视之为创业机会，因为既无创意，何谈创业。

如果创业者能够开发出与特定市场需求相匹配的创意，但实施相应的创意需要较大规模的资金和团队，则这样的商机也不能被视为创业机会。因为创业者起步之初，多数属于既没有大量资金，也没有成熟的客户资源，需要重资产、大团队的商机，只是具有一定规模的企业的商机，创业者如硬要跟进这样的商机，多数会溃败而归。

基于以上，我们不难看到，创业机会本质上是商机、创意、轻资产、小团队四种要素的有机组合。

（二）创业机会的特征

识别创业机会是思考、探索、创意转换反复进行的过程。有的创业者认为自己有很好的创业想法和点子，对创业充满信心。有想法、有点子固然重要，但并不是每个大胆的想法和创新的点子都能转化为创业机会。了解并掌握创业机会的特征，有助于创业者正确地识别创业机会。创业机会的特征有以下几个方面。

（1）普遍存在性。凡是有市场、有经营、有需求的地方，客观上就存在着创业机会，创业机会普遍存在于各种经营活动过程之中。

（2）偶然乍现性。对一个企业来说，创业机会的发现和捕捉带有很大的不确定性，任何创业机会的产生都有意外因素、乍现时刻。

（3）稍纵即逝性。创业机会存在于一定的时空范围之内，随着产生创业机会的客观条件的变化，创业机会就会相应地消失。

（三）创业机会的观察与寻找

狄更斯曾说："机会不会上门来找人，只有人去找机会。"创业机会既可能是自然生成的，也可能是需要创业者自己去观察、寻找、创造的，而且，大多数是创业者们敏锐地察觉到了商机，然后适时创造出来的。要想抓住商机，创造机会，创业者必须做到以下几个方面。

首先，牢记创业机会的四个要素，即适当的商机、有价值的创意、可得的资源、团队的能力，努力观察与寻找创业机会。一定牢记：一是创业机会要求特定商机是可持续的，蕴含着可持续增长的需求。二是创业机会要求创业者有创意，进而通过实施相应的创意为客户创造价值。三是创业机会要求新创业团队是小团队、轻资源，大团队、重资产的要求要排除。

其次，创业机会的识别是一个反复探索的过程。由于创业机会不同于一般性商机，创业机会的内在结构复杂于一般性商机，这就使得创业机会的识别难于一般性商业机会的识别。特别是，一般性商业机会多数是显在的，而创业机会多数是潜在的。这更加使得创业机会的寻找远难于一般性商业机会的识别，进而使得创业机会的识别需要反复探索、反复论证、反复调查，分析能否在恰当的时间获得实施相应创意所需要的资源和能力。

再次，创业机会识别是将"创业的冲动"变为"理性的创业"的关键环节。理性的创业者如果没有发现适当的创业机会，多数绝不会贸然创业。而那些简单地将一般性商机理解为就是创业机会的人，多数会陷入盲目的创业冲动之中。因为还没有发现适当的创业机会，即从一般性商机出发而创业，很可能遇到潜在的竞争者特别是既有企业的竞争而遭遇失败。

最后，敢于迎接变化，吐故纳新，勇于创新。新发展、新条件引起市场的变化，如新需求的产生、市场供求关系的转变、市场竞争态势的变化等。若没有这些变化，就没有所谓的商机。基于此，创业者要想发现并抓住某个创业机会，首先应高度关注市场的相关变化。在变化中寻找需求，发现市场变化带来的技术的发展与竞争关系转换，寻找新的独特的需求。欲获取市场需求变化创造的盈利空间，创业者既需要借助于技术，也需要借助新商业模式的创新来获取利润。由此看来，某个创业机会的形成，往往伴随着市场和技术近乎同期的变化。因时而变的创业者的创意，是创业机会不可或缺的要素。主客观要件一旦具备，创业者追寻的创业机会就到来了。

第二节　创业机会的识别

一、创业机会的来源及类型

（一）创业机会的来源

创业机会既可能是自然生成的，也可能是创业者自己去创造、挖掘的。事实上，很多创业机会是创业者根据市场的需要主动创造的。创业者要想赢得创业机会，就需要密切观察创业机会的来源。一般来说，创业机会主要来自于以下方面。

1. 需求问题

创业的根本目的是满足顾客的需求，而顾客需求在没有满足前就是问题。寻找创业机会的一个重要途径是善于发现和体会自己和他人在需求方面的问题或生活、工作中的难处。例如，上海有位外企白领发现，写字楼里工作的白领，工作压力很大，喝咖啡与午休成为离家远的白领们的需求，上午精神饱满地工作，中午想忙里偷闲地多休息一会儿，以便舒缓身心的疲意、养精蓄锐，但公司一般是不许可放几张床让员工休息的。于是她先向同事们提供咖啡，获得大家赞誉，一直到了离不开的地步，就辞职专为写字楼提供咖啡，拥有了一批客户后，她创办了一家名为"睡吧"的胶囊公寓，以年卡的形式，按照旅馆标准经营，年收入达百万。这就是把问题转化为创业机会的一个典型案例。

2. 发展变化

创业机会大都产生于不断变化的市场环境，环境变化了，市场需求、市场结构必然发生变化。

德鲁克将创业者定义为那些能"寻找变化并积极反应，并将它视为机会充分利用起来的人"。这种变化主要来自于产业结构的变动、消费结构的升级、城市化的加速、人们思想观念的变化、政府政策的变化、人口结构的变化、居民收入水平的提高、全球化趋势等诸多方面。例如，近些年，人们对健康的认识提升到新的高度，特别是对自身免疫力的增加更加关注，叠加我国已经进入老龄化社会，所以大健康产业、健康养老、老人保健、老人陪护等方面就产生了创业机会。

3. 创造发明

创造发明提供了新产品、新服务，更好地满足了顾客的需求，同时也带来了创业机会。例如，随着计算机的诞生，3D打印技术、软件开发、计算机云计算和操作的开发、信息平台、网游和娱乐项目制作、信息服务、特色网店等创业机会随之而来，大学生创业者即使不发明新的东西，也能成为销售和推广新产品的人。

4. 弥补对手的缺陷

很多创业机会是缘于竞争对手的不足和失误而"意外"获得的，如果能弥补竞争对手的缺陷和不足这也将创造创业机会。看看周围的公司，能比它们更快、更可靠、更便宜地提供产品或服务吗？能做得更好吗？若能，也许就找到了机会。

5. 新知识、新技术的产生

在知识经济时代，用科技、知识创业是新模式，也是必然趋势。

（二）创业机会的类型

在一个自由的社会系统中，当行业和市场中存在变化着的环境、变革、混沌、矛盾、落后与领先、知识和信息的鸿沟，以及各种各样其他真空时，创业机会就产生了。按照不同的标准，可将创业机会分为不同类型。

1. 从创业机会表现上划分

（1）隐性的机会。现有的产品种类未能满足的或尚未完全为人们意识到的隐而未见的需求，就是潜在的市场机会。

（2）显性的机会。显性的机会指在目前市场上存在着明显的没有被满足的现实需求，这往往是人们所共知共识的机会。

（3）突发的机会。有时会有一种突发的变化造成一种不平衡，由此而带来一个新的机会。

2. 从创业机会变化上划分

（1）技术机会。技术变化带来的创业机会，主要源自新的科技突破和社会的科技进步。通常，技术上的任何变化或多种技术的组合，都可能为创业者带来某种商业机会。

（2）市场机会。市场上存在的尚未满足或尚未完全满足的显性或隐性的需求，即市场变化产生的创业机会。

（3）政策机会。政府政策变化所赐予创业者的商业机会。随着经济发展、科技变革等，政府必然也要不断调整政策，而政府政策的某些变化，就可能为创业者带来新的商业机会。

3. 从创业机会来源上划分

（1）商机诱发型机会，也称问题型机会，指的是由现实中存在的未被解决的问题所产生的一类机会，即细分市场中出现了某种可持续需求的商机，由此诱发了创业者推动创业的后续相关环节，如创意构想、获取资源与起步实施、市场回应。在这类创业中，发现市场商机是创业的逻辑起点。如雅虎网站。

（2）创意推动型机会，也称为趋势型机会，就是在变化中看到未来的发展方向，预测将来的潜力和机会，即创业者开发了某种自认为未来可以为用户创造并传递价值的创意，基于此推动创业的后续环节，诸如甄别可以开发的细分市场、获取资源与起步实施、市场回应。

（3）组合型机会，其就是将现有的两项以上的技术、产品、服务等因素组合起来，以实现新的用途和价值而获得的创业机会，如芭比娃娃。

4. 从目的与手段关系的明确程度上划分

（1）识别型机会。市场中的"目的"与"手段"关系十分明显时，创业者可通过"目的—手段"关系的连接来辨识机会。

（2）发现型机会。当"目的"与"手段"任意一方的状况未知时，创业者可以去进行机会发掘。

（3）创造型机会。当"目的"与"手段"皆不明朗时，创业者要比他人更具有先见之明，才能创造出有价值的市场机会。

市场回应是创业机会检验的共有环节。所谓市场回应程度，即市场接受创业者推向市场的产品或服务的反应程度。只有当市场接受创业者推向市场的产品或服务的情况下，产品才可能实现它的价值。市场回应在一定程度上可以检验、甄别创业者对于细分市场创业机会判断的准确程度。

二、创业机会识别的一般过程和环节

（一）创业机会识别的一般过程

所谓创业机会的识别，一是要从大量"貌似创业机会"的机会中，发现真正的创业机会；二是要从数个真正的创业机会中，发现对于特定创业团队最具价值的创业机会。

创业机会识别是为了应对并化解机会的不确定性，创业机会是四类要素的有机组合，每个要素自身都有不确定性，这就使得创业机会也会有一定程度的不确定性。

（1）客观上，特定商机具有不确定性。商品市场的不确定性是司空见惯的现象。典型的是原本市场上需要某种商品，但某种替代品的出现，可能导致原本有需求的商品这时就没有了需求。于是，前面出现的商机就消失了。可见，商机的不确定性是常见的现象。

（2）特定创意与商机的匹配关系具有不确定性。创意与商机的匹配，客观上是一个动态的过程。创业者主观上期望自己的创意与客观上存在的商机相匹配，但创意是创业者的创造性的智力成果，创意的客观效果与主观期望往往存在差异，这就可能使特定创意与商机的匹配关系处于不确定的状态。

（3）创业者是否有能力实施相应的创业，也具有一定的不确定性。创业者利用特定商机与创意的匹配关系而实施自己的创业，多数会认为自己有能力将相应的创业推向成功。但即便是经验丰富的创业者，也只有真正步入创业之后，才会证实自己的能力是否真的与客观需要是一致的。

（4）创业者能否获得创业所需要的资源，更具有不确定性。创业者不可能起步之初就拥有创业所需要的所有资源，而是需要从核心团队之外的个人或机构（含企业）获取相应的资源（人、财、物）。但是，资源是需要通过市场交易才可能获得的。创业者需要的某些资源，可能在创业者可触及的范围内，根本就不存在相应的供给者；也可能存在创业者需要的各种资源的潜在供给者，但在潜在供给者认为将相关资源提供给创业者有可能伤害自己的利益时，他们不会将相关资源提供给创业者。

既然前述四种要素都具有不确定性，则创业机会必然也具有不确定性。创业机会识别的动因之一，就是为了应对并化解机会的不确定性。凡事预则立，不预则废。为规避或减少创业机会的不确定性，创业者需要进行创业机会的辨识。理性识别机会有助于规避或化解创业的风险。

（二）创业机会识别的主要环节

无论是商机诱发型创业，还是创意推动型创业，创业机会的识别都需要经历如下识别环节。

1. 商机的价值性分析——商业价值

所谓分析商机的商业价值，就是分析特定商机所对应的市场需求规模与结构，特别是该商机刚刚形成时的需求规模与结构（简称"起始规模与结构"），可能的客户群、客户群的人文特征，以及哪些客户有可能成为新创企业的"目标客户"，哪些客户有可能成为目标客户中的"领先客户"。领先客户是新创企业应该首先开发的客户，并需要借助领先客户的"示范效应"，进一步去开发其他目标客户。商机总是针对细分市场而言的，不同细分市场上的商机的商业价值是不同的。但凡成长性行业中的商机，未来会有较大的商业价值。而萎缩性行业中的商机，不管该行业是"相对萎缩"还是"绝对萎缩"，这样的行业中的商机所对应的市场需求也不会有很大的价值。

2. 商机的时效性分析——机会持续时间与市场成长性

适合创业的商机，一定要有持续性和成长性。商机的时效性分析，也就是分析特定商机的持续时间与市场需求的成长性。所谓商机的持续时间，即特定商机所对应的市场需求有可能持续多长时间。相应的市场需求持续越久，新创企业越是值得去追逐这样的商机。所谓商机的成长性，实际上是指特定商机所对应的市场需求的成长性。仅当创业者所面对的市场需求会持续成长的情况下，市场上才可能容纳较多的企业，从而新创企业也才会有较大的成长空间。一般而论，新创企业在市场需求成长最快的时间段（简称"机会窗口"）向市场推出自己的产品或服务，才有可能尽快在市场中立足，进而为未来的成长奠定基础。

3. 机会要素的匹配性分析——商机、创意、资源、能力的匹配程度

如前所述，创业机会是适当的商机、有价值的创意、可得的资源、团队的能力四者的有机组合，当且仅当这四种要素处于匹配的状态时，对特定的创业团队而言，相应的商机才能够被称为"创业机会"。基于此，创业机会的识别，还需要进行四类要素的匹配性分析。商机与创意之间的匹配是最基本的，如果这二者不匹配，此时的商机自然不能被视为创业机会；如果商机与创意之间是匹配的，接下来就需要分析创业者的能力是否与自己的创意相匹配，即创业者是否有能力实施相应的创意，以及创业者是否能掌握实施该创意所需的资源。如果自己的能力、掌控的资源不足以实施相应的创意，则这时的商机也不构成创业机会。

4. 机会的风险收益性分析

多数机会都伴随着风险。因为有风险，才有收益。若前述三个环节的考察、分析，创业者都得出了肯定（即"这是一个适合本团队的创业机会"）的判断，这时就需要进行机会的风险收益分析，以判断"这种机会是否好到值得自己冒险而为"的问题。当且仅当机会的风险收益大到某种程度，如创业者"满意"的程度，创业者才冒险起步、启动创业。否则，就得回到第一个环节，以寻找、发现更具价值、更为恰当的创业机会。

三、常见创业机会的识别方法

"不怕没有机会，就怕没有眼光。"创业机会无处不在、无时不有。在市场经济的社会中，创业者深入环境和市场调查，多看、多听和多想，克服传统习惯思维和从众心理的束缚，相信自己、有独到想法，就能发现并抓住被别人忽视或遗忘的机会。

（一）识别创业机会常见的方法

1. 新眼光调查法

（1）注重二级调查。阅读某人的研究和出版、发表的作品、利用互联网搜索数据、浏览寻找包含所需信息的文章等，都是二级调查的形式。

（2）开展初级调查。通过与顾客、供应商、销售商交谈，了解正在发生什么以及将要发生什么。

（3）记录个人的想法。瑞士最大的音像、书籍公司的创始人说，他有一本用来记录想法的笔记本，当回顾、梳理、总结了200个想法时，自己开办了公司。

2. 问题发现法

问题就是商机。马云曾经说过，只要有抱怨的地方，有投诉、不合理的地方就有创业机会。优秀的创业者要善于从自己、他人的问题和抱怨中发现商机。

试着从你的周围发现商机：①自己遇到的问题；②工作中碰到的问题；③听到、看到其他人的问题；④所在社区中发现的问题。

人类所有的财富都躲在问题的后边，当你帮助别人解决问题时，财富就会随之而来。

3. 顾客建议发现机会法

一个新的机会可能会由顾客识别出来，因为他们知道自己究竟需要什么。然后，顾客就会为创业者提供机会。顾客的建议多种多样，他们可能会提出一些诸如"如果那样的话不是会很棒吗"这样的非正式建议，这些建议就有助于发现创业机会。

4. 通过创造获得机会法

这种方法在新技术行业中最为常见，它可能始于未满足的市场需求，从而使创业者积极探索相应的新技术和新知识，也可能始于一项新技术发明，进而使创业者积极探索新技术的商业价值。通过创造获得机会比其他任何方式的难度都大，风险也更高。但同时，如果能够成功其回报也更大。所有在这种情况下产生的创新，在人类社会进步中，具有开拓性、推进性作用，在获得社会认同的过程中，创造了前所未有的财富。

（二）从另一个角度发现创业机会

从另一个角度，可以在以下6个方面发现创业机会。

（1）善于发现需求方面的问题。创业的根本目的是满足顾客需求，而顾客需求在没有被满足前就是问题。寻找创业机会的一个重要途径是善于去发现和体会自己和他人在需求方面的问题或生活中的难处。因为是问题、是难处，人们总是迫切希望得到解决，如果能提供解决的办法，实际上就是找到了机会。例如，在牛仔裤的创始人——李维斯发现工人采矿时跪在地上，裤子的膝盖部分特别容易磨破，而矿区里却有许多被人丢弃的帆布帐篷，李维斯就把这些旧帐篷搜集起来洗干净，做成裤子，结果销量很好。牛仔裤的诞生，意味着李维斯将问题变成了机会。

（2）关注不断变化的市场环境。创业的机会大都产生于不断变化的市场环境，环境变化了，市场需求、市场结构必然发生变化。著名管理大师彼得·德鲁克将创业者定义为那些能"寻找变化，并积极反应，把它当作机会充分利用起来的人"。这种变化主要来自于产业结构的变动、消费结构升级、城市化加速、人口思想观念的变化、政府政策的变化、人口结构的变化、居民收入水平提高、全球化趋势等各方面。比如居民收入水平提高，私人轿车的拥有量将不断增加，这就会派生出汽车销售、修理、配件、清洁、装潢、二手车交易、陪驾等各种创业机会。

（3）创新产品带来的创业机会。创造发明提供了新产品和新服务，更好地满足顾客需求，同时也带来了创业机会。比如随着健康知识的普及和技术的进步，围绕"水"就带来了许多创业机会，上海就有不少创业者加盟"都市清泉"，从而走上了创业之路。

（4）从"低科技领域"把握机会。随着科技的发展，开发高科技领域是时下热门的课题。例如，美国近年来设立的风险性公司中计算机占25%，医疗和遗传基因占16%，半导体、电子零件占13%，通信占9%。但是，公司机会并不只属于"高科技领域"。在运输、金融、保健、饮食、流通这些所谓的低科技领域，也有机会，关键在于开发。

（5）分析各类顾客的特色需求。机会不能全部从顾客身上去找，因为共同需要容易认识，基本上已很难再找到突破口。而实际上每个人的需求都是有差异的，如果我们时常关注某些人的日常生活和工作，就会从中发现某些机会。因此，在寻找机会时，应习惯把顾客分类，如政府职员、菜农、教师、杂志编辑、小学生、离异个体、退休职工等，认真分析各类人员的需求特点。

（6）弥补竞争者的缺陷和不足。如果创业者能弥补竞争对手的缺陷和不足，这也将成为创业者的创业机会，如汽车改装、网盘修复等。

（三）影响创业机会识别的因素

作为创业者，值得学习的地方就在于他们能发现其他人所看不到的机会，并马上采取行动来抓住创业机会和实现创业机会的价值。在一段时间内，人们认为一般人看不到创业机会，发现机会并成为创业者的个体具有别人所没有的天赋，识别创业机会难以模仿，更不可学习。但是随着研究的不断深入，人们逐渐总结出一些识别创业机会的规律和技巧。正如物理学家们不可能指望每个人都成为爱因斯坦一样，掌握有关知识。虽然不能保证能够发现创业机会，但是能为人们的行动提供一些指导和思路。创业机会识别是察觉有利润的新业务、新产品或服务可能性的过程。对于是什么因素导致一些人更善于识别出有价值的创业机会，不少学者进行过研究，以下是取得共识的四类主要因素。

1. 先前经验

在特定产业中的先前经验有助于创业者识别商业机会，这被称为"走廊原理"。它是指创业者一旦创建企业，他就开始了一段旅程，在这段旅程中，通向创业机会的"走廊"将变得清晰可见。这个原理提供的见解是：某个人一旦投身于某产业创业，这个人将比那些从产业外观察的人，更容易看到产业内的新机会。有调查发现，70% 左右的创业机会，其实是在复制或修改以前的想法或创意，而不是发现全新的创业机会。

2. 认知因素

创业者的个性特征中还存在着认知因素，也叫"创业警觉"。拥有在某个领域更多专业知识的人，会比其他人对该领域内的机会更具警觉性与敏感性。例如，一位计算机工程师就比一位律师对计算机产业内的机会和需求更为警觉与敏感。有些人认为，这些创业者有"第六感"，实际上就是"创业警觉"，使他们能看到别人看不到的机会。

3. 社会关系网络

创业者的社会关系网络决定了创业者对机会的判断力。有更多社会关系的创业者比那些没有或拥有比较少社会关系的创业者对创业机会识别判断力更高。社会关系网络能带来承载创业机会的有价值的信息，个人社会关系网络的深度和广度影响着机会的识别，也可以让创业者了解更多的商业方法，社会关系网络构成的社会联系和资源可以使创业者更自由地配置外部资源，社会关系网络是个体识别创业机会的主要来源。通常情况下，建立了大量社会与专家联系网络的人，会比那些拥有少量联系网络的人更容易得到机会。

4. 创造性

创造性是产生新奇或有用创意的过程。从某种程度上讲，机会的识别是一个创造过程，是不断反复的创造性思维过程。在许多产品、服务和业务的形成过程中，甚至在许多有趣的商业传奇故事中，我们都能看到有关创新思维的影子。

尽管上述特征并非导致创业成功的必然因素，但具备了这些特征，往往较其他创业者具有更多的优势，也更容易获得成功。因此，创业者应该在日常生活中有意识地加强实践，培养和提高发现创业机会的能力。首先，要养成良好的市场调查习惯。发现创业机会最根本的一点是深入市场进行调研，要了解市场供求状况和变化的趋势、顾客的需求是否得到满足、竞争对手的长处与不足等。其次，要多看、多听、多想。每个人的知识、经验、思维以及对市场的了解不可能做到面面俱到，多看、多听、多想能使我们广泛获取信息，及时从别人的知识、经验、想法中汲取有益的东西，从而增加发现机会的可能性。最后，培养独特的思维。机会往往是被少数人抓住的，我们要克服从众心理和传统的习惯思维的束缚，敢于相信自己，有独立的见解，不为别人的评头论足、闲言碎语所左右。在创业的道路上，有时需要的恰恰是发现一般人没有看到的机会，或者说做一般人不屑于去做的事，最后把平凡的事做到不平凡。

5. 悟性及灵感

悟性即对事物理解、分析感悟、觉悟的能力，也是指触类旁通的思维方式。悟性的基本功能即直接认识因果关系，由效果过渡至原因，或由原因过渡至效果。灵感是指人们在探索过程中由于某种机缘的启发，而出现的豁然开朗、精神亢奋，取得突破的心理现象。灵感会给人们带来意想不到的效果，它并不被人们的理智所控制，具有突然性、短暂性、亢奋性和突破性等特征。相应地，富有悟性及灵感的创业者，通常能比他人更快更深刻地认识所遇到的创业机会。当然，灵感是人们通过知识、经验思索与智慧综合实践而积淀的心理能力。创业者要想借助于悟性和能力更为恰当地识别创业机会，就需要在相关行业实践中持续培育和提升自己的悟性及灵感。

四、创业机会识别的技巧

（一）创业机会识别的技巧——从寻找细分市场商机做起

创业者的创业机会识别能力和识别效果受到前述五类因素的影响。其中，创业者对于创业机会基本特征的认识，影响创业者机会识别的全面性；创业者的先前经验，影响创业者的机会识别能力和机会选择态度；创业者认知警觉，影响创业者机会识别的宽度和深度；创业者的悟性及灵感，决定创业者机会识别的效率和准确程度。既然创业机会识别受到这么多因素的影响，创业者就有必要掌握一些创业机会识别的技巧。创业机会首先是细分市场的商机。所以，创业机会识别首先应关注细分市场中的商机，其中最为重要的是从国民经济行业分类的第四级分类中寻找商机。

1. 寻找适合本团队的国民经济第一级分类

在我国国民经济行业分类标准中，第一级分类（按 26 个英文字母）分为 A（农、林、牧、渔业）到 T（国际组织）共 20 类。

其分别为：

A——农、林、牧、渔业；

B——采矿业；

C——制造业；

D——电力、热力、燃气及水生产和供应业；

E——建筑业；

F——批发和零售业；

G——交通运输、仓储和邮政业；

H——住宿和餐饮业；

I——信息传输、软件和信息技术服务业；

J——金融业；

K——房地产业；

L——租赁和商务服务业；

M——科学研究和技术服务业；

N——水利环境和公共设施管理业；

O——居民服务、修理和其他服务业；

P——教育；

Q——卫生和社会工作；

R——文化、体育和娱乐业；

S——公共管理、社会保障和社会组织；

T——国际组织。

在这 20 个大行业中，都会存在可能的商机。

2. 寻找适合本团队的国民经济第二、三级分类中的行业

假设创业者拟在制造业中创业，接下来应在 C 类（制造业）中寻找商机。C 类又分为 C13（农副食品加工业）到 C43（金属制品、机械和设备修理业）共 31 个二级分类。假设创业者看好制造业中的食品制造业，那就是 C14。而 C14（食品制造业）又可进一步细分为 C141（烘烤食品制造）到 C149（其他食品制造）等几个三级分类。

创业者就需要在这些三级分类行业中进一步选择适合自己的行业。

3. 寻找适合本团队的国民经济第四级分类中的行业

如果创业者拟在食品制造业三级分类中的 C145（罐头食品制造）中创业，那就需要进一步审视在 C1451（肉、禽类罐头制造）、C1452（水产品罐头制造）、C1453（蔬菜、水果罐头制造）等四级细分行业中，哪个有"貌似"适合本团队的商机。

4. 对所选择的国民经济第四级行业调研可能的市场需求

假设创业者选择了四级分类 C1453（蔬菜、水果罐头制造），那就需要思考本团队可能为市场提供的蔬菜、水果罐头的具体品种。接下来，就需要在清晰地界定本团队产品的相关特征的基础上，调研产品的潜在客户是哪些社会群体，如根据年龄性别、职业、收入等人口特征进行分析。一旦发现某类社会群体可能是你的产品的潜在"目标客户"，接下来就需要分析他们的消费特征有哪些，购买特征是什么，市场需求规模与结构又会怎样，以及"目标客户"中哪些更小的群体，有可能成为"乐于最先享用"你的产品的"领先客户"。

另外，还需要调研、分析相应的市场需求可能持续多长时间，市场起始需求规模可能有多大，市场饱和时的需求规模可能有多大，由起始需求规模达到饱和需求规模的过程，会有哪些阶段性特征。如前所述，只有能够持续若干年（商机的时效性），起始规模能够接纳你的所有产品（按产量计），需求增长速度大于产量增长速度，未来饱和需求规模能够容纳多家同行企业的商机（多家企业进入并竞争是不可避免的），才是有前景、有价值的商机。

5.进行全面的要素匹配分析和风险收益分析

通过前述四步分析，发现有价值的细分市场商机，接下来就需要分析细分市场商机、创业者的创意、创业团队的能力、创业者可得的资源四者的匹配程度。首先分析创业者的创意与细分市场商机的匹配程度，只有二者匹配时，创业者未来提供给市场的产品或服务才可能得到市场即客户的青睐。其次分析创业团队的能力、创业者可得的资源二者能否保障创业者的创意有效实施。只有当能力、资源二者能够保障创意的有效实施时，创意与商机的匹配才能落到实处，创业者才有可能为市场提供具有客户价值的产品或服务。否则，一切都是空想。

在全面考察创业机会四要素匹配程度的基础上，创业者还需要就可能发生的机会风险，估算借机创业可能的风险收益。需要说明的是，在前述分析过程中，创业者需要通过市场调查、文献及行业报告分析、相关领域关联分析、专家咨询等方法获得相关分析所需要的数据和资料。同时，要充分发挥创业者的先进经验、领域知识、悟性及灵感在创业机会识别中的作用。

第三节　创业的风险及评估

寻找和识别商业机会为创业者选择有价值的商业机会提供了重要依据，创业者不仅要对可选择的创业商机进行评估，还要把可参考的创业商机和自己的能力、团队、资源及创业目标进行对比，才能最终决定相对有利的创业商机，达到理想的彼岸。事实上，新创企业获得成功的概率不到1%，成功与失败之间，除了不可控制的随机因素之外，显然还有一些必然的因素，在创业开始的时候就已经注定未来成败的命运。如果在创业之前进行比较客观地评估，就能避免许多悲剧的发生，创业成功的概率也就会相应提高。

一、创业风险的分类与构成

有价值的创业机会也是有风险的，因为多数创业机会都蕴含着诸多的不确定性。这就使得千斟万酌而确认的创业机会也会存在某种程度的机会风险。

所谓创业风险，包括两层含义：一是指潜在的机会风险因素，即创业者利用某些机会而创业，即有可能遇到的风险因素；二是指一旦某些风险因素未来实际发生了，创业者即会遇到很难克服的困难，从而导致创业活动很难持续下去，甚至会导致创业的终止。其中，一些机会风险是可以预测的，一些机会风险是不可预测的；一些是有可能防范的，一些则需要创业者努力规避。

因为创业机会是由商机的价值及时效性、创意的商业价值、资源的可得性、团队能力的保障性四者有机构成的，所以，创业机会的风险基本上源于两个方面：一是每个要素自身的不确定性；二是四者匹配关系的不确定性。创业机会的风险仅仅是整个创业风险的一部分，而不是创业风险的全部。

在某些时候，机会风险越大，未来收益也可能越大，特别是当机会风险较大时，多数创业者是不敢"冒险而为"的。这时，敢于冒险而为的创业者，只要行动方案理性、可实施性强，这样的创业者就可能得到超乎寻常的收益。

（一）创业机会的两类风险

创业机会的风险分为两类，即系统风险与非系统风险。

（1）系统风险即创业环境的不确定性带来的风险，如商品市场需求及竞争的不确定性、生产要素市场供给的不确定性、国家法律及政府政策规制的不确定性等带来的风险。

（2）非系统风险即创业者自身行为的不确定性带来的风险，如创意可实施性的不确定性、创业团队能力的不确定性带来的风险等。

系统风险是创业者自身难以掌控的，创业者只能加强监测和预警，进而努力规避这些风险。非系统风险是创业者通过自身的努力，有可能防范甚至可以化解，以达到创业成功的风险。无论是哪类风险，在创业机会识别阶段，创业者都应该尽可能预测相应的风险，进而理性规避这些风险。

（二）创业机会的风险构成

1. 商品市场风险

所谓创业的商品市场风险，即在创业的市场实现环节，创业者会遇到市场需求的不确定性或者是竞争的不确定性，由此可能造成创业的失败。这主要是由新产品市场的潜在性、待开发、待成长，或者是竞争者的过度进入引发的。

（1）新产品市场多是潜在、待开发、待成长的。现实中，人们往往对市场既有产品司空见惯，对其需求是相对稳定的。而新产品（含新业务）多是新奇的，它的市场需求多是潜在的、待开发的、待成长的。越是新技术产品，用户接受起来越谨慎。例如，网购大宗商品，如汽车，一开始就非常难，没有实际驾驶和操控感，人们心中没底，一些"领先用户"帮商家现身说法也不行，直到新能源车作为共享车全面铺开，这才打消了部分消费者的疑虑和犹豫。由此可见，创业者很难预先准确判定市场是否会在某个时段接受自己推出的某一新产品及其接受能力，对未来市场实际需求情况与创业者早期预期的差异只能持一种"淡然接受"的态度。

（2）市场接受新产品的"具体时间点"待确定。即便市场最终会接受创业者的某种新产品，但创业者行动之前多数很难判定市场接受它的"具体时间点"，或者是误判这一时间点，从而也就很难确定新产品上市的"适当时间点"。特别是现代科技发展很快，而市场可能在相关技术突破发生很长时间之后，才接受相应新产品。例如，美国贝尔实验室在 20 世纪 50 年代就研制出了可视电话，但过了 20 年，直到 20 世纪 70 年代，美国市场才初步接受商业化的可视电话，且主要用于政府、军事、公共事业等财政付费部门。基于此，创业者需要关注相关市场需求"机会窗口"敞开的时间段，而不能盲目地开发市场。

（3）新产品的市场需求成长速度难以预测。由于多数新产品的市场需求是潜在的、待开发的，故创业者仅凭借某种机会创业，往往很难预测该新产品的市场需求的成长速度。例如，1959 年美国哈德公司开发出了施乐 914 复印机，并谋求与 IBM 公司合作产销。但 IBM 公司预测该类复印机 10 年内顶多售出 5 000 台，因此拒绝了哈德公司的合作愿望。然而，后来的实际情况是复印技术被迅速采用并扩散，哈德公司 10 年间售出了 20 万台复印机。再如移动通信技术、产品及其服务在中国的扩散。20 世纪 90 年代初期，手机被引入中国，不少人认为"这仅仅是富人才会用的奢侈通信工具"。然而，到 2015 年，中国市场上使用手机的人已超过 10 亿。当然，也有市场需求增长远远低于创业者预期的情况。基于此，对于新产品市场需求的增长情况，创业者只能"摸着石头过河"，在预期市场需求会成长的前提下，只能走一步、看一步。

（4）未来同行市场竞争的实际态势难以判断。根据一些创投公司的研究，多数创业者投给创投公司的创业计划大多忽视未来可能的同行竞争，甚至认为自己的产品好到了极致，未来不会有激烈的同行竞争。但客观地看，人类认识客观世界的"脑力"并无多大差异。对于众多创业者而言，只要某个团队整体上的知识、经验、悟性相差无几，则其实际的机会识别能力也不会有多大差异。故面对某个商机，如果 A 团队拟推出某种产品，B 团队也可能推出相近、雷同甚至完全相似的产品。由此，这样的创业者未来必然会遇到竞争者。创业者都有极强的自信心，以致形成"自恋意识"，不少创业团队事实上很难预期未来同行市场竞争的实际态势。

2. 要素市场风险的构成

创业作为一种商业活动，通常需要资金、技术、人力资源、上游产品等生产要素的投入。但特定的创业团队能否得到所需的生产要素，客观上也具有很大的不确定性，这就形成了创业机会的要素市场风险。

（1）资本市场的资金可得性多是不确定的。在诸多生产要素中，创业者首先需要得到的是资金，否则就可能出现"巧妇难为无米之炊"的困境。现阶段中国创业者主要通过自筹（以往个人薪酬节余积累）、债权融资（向家人或亲朋借贷、商业银行小额贷款）、股权融资（争取创业投资公司投资、争取加盟者投资）、争取政府机构支持（诸如国家或省市中小企业创新基金）等获得创业起步阶段所需的资金。但客观地看，这些资金来源都有很大的不确定性。

创业者多是"白手起家"，薪酬积累多数情况下并不能成为创业者主要的资金来源；向家人或亲朋借贷满足不了资金长时间的需求；争取商业银行小额贷款固然是一种办法，但其资金额度往往不足以支撑市场需求容量较大的创业活动；争取创业投资公司的股权投资更难，因为创投公司的资金是投资，在没有现实利益的情况下创投公司是不会投资的；争取加盟者投资，潜在的加盟者可能还谋求创业者投资；争取政府机构支持，多数情况下面对着严格的评价程序，时间跨度太长。换言之，这些资金来源都有很大的不确定性。

（2）技术市场的技术可得性、实用性是不确定的。后工业时代，各行各业的商业活动都需要特定的技术。创业者若能使用自有技术或使用过期专利技术，应对所用技术进行实用、有效评估，并不断地迭代更新。若使用开发新的技术，或是购买他人技术使用权，从外部获得技术的可得性、实用性及其效果，能否达到创业者的主观预期，往往会有很大的不确定性，这也会影响创业机会四要素的有效形成。

（3）人力资源市场存在"趋存而流"的不确定性。加入新创企业的员工，首先是"趋存而流"，其次是趋利而流。创业起步之初，企业不可能有很好的经营业绩，员工也不可能有很高的薪酬，但生存是人的第一需要，谋生所需要的基本生活保障是必须的。当新创企业不能为员工支付足以使其得以生存的报酬时，创业团队就可能招聘不到员工，即使招聘来的员工也可能离开新创企业，这就使得新创企业能否在实际上保有适当数量的员工，存在很大的不确定性。

（4）上游产品市场存在机会主义行为。商品生产离不开上游市场的供应商。创业者看好某个商机，但不确定自己的产品能否从上游市场获得相应的原材料或零部件、元器件供给，这本身就有很大的不确定性。在市场经济中，企业普遍存在机会主义的销售心理，低价购进高价卖出，临时涨价等，甚至有可能违背供货协议。由此，新创企业能否采购到生产经营所需的上游产品，能否按质按量适时得到所需的原材料或零部件、元器件，也存在较大的不确定性。特别是供应商违反合同的现象，往往是创业者很难控制的。面对上游市场供给的不确定性，创业者应提前做好各种预案。

3. 国家法律及政府政策、规制风险构成

创业机会也可能遭遇国家法律及政府政策规制的风险，这主要源于中国正处于改革时期，国家法律在完善之中，政府政策在调整时期。这就使得创业者此前确认的创业机会有了某种程度的不确定性。

（1）国家法律或政府政策的出台，有可能超出创业者的预期。当某些新的商业模式出现之后，政府如果认为其会伤及公共利益，或者是引发市场竞争的不公平，或者是造成市场秩序的混乱，通常会做出一些政策安排，这就可能改变创业者此前认为的创业环境，从而使此前创业者认为恰当的创业机会发生某些有利或不利的变化。如果相应的法律和政策变化超出了创业者的预期，且导致了特定的创业机会变得不可行、不可取，如果创业者也已经启动了相关创业活动，这时就可能遭遇创业风险。例如，近年来国内外一些新创企业开发转基因产品，曾被有关国家政府部门明令禁止销售。由此，这些企业的创业投入即转化为"沉没成本"，创业活动得不到相应的商业收益。

（2）创业相关事务能否得到政府许可，也具有不确定性。创业者开发出了新产品（含新服务），在正式销售之前，需要得到政府职能部门的一系列认证，如质量检测产销许可、环境认证等。但因企业和政府两方面的原因，新创企业的产品并非一定都能够得到所需的认证或许可。如果某种新产品会为人类带来某种程度的危害，政府会对相关商业活动进行"规制"，对相关产品的销售"发出禁令"。此种情况下，创业者就得不到相关许可。

对产品的负面效应较大的创业，政府无疑会基于整个社会的利益，在企业产品开发成功后给予限制。政府相关政策或法律对于企业的规制常常出现在新产品"出生"之后，一旦政府采取了"规制"，开发新产品的企业就可能遭到某种程度的损失。而且，全新产品往往缺少国家标准。在政府和行业组织没有确定相应标准之前，企业很难进入批量化产销阶段。如果新产品没有经过或通过政府职能部门或其授权机构的质量检测，则在销售中也会遇到障碍。如果生产过程或产品使用过程对环境造成一定程度的伤害，政府也会限制新创企业的产品产销。

4. 财务风险

创业者要利用相关创业机会，不可避免地也有着某种程度上的财务风险。主要包括以下几个方面。

（1）新产品研发的需求资金极难判定。新产品开发的实际资金需求是事先难以准确预测的，有时估计解决某个技术难题用不了多少资金，但项目实施一定程度，就会发现实际所用资金已经超出预期，在项目完成之时，发现所用的资金远远超过最初的估计数额。

（2）新产品市场开发的资金需求往往是不确定的。一旦企业成功地开发了新产品，批量化产销的资金需求、产品宣传，推介促销等活动，都需要投入不同数量的资金，但这个资金又是无法精确计算的。

5. 团队分化的风险

创业中创业者也可能遇到"团队风险"，即由于某些原因引发创业团队溃散，进而导致创业活动无法持续。这是创业中极易发生且影响最大的风险，它通常表现在以下三个方面。

（1）团队成员由于缺乏共识的利益、目标、规则等原因造成的团队风险。形成创业团队凝聚力的关键是团队成员要有一致的愿景、目标、利益、思路，如一致的"行动纲领"和"行为规则"等。创业团队成员可能最初就缺乏共识，也可能在后来的磨合中失去共同的愿景、目标、利益、思路。无论出现哪种情况，都可能导致团队离心离德，甚至各奔东西。

（2）部分成员的"畏惧心理"和"见机行事"造成的团队风险。创业有难度，特别是遭遇起步后的困难，一些团队成员就可能"畏难而逃"。还有的成员，遇到更具诱惑力的商机，或者更高待遇的诱惑，就有可能从现有的团队"出走而直面新的商机"。但无论是"畏难而逃"，还是"见机行事"，都会引发团队解散。

（3）没有形成"核心成员"或"领袖人物"的团队风险。创业需要"灵魂型"领袖人物的带领，要靠核心人物来凝聚团队所有成员。"领袖"不一定是某项创业活动的"最初发动者"，也不一定是新创企业最大的股东，而是团队的"精神领袖"。如果没有一位"领袖人物"来凝聚创业团队，该团队就很可能成为一盘散沙。

二、防范创业机会风险的可能途径与估算

（一）创业者应规避和降低的主要风险

（1）可借助表 4-1，分析创业机会的风险与防控。

（2）将每类风险来源下的风险具体化。

（3）客观估计各类风险因素发生的概率。

（4）剔除发生概率小的风险因素，揭示发生概率大的风险因素。

（5）在发生概率大的风险因素中，揭示一旦发生将造成损失较大的风险因素。可行的方法是，先估算创业活动的净现值或内部收益率，然后对各种风险因素进行"不确定性分析"，据此测算如某些风险因素发生，创业者可能遭受的损失。

表 4-1 创业机会的风险分析与防控简表

两类风险	一级风险因素	二级风险因素	可能防控途径
系统风险	商品市场风险	新产品市场多是潜在的、待开发的、待成长的	调整心态"淡然接受"
		很难确定市场接受新产品的具体时间	关注机会窗口期
		很难预测新产品的市场需求成长速度	摸着石头过河
		很难预测未来同行市场竞争的实际态势	弱化自恋意识
	要素市场风险	资本市场的资金可得性多是不确定的	争取多渠道融资
		技术市场的技术可得性、实用性是不确定的	使用自有技术或专利
		人力资源存在"趋存而流"的不确定性	销售激励、股权激励、期权激励
		上游产品市场供应商往往存在机会主义行为	制定预案
	法律及政策规制风险	法律或政府出台的政策有可能超出创业者的预期	研究政策、咨询政府导向、调整轨道
		政府许可也具有不确定性	咨询相关部门

两类风险	一级风险因素	二级风险因素	可能防控途径
非系统风险	技术风险	新产品研发能否成功是不确定的	拥有原型产品
		相关行业能否提供技术配套是不确定的	可靠性与经济利益挂钩
	财务风险	新产品研发的资金需求极难判定	预留余量资金
		新产品市场开发的资金需求是不确定的	资金预算富裕、宽松
	团队分化风险	团队成员缺乏共识的愿景、目标、规划、利益等	团队凝聚、合作共赢
		部分成员的"畏惧心理"和"随机而动"	培养坚定分子
		没有形成领袖人物造成的团队风险	确定领袖或核心人物

（二）创业者需要估计自身的风险承受能力

在分析前述问题，特别是在揭示了发生概率大的风险因素中，一旦风险实际发生将造成损失较大的风险因素后，创业者即需要估计自身的风险承受能力，尤其应估计创业者对于那些发生概率较大、可能导致较大损失的风险因素的承受能力。其中，可用"企业的财务能力/最大的风险损失"来表示新创企业的风险承受能力。这一比值越大，则新创企业的风险承受能力越强。

（三）创业者需要进行风险收益估计

创业者进行机会选择的风险决策，是估计各项风险因素的发生概率和可能造成的损失后，即需要测算特定创业机会的风险收益，依此判断是否值得"冒险创业"。通常，只有创业机会的风险收益足够大，创业者才值得冒险去利用这个机会而创业。

一般而论，可按以下关系式测算特定机会的风险收益：

$$FR=(Mt+Mb) \times B \times Ps \times Pm/(Cd+J) \times S$$

其中，FR 表示特定机会的风险收益指数；Mt 表示特定机会的技术及市场优势指数；Mb 表示创业者的策略优势指数；B 表示特定机会持续期内的预期收益；Ps 表示技术成功概率；Pm 表示市场成功概率；S 表示创业团队优势指数；Cd 表示利用特定机会创业的有形资产投资总额；J 表示利用特定机会创业的无形资产投资总额。需要注意的是，当且仅当 $FR \geqslant R$（创业者的期望值）时，创业者才值得冒某些风险去利用特定的创业机会。

三、创业机会的评价

（一）主观评价创业机会的价值

机会具有及时性，所以创业者发现创业机会的时候必须迅速地识别创业机会，评价创业机会的价值。创业者对机会的评价来自于他们的初始判断，而初始判断通常就是假设和简单的计算。牛根生在谈到牛奶的市场潜力时说："民以食为天，食以奶为先，而我国人均喝奶的水平只是美国的几十分之一。"也许这就是他对乳制品机会价值的直观判断。

创业机会的模糊特性导致创业机会很难被识别，机会价值很难被准确地评估。但机会转瞬即逝，如果对每个机会都要进行周密的市场调查，这经常会令人难以把握机会，所以有人认为只有创业天才才能识别创业机会，只有具有天才型商业敏感能力的人才能抓住机会。

评价创业机会的商业敏感能力与个人能力、天赋和决心直接相关。有些人具有天才型商业敏感能力，在很大程度上取决于其个人天赋。但是我们可以发现，具备较高商业敏感能力的人具备一些共同的特征。

（1）较强的信息处理能力。发现创业机会需要相对充分、准确、及时的信息，并能获取别人难以获取的有价值的信息，但是评价创业机会需要较强的信息处理能力。较强的信息处理能力与一个人的认知能力和逻辑思维能力有关。

（2）良好的人际关系。良好的人际关系不但可以帮助创业者发现更多的创业机会，还可以帮助创业者识别创业机会。判断一个创业机会的价值，不同的人有不同的分析视角。众多的朋友可以帮助个人从更多的角度去分析创业机会，使个人能更清楚地认识创业机会，更理性地识别创业机会。

（3）专注精神。判断一个事物，对其认知程度决定了判断的准确性。而认知程度并不是天生的，而是后天习得的。专注精神提高了一个人在某方面的认知程度。创业者往往比别人更容易发现某行业的创业机会，并且能更为快速、准确地判断创业机会的价值。调查表明，大多数创业者都是从先前工作的行业中发现创业机会，并迅速抓住创业机会实现创业的。如果一个人专注于一个行业，并凭借专业知识，就能迅速判断创业机会的价值。

（4）自信与乐观的心态。自信的人往往比较相信自己的判断；乐观的人往往比较看好机会的前景而不是风险。所以，自信、乐观的人在创业机会面前体现出的是一种勇敢和敢于尝试的冒险精神，往往能在别人之前识别机会和抓住机会。

主观评价创业机会的价值基本是依靠创业者的个人能力，需要创业者具备以上特征，这样就能更为准确地评价创业机会的价值。

事实上，具有价值的创业机会本身也具备一些特征，创业者可以根据其特征，比较分析自己识别的创业机会是否具有价值。

（1）满足顾客的需求。一切创业机会都来源于顾客需求，能否满足顾客需求是评判创业机会价值的根本标准。

（2）较大的市场容量。有些细分市场容量太小，导致投资成本过大，难以实现盈利。较大的市场容量带来旺盛的需求和较高的利润，同时意味着创业窗口关闭的时间比较晚，企业的发展空间比较大，利润的增长空间也比较大。

（3）需求的及时性。有些机会具有较大的市场容量，但是时机没有到，市场没有成熟，这样的机会风险比较大。只有能及时满足顾客需求的市场，才能支撑初创企业的生存。

（4）较明确的目标市场。如果一个创业机会连目标市场都不明确，就很难相信这个机会具有价值。具有价值的创业机会一般都有比较明确的服务目标市场。

（二）客观评价创业机会的价值

假设和简单计算只是创业者对机会的初始判断，进一步的创业行动还需依靠调查研究，对机会价值做进一步的客观评价和定量分析。

1. 蒂蒙斯的创业机会评价框架

美国百森商学院的蒂蒙斯教授就创业机会提出了比较完善的评价方法。他的创业机会评价框架涉及行业和市场、经济因素、收获条件、竞争优势、管理团队、致命缺陷问题、创业者的个人标准、理想与现实的战略性差异8个方面的53项指标，为我们提供了一套系统的评价框架和可量化的指标体系，如表4-2所示。创业者可以利用这个工具对行业和市场问题、竞争优势、财务指标、管理团队和致命缺陷等做出判断，来评价一个创业项目的价值与可行性。

表 4-2　蒂蒙斯的创业机会评价体系

类　　别	内　　容
行业与市场	市场容易识别，可以带来持续收入 顾客可以接受产品或服务，愿意为此付费 产品的附加价值高 产品对市场的影响力大 将要开发的产品生命长久 项目所在的行业是新型行业，竞争不完善 市场规模大 市场成长率在30%～50%，甚至更高 现在厂商的生产能力几乎饱和 在五年内能占据市场的领导地位，达20%以上 拥有低成本的供货商，具有成本优势
经济因素	达到盈亏平衡点所需的时间在两年左右，甚至更短 盈亏平衡点不会逐渐提高 投资回报率在25%以上 项目对资金的要求不是很大，能够获得融资 销售额的年平均年增长率高于15% 有良好的现金流量，现金占销售额的20%～30%，甚至更多 能获得持久的毛利，毛利率要达40%以上 把能获得持久的税后利润，税后利润率要超过10% 资产集中程度低 运营资金不多，并且需求量是逐年增加 研究开发工作对资金的要求不高

类 别	内 容
收获条件	项目带来的附加价值具有较高的战略意义 存在现有的或可预料的退出方式 资本市场环境有利，可以实现资本的流动
竞争优势	固定成本和可变成本低 对成本、价格和销售的控制较高 已经获得或可以获得对专利所有权的保护 竞争对手尚未觉醒，竞争较弱 拥有专利或具有某种独占性 拥有发展良好的网络关系，容易获得合同 拥有杰出的关键人员和管理团队
管理团队	创业者团队是一个优秀管理者的组合 行业和技术与经验达到了本行业内的最高水平 管理团队的正直、廉洁程度能达到最高水平 管理团队知道自己缺乏哪方面的知识
致命缺陷问题	不存在任何致命缺陷
创业者的个人标准	个人目标与创业活动相符合 创业者可以做到在有限的风险下实现成功 创业者能够接受薪水减少等损失 创业者渴望创业这种生活方式，而不只是为了赚钱 创业者可以承受适当的风险 创业者在压力下状态依然良好
理想与现实的 战略性差异	理想与现实情况相吻合 管理团队已经是最好的 在客户服务管理方面有很好的服务理念 所创办的事业顺应时代潮流 所采取的技术具有突破性，不存在许多替代品和竞争对手 具备灵活的适应能力，能快速地进行取舍 始终在寻找新的机会 定价与市场领先者几乎持平 能够获得销售渠道和已经拥有现成的网络 能够允许失败

评价体系说明了以下几点：

（1）该指标体系主要适用于具有行业经验的投资人或资深创业者对初创企业的整体评价。

（2）该指标体系必须运用创业机会评价的定性与定量方法，才能得出创业机会的可行性及不同创业机会间的优劣势排序。

（3）该指标体系涉及的项目比较多，在实际运用过程中可作为参考选项库，结合使用对象、创业机会所属行业特征及机会自身属性等进行重新分类、梳理简化，提高使用效能。

（4）该指标体系及其项目内容比较专业，创业导师在运用时，一方面要多了解创业行业、企业管理和资源团队等方面的经验信息；另一方面要掌握这50多项指标内容的具体含义及其评估技术。

蒂蒙斯创业机会评价体系只是一套评价标准，在进行创业机会评价实践时，还需科学的步骤和专业的评价方法才能操作。

2. 标准矩阵打分法

标准矩阵打分法是指将创业机会评价体系的每个指标设定三个打分标准（如极好为3分，好为2分，一般为1分）而形成的打分矩阵表。如表4-3所示，在打分后，求出每个指标的加权评价分。

表4-3　标准打分矩阵

标　准	专家评分				权　重
	极好	好	一般	加权平均分	
易操作性					10%
质量和易维护性					10%
市场接受度					10%
增加资本的能力					10%
专利权状况					10%
市场的大小					10%
制造的简单性					10%
广告潜力					10%
成长潜力					10%
投资回报					10%

（三）创业机会的评估准则

无论是主观对创业机会价值的评判，还是客观评估创业机会，都是对创业机会的市场前景和可获效益方面进行评估，通过评估可以为创业者进行创业项目投入提供依据和参考。在进行评估创业机会的同时，也应该坚持评估的准则，这既是对以上方法的综合运用，也是对创业机会的判断准则，具体包括以下内容。

1. 市场评估准则

（1）市场定位。一个好的创业机会，必然具有特别的市场定位，致力于满足顾客需求，同时能为顾客带来增值的效果。因此，在评估创业机会的时候，可根据市场定位是否明确、顾客需求分析是否清晰、顾客接触通道是否流畅、产品是否持续衍生等，来判断创业机会的市场价值。创业带给顾客的价值越高，创业成功的概率也就越大。

（2）市场结构。市场结构主要是针对创业机会进入市场可能发生关系的五个对象进行分析，包括进入障碍、供货商、顾客、经销商的谈判能力、替代性竞争产品的威胁及市场内部竞争的激烈程度。由市场结构可以得知新企业未来在市场中的地位，以及可能遭遇竞争对手反击的程度。

（3）市场规模。市场规模的大小和成长速度，也是直接影响新企业成败的关键。一般来说，市场规模大，进入障碍相对较小，市场竞争激烈程度也会下降。如果要进入的是一个十分成熟的市场，那么纵然规模很大，由于成长速度已经缓慢，利润空间必然很小。反之，投入的是一个正在成长中的市场，通常也会是一个充满商机的市场，所谓水涨船高，只要进入时机正确，必然会有获利的空间。

（4）市场渗透力。评估市场渗透力主要是用来判断进入市场的时机。对于一个具有巨大市场潜力的创业机会，市场渗透力评估将会是一项非常重要的影响因素。聪明的创业家会选择在最佳时机进入市场，也就是市场需求正要大幅成长之际。

（5）市场占有率。从创业机会预期可取得的市场占有率目标中，可以显示这家新创公司未来的市场竞争力。市场竞争力强的企业，比较具有投资潜力，未来的前景要好一些。

（6）产品的成本结构。产品的成本结构也可以反映新企业的前景是否光明。例如，从物料与人工成本所占比重的高低、变动成本与固定成本的比重，以及经济规模产量大小，可以判断企业创造附加价值的幅度以及未来可能的获利空间。

2. 效益评估准则

（1）合理的税后净利。一般而言，具有吸引力的创业机会，至少要能够创造 15% 以上的税后净利。如果创业的税后净利是在 5% 以下，那么这就不是一个好的投资机会。

（2）达到损益平衡所需的时间。合理的损益平衡时间应该能在两年以内达到，但如果三年还达不到，恐怕这就不是一个值得投入的创业机会。

（3）投资回报率。考虑创业可能面临的各种风险，合理的投资回报率应该在 25% 以上。一般来说，创业机会的投资回报率在 15% 以下，那么这个创业机会是不值得投资的。

（4）资本需求。资金需求量较低的创业机会，投资者一般会比较欢迎。事实上，许多案例显示，资本额过高其实并不利于创业成功。一般而言，知识越密集的创业机会，对资金的需求量越低，投资回报反而会越高。

（5）毛利率。毛利率高的创业机会，相对风险较低，也比较容易取得损益平衡。反之，毛利率低的创业机会，风险则较高，遇到决策失误或市场产生较大变化的时候，企业很容易遭受损失。一般来说，理想的毛利率应该是 40% 以上。当毛利率低于 20% 的时候，这个创业机会就不值得考虑。软件业的毛利率通常都很高，所以只要能找到足够的业务量，从事软件创业在财务上遭受严重损失的风险相对会比较低。

（6）策略性价值。能否创造新企业在市场上的策略性价值，也是评价的一项重要指标。一般说来，策略性价值与产业网络规模、利益机制、竞争程度密切相关，而创业机会对于产业价值链所能创造的增值效果，也与所采取的经营策略与经营模式密切相关。

（7）资本市场活力。当新企业处于一个具有高度活力的资本市场时，它的获利回收机会相对也比较高。不过资本市场的变化幅度极大，在市场高点时投入，资金成本较低，筹资相对容易。但在资本市场低点时，投资新企业开发的诱因则较低，好的创业机会也相对较少。不过，对投资者而言，市场低点的成本较低，有的时候反而投资回报会更高。一般而言，新创企业的活跃的资本市场比较容易创造增值效果，因此资本市场活力也是一项可以被用来评估创业机会的外部环境指标。

（8）退出机制与策略。所有投资的目的都在于回报，因此退出机制和策略就成为一项评估创业机会的重要指标。企业的价值一般也要由具有客观鉴定价值能力的交易市场来决定，而这种交易机制的完善程度也会影响新企业退出机制的弹性。由于退出的难度普遍要高于进入，所以，一个具有吸引力的创业机会，应该要为所有投资者考虑退出机制以及退出的策略规定。

创业有风险，这是必然的。但理性的创业者必须结合对机会风险的估计，探明规避和降低风险的关键点。即就特定的创业机会，分析和判断创业风险的具体来源，发生概率、预期主要风险因素，测算冒险创业的"风险收益"，估计自己的风险承受能力，进而进行风险决策。

第四节　创业模式的选择

一、创业的商业模式内涵、结构及要素

利用机会而起步创业，创业者必须去构思有效的商业模式。

（一）创业模式的内涵

创业模式，即创业者实施相关商业活动的一套逻辑化的方式方法，是将原本做不成的事情做成，将原本做不好的事情做好，以此获得相应的利润的模式。创业模式是在特定区域、特定环境中形成的，在创业动机、创业方式、产业进入、创新力度、政府扶持等方面具有典型特征的创业行为。例如，从创业动机来看，创业模式可以分为个人成就驱动型、资源驱动型、社会驱动型；从创新层次来看，创业可以分为基于新产品的创业、基于市场营销模式创新的创业和基于企业组织管理体系创新的创业；根据创业企业进入的产业不同，可以把产业大致分为资源密集型产业、劳动密集型产业、资本密集型产业、技术密集型产业和资金技术密集型产业等，而政府奉行不同的扶持政策，孕育出不同的创业模式。

创业模式本质上是企业为客户创造并传递价值，使客户感受并享受企业为其创造的

价值的系统逻辑，反映的是利益相关者之间的交易关系。新创企业如果缺少这套逻辑，或者是构思的商业模式效力不足或效能不高，则新创企业未来既难以为客户创造价值，也难以向客户传递价值，更难以为新创企业自身赢得利润，有效的商业模式是未来企业盈利的基本前提。

（二）创业模式的内在结构

既然创业模式本质上是企业为客户创造并传递价值，使客户感受并享受企业为其创造的价值的系统逻辑，那就有一个结构问题，即基本要素和要素间的连接关系。目前研究商业模式的要素及其联系的，有四要素说、五要素说、六要素说等几种说法。

（1）四要素说。例如，国外的学者蒂姆斯认为，商业模式是由产品及服务、信息流结构、参与主体利益、收入来源四者及其联系构成的。马凯兹认为，商业模式是由产品、顾客关系、基础设施管理、财务四者及其联系构成的。多纳斯认为，创业模式是由顾客理解、市场战术公司管理、内部网络化能力、外部网络化能力四者及其联系构成的。哈默尔认为，创业模式是由核心战略、战略资源、价值网、顾客界面四者及其联系构成的。

（2）五要素说。在四要素说的基础上，也有的学者提出五要素。如维西奥认为，创业模式是由核心业务、管制、业务单位、服务、连接五者构成的。

（3）多要素说。进入 21 世纪，人们对创业模式的研究更加细化。切斯堡认为，创业模式是由价值主张、目标市场、内部价值链结构、成本结构和利润模式、价值网络、竞争战略六者及其联系构成的。戈尔迪恩认为，创业模式是由参与主体、价值目标、价值端口、价值创造、价值界面、价值交换、目标顾客七者及其联系构成的。林德认为，创业模式是由定价模式、收入模式、渠道模式、商业流程模式、基于互联网的商业关系、组织形式、价值主张七者及其联系构成的。彼得罗维奇认为，创业模式是由价值模式、资源模式、生产模式、顾客关系模式、收入模式、资产模式、市场模式七者及其联系构成的。阿福等则认为创业模式是由顾客价值、范围、价格、收入、相关行为、实施能力、持续力七者及其联系构成的。威尔认为，创业模式是由战略目标、价值主张、收入来源、成功因素、渠道、核心能力、目标顾客、IT 技术设施八者及其联系构成的。奥斯特沃德认为创业模式是由价值主张、目标顾客、分销渠道、顾客关系、价值结构、核心能力、伙伴网络、成本结构、收入模式及其联系构成的。

综合以上观点，商业模式最为基本的是由四者及其联系构成的：价值体现、价值创造方式、价值传递方式、企业的盈利方式。其中，价值体现的是基础，新创企业如果不能发现客户所需要的价值，那就不能为客户创造出他们所需要的价值。价值创造和传递方式是新创企业将自己的价值构想变为现实，并为客户传递价值的"过程性手段"。在为客户创造并传递价值的同时，新创企业不能忘记"自己的盈利方式是什么"，否则，新创企业很可能难以立足。其他涉及的要素，是这四个要素的所包含的一级或二级要素。

同时需要注意的是，要素之间的不同联系方式及具体特点不同，相同要素构成的也会是不同的商业模式。

（三）创业模式选择时必须考虑的因素

影响创业者模式选择的因素有很多，创业者依据对行业模式的内在结构的了解，在进行充分的市场调研、充分的自我认识基础上，创办企业时，主要对以下 7 个要素进行审视。

（1）行业性质及发展前景。不同的模式往往有最佳的相对应行业，只有采取相应的模式对应的行业，才能保证创业的高成功率和高收益性。根据该行业现在的发展势头、政府的相应政策、世界经济的发展趋势、高科技产业的发展速度、该行业自身的特色和经营模式等一系列外在因素，综合考虑该行业在未来的世界发展浪潮中所占据的位置，换句话说，就是要关注行业的发展前景。

（2）资金规模。有的模式在资金要求上要求较高，但是有的模式在资金要求上则相对较低。这就要求创业者根据自己的实际情况以及具体的创业方向，权衡考虑，选择在自己的资金规模之内的最佳行业和创业模式。

（3）管理模式。选择一种模式，还需要了解具体的模式所对应的管理模式，这些都是之前的创业者总结出来的经验，如果采取了不相适应的管理模式和方法，必将会导致整个公司的混乱，最终将不利于整个公司的发展，创业成功率也将大打折扣。

（4）技术要求。如果是选择技术含量比较高的行业所对应模式的话，技术要求就是一个必须考虑的因素，在选择之前一定要清楚地了解具体的技术要求，相应的技术也要进行熟悉和了解，这样才能够在选择的时候自己心里有底，结合自己的优势选择最佳的模式。

（5）国家政策方面。政府为了更好地贯彻其产业政策和促进相应的行业发展，往往会对相应的行业采取相应的优惠政策以鼓励其发展，创业者在选择的时候可以充分考虑这些优惠政策，这样可以更好地促进自己创业的发展。

（6）自身素质。创业者必须对自我有一个清醒的认识，必须对创业的难度有足够的了解。强化自身素质，学会经营，更要学会管理，善于总结，勇于进取。很多创业者在创业的时候希望能够结合自己所学的专业知识和兴趣爱好。知识和技能对于经济发展和社会进步的推动作用是巨大的。知识和技能是起支配作用的生产要素，缺乏知识和技能，就在很大程度上失去了核心竞争力和生存空间。

（7）发展阶段。创业几种模式有的已经发展了较长的时间，而有的可能还只是处于起步阶段，所以也必将有些模式发展比较成熟。而有的模式存在不确定性因素较多的情况，这也必将会影响创业者的相应创业。对于比较成熟的模式，往往会有相应的成功率和收益性的调查和记载，这些都可以作为参照数据以此进行相应的比较和参考。

二、创业模式设计的特点

（一）商业模式设计的目的是创业的成功

模式是为本质和内容服务的。设计商业模式的目的就是把做不成的事变为可以做成的事，创业本身就是要将他人或自己此前做不成的商业，转变为自己可以做成的商业，这首先要靠创业模式的设计来实现。创业模式设计是创业机会开发的重要环节。在有创业机会的情况下，如果创业者设计、开发不出可行的商业模式，则资源获取及整合就无明确的方向，会使创业陷入绝境。因此，必须着力设计、开发创业所需的商业模式。

（二）理想的商业模式设计至少有两个特征

创业者之所以创业，最为基本的动因就是要获取利润。而要赚取利润，可行的商业模式是基础。理想的商业模式设计至少应有两个特征：一是短期地看，理想的商业模式应有助于新创企业尽快实现"正的现金流"；二是长期地看，理想的商业模式应有助于新创企业用尽可能少的资源做成尽可能大的商业，从而使整个创业活动为创业者带来"最大化的利润"。创业是循序渐进的过程，特定的创业活动若能为创业者带来最大化的利润，也将是一个循序渐进的过程。由此，某种商业模式未来若能为新创企业带来最大化的利润，则它首先应能尽快地为新创企业实现"正的现金流"。但是，短期内能使新创企业实现正的现金流的商业模式，并不一定就是未来能使新创企业利润最大化的商业模式，这是因为利润最大化的实现是由更多因素决定的。

（三）商业模式设计是一个反复试错、修正的过程

商业模式本质上是企业为客户创造并传递价值，使客户感受并享受企业为其创造的价值的系统的商业逻辑。如前所述，商业模式最为基本的是由四个内在结构及其联系构成的，这四者需要不断地调整、变动。对创业者而言，针对特定的创业活动，要设计出理想的商业模式，并不能一蹴而就，而是需要反复试错和修正。首先需要分别设计每个要素；其次需要使四种要素处于相互协调匹配的状态。只有当四种要素分别是可行的，且四者达到协调匹配状态时，这样的商业模式才可能是较为理想的商业模式。

（四）商业模式开发是企业战略设计的基础

创业不但要有理想的商业模式，还要有持续努力的总体战略。商业模式决定创业能否得以启动与实施，战略则决定创业能否持续，决定新创企业未来能否可持续地成长。就二者的关系而言，商业模式通常先于战略，是战略生成的基础，战略是新创企业在商业模式的基础上，对于自己长期拟走道路的选择。因此，创业者要为新创企业设计理性

的战略，首先需要开发设计理想的商业模式。否则，所设计的战略即成为无根之树，自然难以具体实施。

三、创业模式设计的过程与评价

（一）创业模式设计的过程

商业模式最为基本的是由四类要素及其联系构成的。但要设计出可以具体付诸实施的商业模式，则有一个由顶层设计到递阶协调的过程。

1. 商业模式的顶层设计

商业模式最为基本的是由四类要素及其联系构成的，即价值体现（包括核心价值与非核心价值以及衍生价值）、价值创造方式、价值传递方式、企业的盈利方式。这四类要素就是商业模式的顶层要素，故商业模式的顶层设计，就是要设计这四类要素及其联系。其中，价值体现就是创业者为目标客户提供什么样的价值；价值创造方式是创业者准备以怎样的方式和途径为目标客户提供价值；价值传递方式是创业者准备以怎样的方式和途径将所开发的价值提供给目标客户；企业的盈利方式是创业者以怎样的方式和途径获得利润。明确了这四者及其联系，创业者才可能细化商业模式的包含要素及其联系。

2. 商业模式四大要素的具体化

通常，价值体现可以具体化为创业者拟为客户提供的最终产品或服务。

产品或服务的功能是指产品的使用价值或效用，而与目标客户形成的交易，就是对产品和服务价值的确定和实现。新创企业需要开发和生产价值实现的方式方法和途径。价值传递方式，更多是指产品营销的方式方法和途径，具体包括产品推广、销售、客户服务等方面的相关手段、措施及渠道等。而企业的盈利方式也需要结合价值创造方式、价值传递方式、企业与客户的交易关系、可能的市场竞争方式及态势（如市场结构）来具体设计。

3. 商业模式设计的具体流程

可将商业模式设计进一步具体化，具体如表 4-4 所示。

表 4-4　商业模式设计流程

课程设计	具体化设计	组织化设计
价值体现设计	产品或服务、核心、非核心及衍生价值	企业内部组织 外部伙伴关系 客户关系界面 企业利润屏障
价值创造方式设计	产品或服务研发、生产的方式方法、途径	
价值传递方式设计	产品或服务营销的方式、方法、途径	
价值盈利方式设计	企业和客户交易关系及市场竞争的企业盈利方式、方法、途径	
四类要素联系设计	产品或服务的研发、产销、交易、竞争关系的协调	

在商业模式设计的流程中，由顶层设计到具体化设计，再到组织化设计，是一个循序渐进的过程。创业者只有步步为营、逐级细化，才可能设计出客观可行的理想的商业模式。

（二）创业模式设计的评价

商业模式设计得是否理想，按有效性的评价准则，从三个角度进行评价。实施这一评价的目的，就在于确保实施相应的商业模式后能真正达到期望的效果。

1. 客户价值实现的程度

创业者所设计的商业模式是否合理，首先要审视该模式对于创业团队所构想的"价值体现"的实现程度，即该商业模式能够在多大程度上实现创业团队原本拟为客户创造并传递的价值。而要回答这一问题，创业者首先需要评价该商业模式可能为客户创造并传递的价值是不是原本拟创造的价值。例如，创业者原本打算为客户创造"节能"的价值，但通过所设计的商业模式，是不是真的就能帮助客户节能。其次需要评价该商业模式实现拟订价值的程度。如前假设，如果所设计的商业模式能够为客户提供"节能"的价值，则还需要进一步评价该商业模式能够为客户"节能"的程度大小。

2. 客户价值实现的可靠性

创业者借助所设计的商业模式为客户提供价值，需要评价其能够为客户提供特定价值的可靠性，即评价该商业模式能够在多大程度上为客户可靠地提供拟订的价值。只有那些能够可靠地为客户创造拟订价值的商业模式，才是可取的。商业模式的可靠性评价，一定程度上就是商业模式的风险评价。相应地，不仅需要搞清特定商业模式的系统风险和非系统风险，还需要搞清各种具体风险的程度大小。只有搞清了各种可能的风险，才能称之为对特定商业模式的可靠性进行了较为充分的评价。

3. 客户价值实现的效率

在商业模式的顶层要素中，价值创造方式和价值传递方式二者共同决定客户价值的实现效率。创业者评价客户价值的实现效率，一是需要评价特定商业模式为客户创造价值的效率；二是需要评价特定商业模式为客户传递价值的效率。而最终效率的形成，则是价值创造和价值传递两个效率的"乘积"，而不是两个效率的"相加"。换言之，只有特定商业模式的价值创造效率和价值传递效率都很高时，创业者才可能以较高的效率为客户提供价值；反之，如果其中任何一个环节的效率较低，都可能拉低创业者为客户提供价值的效率。

四、国际国内创业模式

在创业时，对国际国内创业模式的了解和借鉴，也是创业者必修的功课。

（一）国际上的创业模式

1. 民间驱动模式

民间驱动是指企业的创业资金主要来源是民间风险投资，且风险投资也决定了企业在成长过程中所遵循的市场规律与成长路径。美国是这类创业模式的典型代表。风险投资的最大特点：企业发展的动力由风险资本提供，企业发展的存亡由市场决定。

2. 政府推动模式

政府推动模式是指在创业的过程中，从创业资金来源到企业经营成长，政府政策起突出的推动作用。这种推动作用具体表现为：

（1）政府直接参与创立投资基金，或以政府财政作为支持进行创业风险投资；

（2）除政府之外，风险投资主要来自大型银行、证券机构；

（3）在企业成长过程中，政府给予企业大量政策上的帮助，尽力保证企业的生存和发展。

日本是政府推动模式的代表国家。在第二次世界大战后，日本由于民间资本不足，日本政府以国家财政为支持，进行风险投资活动，鼓励民间创业。韩国也是政府推动创业模式的代表国家。这两个国家都是大企业林立的国家，在某种程度上，这制约了中小企业的发展。但是另一方面，政府也更关注大企业的生存与发展问题。为了保证国民经济支柱产业和企业的发展，政府不惜一切代价对大企业进行扶持和帮助。

政府推动模式与民间驱动模式的形成，往往是不同经济条件与文化条件的产物。政府推动模式与民间驱动模式的对比如表 4-5 所示。在一个创业文化浓厚的国家中，民间往往对创业活动存在极大热情，相应地，民间资本也会大量集聚到创业活动中去。相反，在一个创业文化并不浓厚的国家中，政府就被迫承担起鼓励创业，甚至全力扶持创业的责任。

表 4-5　政府推动模式与民间驱动模式的对比

内　容	模　式	
	政府推动	民间驱动
创业资金来源	政府、大银行、证券	民间风险投资
投资对象	成长稳定的企业	高成长、高风险企业
企业生存发展	政府政策支撑	市场竞争
政策焦点	对企业直接激励	消除市场与金融体系的障碍
创业	弱势	强势

从发展阶段来看，在创业、经济建设、金融制度建设方面起步较早，且条件较为成熟的国家，是当今世界上民间创业驱动力较强的国家。经过多年的发展，形成了成熟有利的创业环境，这使得民间力量能够顺利地进入创业领域。反过来，一个经济有待发展或是新兴的国家，由于其创业环境、市场条件、金融体系等各方面还有待于完善，这就

需要政府较多地对创业活动进行扶持和监督。

3. 技术创业模式

技术创业模式是以技术创新和发展为主动力，推动技术型企业创业。根据技术的来源，又可以分为引入技术创业和研发技术创业两类。日本是从国外引入技术进行创业的代表。自20世纪60年代，日本开始走上"技术强国"之路，一直将科技发展作为本国经济的主动力。结合日本当时的经济和科技条件，日本一边自主研发，一边积极从国外引进技术进行创业。

研发技术创业是指自行研发获得技术成果，并对此项技术进行投资创业。研发技术创业的活跃程度不仅取决于研发活动本身，更有赖于其强大的资金来源。研发技术型创业可能是由于风险投资业对高技术产业的看好和全力投入，也可能是由于国家产业结构的建设需要，得到了国家倾向性支持。这两种方式在结果上都使得研发活动及成果的市场转化得到了充分资金支持，但其出发点却完全不同。风险投资业始终对高技术行业情有独钟，这是因为风险投资本身就偏好创新力强、风险大、成长空间大、预期未来收益惊人的企业，高科技企业就是最佳的选择。而国家政府对高技术行业的支持，却多半是出于国家经济建设与产业结构建设的需要，致力于将高技术产业建设成国家的支柱产业。

4. 普通创业模式

普通创业模式不同于技术创业强烈的产业导向，其强调创业主体。特别是中小企业进行广泛创业，其创业行为遍及各行各业但并不强调科技在创业中的主导和带头作用。具有代表性的中小企业创业国家是意大利。在意大利，生产体系是建立在中小企业制度上的。在这些中小企业中，并非强调高技术产业创业，而是专注于意大利的各类优势产业，甚至是传统手工业。由于创业门槛低，对科技水平的初始要求不高，使得创业企业较易进入市场，同时容易吸纳大量劳动力。

技术创业和普通创业这两种模式的形成，更多是国家产业政策导向的结果。技术创业模式与普通创业模式的对比如表4-6所示。由于高新技术产业对于国家的经济、政治等各项战略发展有着极其重要的影响，所以许多追求技术兴国的国家必然对技术创业大为青睐，纷纷进行政策倾斜。另一方面，由于高新技术行业进入门槛较高，高新技术经营风险较高，也往往需要政府力量对创业企业进行扶持。而相反，普通创业面对的行业选择更为广泛，门槛较低。由于创业者范围较广，层次不一，政府支持的条件往往界定于中小企业这一概念，而事实上一般都以自有资金启动创业的现象更为普遍。

表4-6 技术创业模式和普通创业模式的对比

创 业 模 式	技 术 创 业	普 通 创 业
相关行业	高新技术	各行各业
创业资金来源	风险投资、政府基金	自有资金、政府基金
创新力度	较高	较低

创 业 模 式	技 术 创 业	普 通 创 业
人员素质要求	较高	较低
经营风险	较高	不确定
行业门槛	较高	较低

（二）国内流行的创业模式

1.网络创业

"网中自有黄金屋"。互联网的出现开启了一个崭新的信息时代，互联网在深深地改变了我们的生活与行为的同时，也提供了一种全新的创业方式。与传统产业相比，网络创业有许多优势。目前网络创业有两种形式：一是网上开店，在网上注册成立网络商店；二是网上加盟，以某个电子商务网站门店的形式经营，利用母体网站的货源和销售渠道。另外还有博客、开发自己的购物网站、制作网上销售和服务平台等形式。

网络创业的优势在于创业门槛较低、成本少、风险小、方式灵活、利润丰厚等，特别适合初涉商海的创业者。如果不是开展很大的项目，则网络创业者起初所需要的资金并不是很多。

2.加盟创业

牛顿曾有一句名言："我能看得更远一些，那是因为我站在巨人的肩膀上。"对于创业者而言，也不妨尝试一种"站在巨人肩膀上"的创业模式——加盟创业。加盟是指主导企业把自己开发的产品、服务的营业系统（包括商标、商号等企业形象，经营技术，营业场合和区域），以营业合同的形式，授予加盟店的规定区域内的经销权或营业权。

加盟具有以下主要特点：

（1）有一个特许权拥有者，即为加盟连锁的盟主；

（2）盟主拥有特许权，特许权可以是产品、服务、营业技术、商号、标示以及其他可带来经营利益的特别权力；

（3）盟主和加盟者以合同为主要连接纽带；

（4）加盟者对其店铺拥有所有权，店铺经营者是店铺的主人；

（5）加盟者必须完全按照盟主总部的一系列规定经营，自己没有经营自主权；

（6）总部有义务教给加盟者完成事业的信息、知识、技术等一整套经营系统，同时授予加盟店使用店名、商号、商标、服务标记等一定区域的垄断使用权，并在合同期内，不断进行经营指导；

（7）加盟者要向盟主交付一定的有偿费用，通常包括一次性加盟费，销售额或毛利提成等；

（8）盟主和加盟者是纵向关系，各加盟者之间无横向关系。

连锁加盟凭借分享品牌金矿、分享经营诀窍、分享资源支持等诸多的优势，而成为备受青睐的创业模式。目前，连锁加盟有直营、委托加盟、特许加盟等形式，投资金额根据商品种类、店铺要求、技术设备的不同，从 6 000 元～ 250 万元不等，可满足不同需求的创业者。连锁加盟创业的优势是利益共享、风险共担。创业者只需支付一定的加盟费，就能借用加盟商的金字招牌，并利用现成的商品和市场资源，还能长期得到专业指导和配套服务，而不必摸着石头过河，创业风险也有所降低。

加盟创业模式选择的几点建议：

（1）选择行业门槛低但回报高的行业，如房产中介等。

（2）选择新兴产品，一旦竞争产品增多，营业额下降时，应立即转向。

（3）整体投资不宜过大，尽量寻找利润高、投资少的小产品加盟。

3. 兼职创业

在本职业之外兼任其他工作或职务进行创业。随着创业人群的增多，现在很多人都想试试自己的能力，都想拥有一番自己的事业，成就一番自己的人生。那么，兼职创业需要具备哪些条件呢？

（1）精力上能胜任。有了时间还不行，还要看看自己有没有这个精力和能力。以目前的精力和能力，能不能胜任兼职工作，又能胜任哪些兼职工作？其实，兼职的选择是多种多样的，但是，首先要衡量自己的能力，不要妄想做那些并不能胜任的兼职。兼职不仅要看它是否可以达到兼职的目的，还要看兼职会不会影响平日的生活和工作。

（2）寻找兼职工作的途径。在信息时代和关系社会中，寻找兼职的机会和途径很多。目前主要的兼职信息来源包括大学的勤工俭学中心、专业的兼职信息网站、公司网站、各类人才市场等，但据有关调查，兼职的主要途径还是通过主动出击和朋友牵线两种方式获得的。

（3）公司允许。许多公司明确规定，不允许公司的员工兼职。因而，在兼职前，一定要了解工作单位的相关规定。

（4）时间不冲突。选择兼职的重要考虑因素之一，是保证兼职时间和本职工作时间不冲突。首先，本职工作要保证，但兼职的工作不能因为是兼职就马马虎虎，敷衍了事。因此，在选择兼职前，首先要平衡和协调好自己的时间。

兼职创业的优势：对上班族来说，无须放弃本职工作，又能充分利用在工作中积累的商业资源和人脉关系进行创业，可实现鱼和熊掌兼得的梦想，而且能够进退自如，大大减少了创业风险。

4. 团队创业

团队创业是依靠团队的力量，而不是一个人单枪匹马创业的模式。比如新东方，1993 年，辞去了北大教职的俞敏洪，在北京中关村的一所小学的低矮的平房里创办了新东方英语学校。那个时候，学校只有两三名教师。多年之后，新东方学校已经发展成为一家集教育培训、教育研发、图书杂志音像出版、出国留学服务、职业教育、在线教育、教育软件研发等于一体的大型综合性教育科技集团。2006年9月7日，新东方成功登陆纽约证券交易所，发售了750万股美国存托凭证，开盘价为22美元，高出发行价15美元约46.7%，融资额为1.125亿美元，成为第一家在海外上市的中国教育培训公司。

俞敏洪的成功之处是为新东方组建了一支年轻而又充满激情和智慧的团队，俞敏洪的温厚、王强的爽直、徐小平的激情、杜子华的洒脱、包凡一的稳重，五个人的鲜明个性让新东方总是处在一种不甘平庸的氛围当中。

一般来说，团队成员的知识、能力结构越合理，团队创业的成功性就越大。团队创业的优势在于集合了各方的优势，汇集了共同创业，其产生的群体智慧和能量，将远远大于个体。

5. 无店铺经营

这是一个全新的创业模式。无店铺经营泛指创业者在没有固定的或者是不属于自己的店面里的经营活动，包括以下几种形式。

（1）收购。收购现有的企业，也是一种很好的模式。收购与加盟连锁有类似之处，就是说原企业本身是一个已经经营的企业，有一个相对比较成熟的项目，只要收购者的经营能力以及其他的资源条件许可，一般都可能成功。只是，要找到理想的收购对象不太容易。

（2）承包经营。承包经营是指企业与承包者间订立承包经营合同，将企业的"经营管理权"全部或部分在一定期限内交给承包者，由承包者对企业进行经营管理，并承担经营风险及获取企业收益的行为。

承包经营管理只是解决部分企业因经营管理不善导致亏损的一种补充措施，并且只能对所承包企业的税后利润实行承包，所以不允许企业投资各方仅就管理或利润签订承包合同。

（3）产品代理。其是指直接将他人的产品做代理，可以注册一个个人独资公司，进行创业。

6. 其他创业模式

（1）边打工边创业。这种方式一般是利用自己的专业经验和自身的厂商资源，在上班时间外进行创业尝试和增加收入，这种模式有利的是没有任何风险，但应该处理好本职工作与创业的关系。

（2）依靠商品市场创业。专业的商品市场都会为租户代办个体工商执照，只需一次性投入半年或一年租金，以及店内货品的进货费投入在3万～5万元以内。这种模式只要依靠人气旺盛的商品市场，风险也比较小。例如，小王以前是服装设计师，后来从服装公司辞职后自己创业，转租别人的带照商户，在一家服装市场中经营批发零售业务，凭借自身的设计能力和多年的行业经验，小王自己设计，找服装厂加工成衣后在自己的店铺内销售。由于销售状况良好，小王已经开了自己的第二家分店。

（3）在大卖场租一块场地创业。这种方式有点类似代理销售，不过必须眼光独到，虽然风险比较大一点，但是回报是非常可观的。这种方式比较适合有营销经验的人员采用。例如，小李出差某市发现松子在当地价格比较便宜，回来后经过简单调查就发现本地松子很少有人销售，而且价格昂贵，因此他在春节前很早就在该市订购了一批松子，并且在本地人流最大的商场争取了进门的一块场地，春节期间开始用大缸装着松子进行销售，一个月下来就有 30 万元利润。

（4）工作室创业。工作室创业模式是个人低成本创业的最简单模式之一，但对创业个人有较高的专业技能要求。一般来说工作室创业有三种类型：创意类、技术类、咨询类。例如，小杨与小刘都是设计专业的出身，在广告公司工作几年后想自主创业，他们一起开办一家设计工作室。他们主动与出版社、学校、印刷厂等机构联系，由于工作室除了设计用的纸张和油墨外几乎没有其他成本，并且服务价格相当具有竞争力，再加上多年的设计经验，无论手绘还是计算机设计都让客户比较满意，几年下来，业务规模越做越大。

本 章 小 结

通过本章学习，大学生在创业之前应该充分了解和认识创业机会，学会怎么去识别、发现创业机会，找到最适合自己的、有市场的创业方向，熟悉创业机会的合理评估，并且用市场评估准则和效益评估准则来评估所选择的创业机会。最重要的是，应该根据自身特点和现实情况，筛选出最适合自己的机会并且找到理想的创业思路，及时去实现它，才能在众多的创业者中脱颖而出，到达成功的彼岸。

思考题

1. 在对创业项目进行评估时，应采取哪些必要的步骤和程序？

2. 依据对创业模式的了解，如果你创业，会选择哪种创业模式？

扩展阅读 4.1

雷军的创业史

即测即练

微课视频

第五章 创业资源

🏛 学习目标

通过本章的学习，学生应达到以下目标：

1. 了解企业资源获取的途径和技能，学会对有限资源的创造性利用；
2. 认识创业资源的获取方式及渠道；
3. 认识创业资金筹募渠道和创业资源管理的技巧和策略。

📑 案例导入

百度公司的创业融资

1995 年开始，李彦宏经常利用每年回国的机会考察国内市场。但那时，他并没有急着回来，因为"感到中国还不需要搜索这个技术，大家还在推广网络的概念"。1999 年 10 月，政府邀请了一批留学生回国参加"国庆典礼"，李彦宏也在受邀之列。这次行程坚定了他回国创业的决心："大家的名片上开始印 e-mail 了，街上有人穿印着 .com 的 T 恤了。"更为重要的是，"中国出现了一批能够为搜索业务付费的门户网站"。

当时，国内门户网站使用的搜索引擎，大多是英文搜索软件的汉化版。虽然中文的语言逻辑和英文有着很大区别，但这些软件在开发时却很少考虑华人，尤其是中国内地网民的搜索习惯；而那时国内出现的"搜索客"等搜索引擎，在李彦宏看来更像是"玩具"。

在返回美国之后，手中握有全球第二代搜索引擎核心技术"超链分析"专利的李彦宏，找到了自己在美国东部闯荡硅谷时认识的好朋友徐勇。经过商讨，两人很快敲定了市场方向、股权分配、管理架构以及融资目标等回国创业的大致框架。

此时互联网泡沫正盛，但是，为了凭借自身团队的价值成为公司绝对控股的大股东，以便为将来的阶段性融资奠定基础，他们只制订了 100 万美元的融资计划，并开始寻找融资目标。在与各种背景的投资者接触后，李彦宏倾向于选择有美国背景的投资者，原因在于"他们开的价码、条件比较好"。

很快就有好几家风险投资公司愿意为他们投资，他们看重的是三个因素：中国、技术、团队。经过思考，百度公司选择了美国的半岛资本，随后半岛资本又找来 Integrity Partners 一起投资。这家风险投资公司主要由 INKTOMI（美国著名的搜索引擎公司，后被雅虎收购）的几个早期创业者创办。两家风险投资公司决定联手向百度投资 120 万美元（双方各 60 万美元），而不是李彦宏当初想要的 100 万美元。

"当时我觉得，需要 6 个月时间把自己的搜索引擎做出来。"投资人问李彦宏，如果给更多的钱，是不是可以缩短这一时间，他的回答是否定的。但事实上，从 2000 年 1

月 1 日开始，百度公司在北大资源楼花了 4 个半月就做出了自己的搜索引擎。不仅如此，为了防止市场发生大的变化，原计划 6 个月用完的钱，百度做了一年的计划，从而坚持到了 2000 年 9 月第二笔融资到来的时候。

第一轮投资者 Integrity Partners，还为百度引来了第二轮融资的领投者德丰杰全球创业投资基金。德丰杰全球创业投资基金并没有贸然投资，而是对百度展开了审慎的调查，这项工作由刚从新加坡国家科技局加入德丰杰全球创业投资基金的符绩勋担纲。经过慎重调研后，后面的投资谈判过程相当顺利，2000 年 9 月，德丰杰就联合 IDG 向成立 9 个月的百度投资了 1 000 万美元。百度公司的融资过程，在融资中使用首笔融资不求最多，多次合作、战略转型等多种手段不断调整，最终百度公司成功融资，让公司规模变得更大，收益更为可观，同时也让百度成为行业的领军人。也就是说，创业公司融资稀释案例不多见，融资并不是顺顺利利的可以完成，但是一旦融资完美成功，则会让公司变得更为强大，百度公司就是一个成功的案例。

分享讨论：

1. 从上述故事中得到了什么感悟？
2. 在上述材料中，投融资方法最关键的是什么？

（资料来源：https://mp.weixin.qq.com/s/TvdaYcjmkjtCG6LLkugOhQ）

第一节　创业资源概述

一、创业资源的内涵、种类和作用

（一）创业资源的内涵

1. 创业资源的概念

所谓创业资源，依照目前战略管理中的资源基础理论（resource bused theory，RBT）的观点，企业是一组异质性资源的组合，而资源是企业在向社会提供产品或服务的过程中，所拥有的或者所能够支配的、用以实现企业目标的各种要素以及要素的组合。

概括地讲，创业资源是企业创立以及成长过程中所需要的各种生产要素和支撑条件。对于创业者而言，只要是对其创业项目和新创企业发展有所帮助的要素，都可纳入创业资源的范畴。因此，在创业过程中，应当积极拓展创业资源的获取渠道。

创业资源对于创业活动的重要意义，不仅仅局限在单纯的量的积累上，更是创业过程中各类创业资源重新整合、获取竞争优势的过程。从这一角度看，创业活动本身就是对拥有的各种资源的重新整合。

2. 创业资源在创业过程中的作用

按照企业的创立过程，将创业划分为两个阶段，即企业创立之前的机会识别和企业创立之后的成长过程，将创业资源放在每个阶段中看其所发挥的作用。

（1）机会识别过程。机会识别与创业资源密不可分。从直观的含义上看，机会识别是要分析、考察、评价可能的潜在创业机会。柯兹纳认为，机会代表着一种通过资源整合、满足市场需求以实现市场价值的可能性。因此，创业机会的存在本质上是部分创业者能够发现其他人未能发现的特定资源的价值的现象。例如，在同样的产品或者盈利模式下，一些人会付诸行动去创业，其他人却会放任机会流失；有的人会经营得很成功，而另一些人却遭受失败。对后者来说，往往是缺乏必要的创业资源的缘故。

（2）企业成长过程。在企业的成长过程中，创业资源仍然发挥着重要作用。一方面，创业者仍需要积极地从外界获取创业资源；另一方面，已经获取的创业资源在企业发展过程中逐渐被整合、利用。资源整合对于创业过程的促进作用是通过创业战略的制订和实施来实现的。丰富的创业资源是企业战略制定和实施的基础和保障，同时，充分的创业资源还可以适当校正企业的战略方向，帮助新创企业选择正确的创业战略。因此，企业获取的创业资源越多，创业战略的实施也越有利。

新创企业所拥有的创业资源必须加以有效整合，才能形成企业的核心竞争优势。资源整合，就是把企业所拥有的自然资源、信息资源和知识资源在时间和空间上加以合理配置、重新组合，以实现资源效用的最大化。必须注意的是，这种资源效用的最大化，并非简单的各项资源各安其位、各司其职，而是能够通过重新整合规划，创造企业独特的核心竞争力，实现企业在市场上的竞争优势。

（二）创业资源的种类

创业资源是新企业创立及成长过程中必需的资源，可以从不同的角度进行分类，尽管学术界对于创业资源类型的界定尚未有统一标准。但是目前对创业资源的多视角分类有助于人们理解创业资源的来源、构成以及资源的获取与整合。

创业资源大致分为物质资源（货物、设备）、财务资源（资金、贷款）、人力资源（劳动力、管理者）。资源基础理论强调资源的异质性和独特性，因此，这些资源演变为后来描述更加细致的组织资源（技能和知识的结合）、技术（技术诀窍）和声誉资源。后来，拉什等学者提出了突出创业者重要性的一种资源——社会资本，又称网络资源或关系资源。另外，创业过程通常被解释为组织的形成过程，所以对于创业企业来说组织资源是具有标志性意义的一类资源。这些划分方法都在一定程度上推动了创业研究。

目前，学术界对创业资源的分类大致有以下五种类型。

1. 按创业资源来源分类

创业资源按其来源可以分为自有资源和外部资源。自有资源是指创业者或创业团队自身所拥有的可用于创业的资源，如自有资金、自有技术、自己获取的创业机会信息等。外部资源是指创业者从外部获取的各种资源，包括从亲朋好友、商务伙伴或其他投资者筹集的投资资金、经营空间、设备或其他原材料等。自有资源的拥有状况（特别是技术和人力资源）会影响外部资源的获得和运用。

自有资源可以通过内部培育和开发，企业可通过一定的方式在内部开发无形资产、培训员工以及促进内部学习，获取有益的资源。

2. 按创业资源存在形态分类

创业资源按其存在形态可以分为有形资源和无形资源。有形资源是具有物质形态的、价值可用货币度量的资源，如组织赖以存在的自然资源以及建筑物、机器设备、原材料、产品、资金等。无形资源是具有非物质形态的、价值难以用货币精确度量的资源，如信息资源、人力资源、政策资源以及企业的专利、商标、信誉、形象等。无形资源往往是撬动有形资源的重要手段。

3. 按创业资源对企业成长的作用不同分类

根据资源的性质，对企业成长的作用不同分为九种资源，即人力资源、社会资源、财务资源、物质资源、技术资源、组织资源、政策资源、文化资源、品牌资源。

（1）人力资源。其包括创业者与创业团队的知识、训练、经验，也包括组织及其成员的专业智慧、判断力、视野、愿景，甚至是创业者、创业团队的人际关系网络。创业者是新创企业中最重要的人力资源，因为创业者能从混乱中看到市场机会。创业者的价值观和信念，更是新创企业的基石。合适的员工也是创业人力资源的重要部分，因此，高素质人才——技术人员、销售人才和生产工人等的获取和开发，便成为企业可持续发展的关键因素。

（2）社会资源。其主要指由于人际和社会关系网络而形成的关系资源。社会资源可以是人力资源的一部分，或者说是特殊的人力资源。社会资源对创业活动非常重要，因为社会资源能使创业者有机会接触大量的外部资源，有助于透过网络关系降低潜在的风险，加强合作者之间的信任和声誉。开发社会资源是创业者的重要使命。

（3）财务资源。其包括资金、资产、期权、股票等，对创业者来说，财务资源主要来自个人、家庭成员和朋友。由于缺乏抵押物等多方面原因，创业者从外部获取大量财务资源比较困难。

（4）物质资源。其指创业和经营活动所需的有形资产，如经营场地、厂房、土地、设备等，满足要求的基础设施建设、便捷的计算机通信系统、良好的物业管理和商务中心，以及周边方便的交通和生活配套设施等，有时也包括一些自然资源，如森林、矿山、滩涂、水域等。

（5）技术资源。其包括关键技术，制造流程、作业系统、专用生产设备等。技术资源往往包含三个层次：一是根据自然科学和生产实践经验而发展成的各种工艺流程、加工方法、劳动技能和诀窍等；二是将这些流程、方法、技能和诀窍等付诸现实的相应的生产工具和其他物资设备；三是适应现代劳动分工和生产规模等要求的对生产系统中所有资源进行有效组织和管理的知识、经验和方法。技术资源与智慧等人力资源的区别在于：后者主要存在于个人身上，随着人员的流动会流失，技术资源大多与物质资源结合，可以通过法律手段予以保护，形成组织的无形资产。

（6）组织资源。其包括组织结构、作业流程、工作规范、质量系统。组织资源通常指组织内部的正式管理系统，包括信息沟通、信息推介、购销渠道、决策系统以及组织内所有的计划、宣传、凝聚活动等。一般来说，人力资源需要在组织资源的支持下才能更好地发挥作用，企业文化也需要在良好的组织环境中培养。组织资源来自于创业者或其团队对新创企业的最初设计和不断调整，同时包括对环境的适应和对成功经验的学习推广。由于创业过程通常被解释成组织的形成过程，所以对于创业企业来说组织资源是具有标志性意义的一类资源。

（7）政策资源。政策资源包括允许个人从事科技创业活动，允许技术入股，支持海外与国内的高科技合作，为留学生回国创业解决户口、子女入学等后顾之忧，简化政府的办事程序等。政府的各种创业扶持政策，主要包括财政扶持政策、融资政策、税收政策、科技政策、产业政策、中介服务政策、创业扶持政策、队伍经济技术合作与交流政策、政府采购政策、人才政策等。

（8）文化资源。文化资源包括高科技企业之间相互学习和交流的文化氛围、相互合作和支持的文化氛围，以及相互追赶和超越的文化氛围等。

（9）品牌资源。品牌资源包括借助大学或优秀企业的品牌、借助科技园或孵化器的品牌，以及借助社会上有影响力的人士对企业的认可等。

4. 按创业资源对生产过程的作用分类

创业资源还可以按照其对生产过程的作用分为生产型资源和工具型资源，生产型资源直接用于生产过程或用于开发其他资源，如物质资源（机器、汽车或场地），被认为直接用于生产产品或提供服务；工具型资源则被专门用于获得其他资源，如财务资源，因为其具有很大的柔性而被用于获得其他资源（如用来获得人才和设备）。产权型技术可能是生产型资源，也可能是工具型资源，这要根据其所依存的条件，如果依赖于某个人则可能是工具型资源，如果是以专利形式存在的则可直接用于生产过程。需要指出的是对于新创企业来说，品牌资源和社会网络也属于工具型资源，有些时候市场资源也可以用来吸引其他资源，因此我们也将其归为工具型资源。

5. 按创业资源在创业过程中的作用分类

创业研究学者通常将创业资源划分为两类，一类是运营性资源（operation resource），主要包括人力资源、技术资源、资金资源、物质资源、组织资源和市场订单等资源；另一类是对新企业的生存和发展具有关键作用的战略性资源（strategic resource），主要指知识资源。知识型社会为企业带来了持续而长远的影响，知识成为企业进行生产、竞争的关键，企业组织工作的重要任务是战略性地开发和利用知识资源。由于新企业的高度不确定性及创业者和资源所有者之间的信息不对称性，知识资源对运营资源的获取和利用具有促进作用。另外，还有学者将资源分为离散资源和系统资源两种类型。离散资源的价值相对独立，如合同和专业技能则属于这类资源；网络或系统环境是系统资源的价值所在，如分销网络、团队能力、销售渠道等。

（三）不同类型创业活动的资源需求

创业活动可以根据不同标准分为不同类型，不同的创业活动对于创业资源的需求类型、整合方式各不相同。为了揭示创业过程中动机、机会与资源的作用机理，有的学者定义了新创企业三种资源整合方式，即技术驱动型、资金驱动型和人力资本驱动型。其含义是以三种资源中其中一种相对充裕并优先获取的资源为核心和驱动力，以此带动其他两种资源向新创企业聚集的资源获取方式。

技术驱动型的资源获取模式是创业者最先拥有技术资源，或者在创业初始，技术资源较为充裕并带动其他资源向企业聚集。在该模式下，创业者以拥有的核心技术为基础，根据技术开发的需要获取、整合和利用资源。

人力资本驱动型资源获取模式是指创业者以拥有的团队为基础，通过发挥团队特长或根据机会开发的需要来获取、整合和利用资源的模式。很多职业经理人的创业采用这一模式，即工作一段时间后再创业，大多是以原工作单位的工作伙伴以及积累的工作技能为基础，先有已经成型的工作团队，再寻找一个适合的创业项目，促成创业的成功。

资金驱动型资源获取模式是指创业者最先拥有资金，或者创业初始资金较为充裕并带动其他资源向企业聚集的资源获取模式。在该模式下，创业者以其拥有的资金为基础，通过寻找和资金相匹配的项目，进而对其进行开发来获取、整合和利用资源。很多大型企业的内部创业多采用资金驱动型的资源获取模式，他们有着富裕的资金，有发现新商机的独到眼光，于是通过新产品的研发或新技术的开拓，形成新一轮的创业活动。

除此以外，新创企业在发展的不同时期，需要的资源类型和数量最可能会有所不同，不同资源在企业不同发展阶段的作用也不相同。

二、创业资源与一般商业资源的异同

创业资源与一般商业资源既有相同点，也有不同点。

从广义上看，创业资源与一般商业资源的基本内容大致相近，都包括人力资源、社会资源、财务资源、物质资源、技术资源等，是指创业活动或商业活动中所需要的各种生产要素和支撑条件。倘若一个人想要创业或者从事某种商业活动，则必须具备一定的条件，而拥有这些资源在某种程度上就是获得了许可证。在创业过程中，除自有资源外，创业者往往通过市场交易手段将一般商业资源转换为创业资源。

从狭义上看，创业资源与一般商业资源的区别体现在以下三点。

（1）创业资源与创业过程相伴而生，是一项事业、一个企业或组织从无到有、从小到大的创建过程中所依赖的各种要素和支持条件。对于创业活动而言，不确定性强是初创期的主要特征，因此创业者所拥有或者可以利用的资源在数量上、规模上都表现为"少""小"。一般商业资源往往泛指事业、企业或组织所具备的生产要素和支持条件，其数量、规模都比创业资源"多""广"。

（2）创业资源的范围往往小于商业资源。尽管创业资源与商业资源的基本内容相近，但并不是所有的商业资源都是创业资源，因为只有创业者能够拥有或者可以获得、利用的资源才是创业资源。在创业的过程中，创业机会只有与相应的创业资源进行匹配，才能成为现实的创业行为。否则，商机稍纵即逝，即使出现了大好的商机，创业者没有迅速利用这个机会，进行相应的匹配，就不能转化为创业资源。

（3）从总体特征上看，创业资源更多表现为无形资源，一般商业资源则更多表现为有形资源。创业资源的独特性更强，创业者的个人能力和社会网络资源是其中最为关键的资源。在一般商业资源中，规范的管理和制度则是企业成功的基础资源。

三、社会资本、资金、技术、专业人才关键要素在创业中的作用

创业活动的本质是创业者围绕潜在机会来调动和整合一切可能获得的资源以创造商业价值的过程，这些资源包括社会资本、资金、技术以及专业人才等关键要素。创业者所拥有或者能够支配的资源在很大程度上决定了创业方向。

（一）社会资本在创业中的作用

社会资本的概念是法国学者布尔迪厄于 20 世纪 70 年代提出来的。其后，美国社会学家科尔曼 1988 年在美国社会学杂志发表的"作为人力资本发展条件的社会资本"一文，第一次明确使用了"社会资本"这一概念，并对其进行了深入的论述。

无论布尔迪厄还是科尔曼，他们提出的社会资本概念，都是包含着个人通过社会

联系获取稀缺资源并由此获益的内涵。这里的稀缺资源包括权力、地位、财富、资金、学识、机会、信息等。当这些资源在特定的社会环境中变得稀缺时，行为者可以通过两种社会联系获取。一种社会联系是个人作为社会团体或组织的成员，与这些团体和组织所建立起来的稳定的联系，并通过这种稳定联系从社会团体和组织获取稀缺资源。另一种社会联系是人际社会网络。与社会成员关系不同，进入人际社会网络没有成员资格问题，也无须借助任何团体或组织，它是由人与人之间的接触、交流、交往、交换等互动过程而发生和发展的联系。

社会资本是基于人际和社会关系网络形成的资源。这种资源可以是人力资源的一部分，或者说是特殊的人力资源。社会资本能使创业者有机会接触大量的外部资源，有助于通过网络关系降低潜在的风险，加强合作者之间的信任与信誉。创业者常常通过社会网络获取所需的信息和资源，获取社会资本资源的能力决定了创业活动能否成功启动。拥有丰富社会资本的创业者，能获得较难获取的社会资源，在创业启动中，就能快于其他人。

（二）资金在创业中的作用

资金是创业者资源整合的重要媒介。从产生创意，发现创业机会到构建商业模式，创业者或创业团队都绕不开资金这个话题。换言之，创业过程的每项活动都会发生成本，都需要进行成本补偿。比如，对于新创企业来说，无论是进行产品研发还是生产销售，都需要大量的资金，因此，如何有效地吸收资金资源是每个创业者都极为关注的问题。

认为企业一开始投入就能盈利，或者销售行为一开始就有资金回收，能够弥补创业过程中的资金短缺问题，这个想法过于简单了。事实上，很多时候一个创业项目在起步后的相当一段时间内是没有收入的，或者收入不会像预期的那样丰厚。因此，在创业之前必须要做好资金问题的思想准备，以备不时之需，尽可能避免因为一时的资金问题让创业团队陷入困境。

大学生创业的最大困难之一就是资金缺乏。即便已经建立若干年的企业，资金链的断裂也是企业的致命威胁。据国外文献记载，倒闭破产的企业中有85%是盈利非常好的企业，盈利好但又破产、倒闭的主要原因就是资金链的断裂。企业可能不会由于经营亏损而面临破产清算，却常常会因为资金断流而倒闭。

虽然资金在创业过程中起至关重要的作用，但融资数量并非多多益善，要考虑企业实际的资金需求量。

（三）技术在创业中的作用

对于制造类型或提供基于技术服务的新创企业而言，技术资源是企业存在和发展的基石，是生产活动和生产流程稳定的根本，其成功的关键首先是寻找成功的创业技术，这是因为：①创业技术是决定创业产品的市场竞争力和获利能力的根本因素。在创业初期，创业资金需求基本满足的情况下，创业技术是最关键的资源。②创业是否拥有核心技术决定了所需创业资本的大小。对于在技术上非根本创新的创业企业来说，创业资本只要保持较小的规模便可维持企业的正常运营。③从创业阶段来说，初创阶段的企业规模较小、眼光长远、技术精进，创业者的企业家意识和素质是创业阶段最关键的创业人才和创业管理资源。

技术资源的主要来源是人才资源，重视技术资源的整合也就是注重人才资源的整合。技术资源的整合，不仅要整合、积聚企业内部的技术资源，还要整合外部的可利用的技术资源，如积极寻找、引进有商业价值的科技成果、加强和高校科研院所的产学研合作等。整合技术资源只是起点，技术资源整合是为了技术的不断创新自主研发和精进，保持技术的领先，加强专利、商标管理并拥有自主知识产权，提高新创企业的核心竞争力。

（四）专业人才在创业中的作用

塑造以知识为基础的核心能力是组织获取持续竞争优势的有效策略。这种核心能力具有独特价值，是不可模仿和难以转移的，它需要组织内部的长期开发。专业人才在创业过程中的作用可以从创业者、创业团队、管理团队以及骨干员工的角度体现出来。

创业活动的本质是创业者围绕潜在机会来调动和整合一切可能获得的资源来创造商业价值的过程，这些资源包括创业者自身的物质资本、人力资本以及不容忽视的社会资本。影响创业者人力资本的直接因素主要包括教育经历、产业工作经历和相关的创业经历；影响创业者社会资本的直接因素主要包括创业者的家庭背景、生活的地缘环境、拥有的社会关系以及创业团队所具有的其他特征等。创业者是新创企业的核心，其所具有的人力资本、社会资本对新创企业的创建和后续发展具有非常关键的作用。

随着知识经济时代的到来和高科技产业发展，不难发现单靠个人力量越来越难以成功创业，创业团队的重要性更加凸显。大量的实证研究表明，团队创办的企业在存活率和成长性两方面都显著高于个人创办的企业。这是因为团队创业通常具有更多样化的技能和竞争力基础，可以形成更广阔的社会和企业网络，有利于获取额外的资源。创业投资家也经常把新企业创业团队的素质作为其投资与否的重要决策依据之一。当然，创业者的人力资本和社会资本对创业团队的组建也有重要作用。一方面，优秀的创业领导人更有可能吸引优秀的人才来共同创业；另一方面，创业者的社会资本对创业团队的组建和持续性发挥着不可忽视的作用。

管理团队也是创业过程中重要的人力资源。随着新创企业发展至一定阶段，管理体系逐渐健全，各项规章制度逐步完善，组织架构也日益明晰，公司就需要从外部引进一些专业管理人才，这些专业人士能够为企业带来有益的建议与革命性的管理思路。需要注意的是，因为专业人士具有外来性，管理风格与理念可能与原本创业团队中的核心成员不同，甚至可能带来矛盾冲突。

此外，在创业过程中还有其他可供利用的人力资源，如管理咨询公司、会计事务所、银行、风险投资公司、律师事务所、高校等机构的专业人士。对于大学生创业者，在对企业运作中某项业务不太熟悉的情况下，可以充分利用外部专业人士的帮助，积极与知名的行业专家和学者建立紧密联系，以获得专业知识和建议，整合各方面的资源，提高创业成功率。

四、影响创业资源获取的因素

资源获取是在识别资源的基础上，得到所需资源并用之于创业过程的行为。对于新创企业而言，是否能够从外界获取所需资源，首先取决于资源所有者对创业者或创业团队的认可，而这种认可在很大程度上取决于商业创意的价值。一项能被资源所有者认同的、有价值的商业创意，才有助于降低创业者获取资源的难度。

除了商业创意的价值，影响创业资源获取的因素还包括社会网络、创业者（创业团队）先前工作经验、资源配置方式、创业者的管理能力、创业者的整合资源能力等。

（一）社会网络

社会网络是多维度的，能够提供企业正常运转所需的各种资源，也是新创企业最重要的资源之一。社会网络是隐性知识传播的重要渠道，它能通过促进信息（包括技能、特定的方法或生产工艺等）的快速传递而协助组织学习，同时还可以大大降低企业的交易成本，帮助获取与企业需求相匹配的资源，因此社会网络对于创业资源的获取具有重要意义。

研究表明，社会网络的关系强度、关系信任以及网络规模对创业资源的获取具有正向影响，因此，新创企业应关注强关系网络的维护和利用以弥补其合理性的不足。强关系网络的主体通常以家庭、亲戚、朋友为主，与这些关系的频繁、密切接触，更易于获取资金、技术、人力等运营资源和有益的创业指导和建议。

不同的社会网络和网络地位为人们之间的沟通协作提供了不同的渠道。在社会网络中处于优势地位的创业者，具有较好的社会关系依托，可以有选择地了解不同对象的需求，有针对性地对不同对象传递商业创意的不同方面，有目的地获取不同资源所有者的不同理解和信任，最终成功地从不同网络成员那里获取所需的不同资源，为自己进行资源配置方式创新提供基础。

（二）创业者（创业团队）先前工作经验

创业者（创业团队）的先前工作经验分为创业经验和行业经验两大类。其中，创业经验是指先前创建过新的企业或组织，是创业者在此过程中所获得的感性和理性的观念、知识和技能等，它提供了诸如机会识别与评估、资源获取和公司组织化等方面的信息。行业经验是指创业者在某行业中的先前工作经历，它提供了有关行业规范和规则、供应商和客户网络以及雇用惯例等信息。

创业过程本身就是一个知识转移的过程。从先前创业经验中转移来的知识能够提高企业家有效识别和处理创业机会的能力，有助于发现、获取创业资源。拥有创业经验的创业者有一种"创业思维定式"，驱使他们寻求和追求那些最好的机会。在不确定性和时间压力下，先前创业经验提供了有利于对创业机会做出决策的隐性知识，这种隐性知识可以通过创业者转移至新创的组织里，因此，创业者拥有较多的创业经验更容易获得可取的特定机会，从更多的途径获取创业资源。此外，先前创业经验还提供了帮助创业者克服新企业面临的新的不利因素的知识。这些都能够帮助社会企业家规避风险，增强他们的资源获取能力。

先前行业经验中所积累的顾客问题知识、市场服务方式知识、市场知识等造就了创业者的"知识走廊"，强化了其发现创业机会、获取资源的能力。同时，先前行业的管理经验能够帮助创业者解决创建和管理创业团队过程中遇到的诸多困难，而且管理能力越多，获取资源的可能性越大。此外，拥有先前行业经验的创业者往往享有更强的社会网络；其在先前行业中获得的公正评价和处理利益相关者之间关系的技能有利于新创企业获得合法性认可。

（三）资源配置方式

资源配置是指人们对相对稀缺的资源在各种不同用途上加以比较做出的有利选择。

在创业过程中，资源总是表现出相对的稀缺性，创业者不可能获取所有资源以开发创业机会，因此要求创业者对有限的、稀缺的资源进行合理配置，充分利用好已有的资源、身边的资源、别人不予重视的资源，发挥资源的杠杆作用。

资源的配置方式有市场交易与非市场交易两种。在市场经济条件下，大多数资源可以通过市场交易而得到。但是，由于资源的异质性、效用的多样性和知识的分散性，人们对于同样资源往往具有不同的效用期望，有些期望难以依靠市场交易得到满足。因此，如果通过资源配置方式创新，能够开发出新效用，使之更好地满足资源所有者的期望，创业者就有可能从资源所有者手中获得资源使用权，以开展生产经营活动。

（四）创业者的管理能力

创业资源获取的关键往往取决于企业的软实力。创业者的管理能力是企业软实力的主要表现，管理能力越高，获取资源的可能性越大。创业者的管理能力可以从其沟通能力、激励能力、行政管理能力、学习能力和外部协调能力等多方面予以衡量。

良好的沟通能力可以使创业团队表现出强劲的凝聚力，采取共同的行动，从而更容易获取必要的外在资源。团队激励和合作有助于企业综合能力的提升，产生团队外溢效果，获取必要的资产和资源。较强的行政管理能力有利于将各种资源进行较完美的匹配与组合，使企业的正常运作更有效率，因而企业会根据成员的要求和组织发展的需要，去吸引更多的人力资源和其他无形资产。学习能力则可以不断地使创业者提升自身管理能力，了解外部市场的变化和创业企业内部的需求，对其做出理性判断，运用一定的方式获取企业所需的资源。外部协调能力是创业者个人才能的外向性应用，创业者的外部协调能力越强，与合作者（如供应商、销售商等）达成一致的可能性就越大，创业者就可以利用外部资源为企业服务，得到资源获取的外在效应，在获取必要资源的同时，为企业创造良好的发展环境。

（五）创业者的资源整合能力

资源整合能力是指创业者在创业过程中，以人为载体，在资源整合过程中所表现出的对资源的识别、获取、配置和利用的能力。

创业资源在未整合之前大多是零散的、一般性的商业资源，要发挥其最大的效用，使其转化为竞争优势。为企业创造新的价值，就需要新创企业运用科学的方法将不同来源、不同效用的资源进行优化配置，使有价值的资源充分整合起来，发挥"1+1>2"的放大效应。

需要指出的是，影响创业资源获取的因素中，不能忽视创业者或创业团队的创业导向（entrepreneurial orientation）。创业导向反映了企业建立新事业、应对环境变化的一种特定心智模式，是一种态度或意愿，这种态度或意愿会致使创业者实施战略行为和新市场进入行为。在常见的创业研究模型中，创业导向被划分为三个维度：创新性、风险承担性和前瞻性。创新性是指：企业热衷于能够带来新产品、新服务、新工艺的新思想、新观点和新的实验手段；风险承担性是指：管理者愿意承担较大和有风险事务的程度；前瞻性是指：企业通过预测未来需求改造环境，来寻找比竞争对手更早引入新产品或服务的机会。在日益激烈的竞争环境中，新创企业往往需要采取更多的创新行为、承担更多的风险来参与竞争，以取得良好的企业绩效。在明确的创业导向指引下，企业能够创造性地整合资源、利用资源，并在资源的动态获取、整合、利用过程中，注意区分不同的资源，充分发挥知识资源的促进作用。

因此，创业者要注重内在创业导向的培育和实施，充分关注创业团队的价值观、组织文化和组织激励等影响创业导向形成的重要因素。

五、创业资源获取的途径与技能

（一）创业资源获取的途径

创业资源的获取来自两个方面：一是自有资源，二是外部资源。创业资源获取的途径包括市场途径和非市场途径。

市场途径是指通过支付一定的费用在市场上购买相关资源；非市场途径则是指通过社会关系，用最小的代价甚至是无偿获取资源。

显然，创业者自有资源往往是通过非市场途径获取的。由于起步阶段的创业者往往很难通过购买的方式获取创业所需的各种外部资源，因而非市场途径——通过社会关系，用最小的代价获取创业资源成为创业者的首选，甚至无偿获取创业资源也并非不可能。

获取外部资源的关键在于拥有资源使用权或能控制和影响资源配置。对于特定的创业资源，应根据创业项目及创业者的实际情况综合考虑获取方法。

创业资源获取的关键往往取决于企业的软实力。无形资源往往是撬动有形资源的重要杠杆。

（二）创业资源获取的技能

蒂蒙斯认为，成功的创业活动必须对机会、创业团队和资源三者进行最适当的匹配，并且还要随着事业的发展而不断进行动态平衡。创业过程由创业机会启动，在创业团队建立以后，创业者就应该设法获得创业所必需的资源，这样才能顺利实施创业计划。为了合理获取、利用资源，创业者往往需要制定设计精巧、用资谨慎的创业战略，而创业团队则是实现创业目标的关键组织要素，为此创业者或创业团队必须具有高超的领导力和沟通能力，能够适应市场环境的变化，而沟通能力是尤为重要的一种能力。

1. 人际沟通

为了获取创业资源，创业者及其团队应该有较好的人际沟通能力、沟通技巧以及顺畅的沟通机制。

人际沟通能力是指通过情感、态度、思想、观点的交流，建立良好协作关系的能力，有效性和适当性是评价沟通能力的重要指标。有效性即沟通行为有助于个人目标、关系目标实现的程度；适当性即沟通行为与情境和关系保持一致的程度。

沟通技巧是指参与沟通的人具有搜集和发送信息的能力，能通过书写、口头与肢体语言等媒介，有效、明确地向他人表达自己的想法、感受与态度，亦能较快并正确地解读他人的信息。从而了解他人的想法、感受与态度。沟通技巧涉及许多方面，如简化运用语言、积极倾听、重视反馈、控制情绪等。虽然拥有沟通技巧并不意味着一定会成功获取创业资源，但缺乏沟通技巧，一定会使创业者达不到自己的人际沟通目标和资源汇聚。

在获收资源的过程中，与各方沟通是必不可少的，因此创业者及其团队必须与各方建立顺畅的沟通机制，应派出沟通能力较强的团队成员负责与各方沟通，这是获取创业资源成功与否的关键因素。有研究结论很直观地证明了沟通的重要性，即"两个70%"，这同样适用于创业者获取资源的沟通。

第一个"70%"是指企业的管理者，实际上有70%的时间用在沟通上。开会、谈判、谈话、做报告是最常见的沟通形式。撰写报告也是沟通，是一种正式的、有逻辑的书面沟通的方式。对外的各种拜访、约见也都是沟通的表现形式。

第二个"70%"是指企业中70%的问题是由于沟通障碍引起的。例如，企业常见的效率低下的问题，实际上往往是出现问题后大家没有沟通或不懂得沟通所引起的。另外，企业执行力差、领导力不高的问题，归根到底都与沟通能力的欠佳有关。

无论是人与人之间，还是企业与企业之间的良好感情的建立，都是双方持续不断地顺畅沟通的结果。创业者获取资源、整合资源的过程就是与新创企业内、外部的资源供给者充分沟通的过程。在企业外部，创业者需要与外部的投资者、银行、媒体、同行从业者、消费者、供应商等通过沟通建立联系，获得信任，消除利益分歧，争取对方的扶持与帮助，取得共赢的结果；在企业内部，创业者需要通过顺畅沟通，鼓舞士气，吸引人才，留住人才，进而提升企业运营效率。

2. 战略领导力

创业者战略领导能力是创业者能力与新创企业战略管理过程的契合点，是创业者能力在企业战略管理各个阶段中体现出的一种独特的思考型实践能力。其包括战略思维能力、战略决策能力、战略规划能力和战略控制能力。新创企业成长伴随着不断的创新和创业活动，扩大企业经营规模，实现从创业期走向成长期。受知识、经验和资源有限的约束，在起步阶段解决不确定性和模糊性，成为创业成长最棘手的问题。新创企业与大企业不同，不能依赖市场的惯性取得成功，不能错误地使用资源。新创企业要想获得生存并持续成长，应该很清晰地看到所处的竞争环境，更应该考虑商业战略。

创业企业的创立与创业者个人的追求目标、价值观和创业能力是密不可分的，这也成为新创企业最初的战略愿景。这种战略愿景就是发展中每个阶段的战略定位、战略重点、战略措施。清醒的认识、明确的目标需要创业者及团队具有出色的语言表达能力，把自己战略愿景不断传输给企业的各个部门，并将企业的战略意图适当地向企业外界表达出来，以此获取企业所需要的资源。因此，在新创企业获取资源、整合资源过程中，如果创业者具备战略领导能力，则更容易打动资源所有者。

第二节 创 业 融 资

一、创业融资概述

（一）创业融资的概念

创业融资是指初创企业根据自身发展的要求，结合生产经营、资金需求等现状，通过科学的分析和决策，借助企业内部或外部的资金来源渠道和方式，筹集生产经营和发展所需资金的行为和过程。狭义的融资主要是指资金的融入，也就是通常意义的资金来源，具体是指通过一定的渠道，采用一定的方法、以一定的经济利益付出为代价，从资金持有者手中筹集资金，组织对资金使用者的资金供应，满足资金使用者在经济活动中对资金需要的一种经济行为。广义的融资不仅包括资金的融入，也包括资金的运用，即包括狭义融资和投资两个方面。

（二）创业融资的重要性

对创业者来说，创业融资具有非常重要的意义，主要表现在以下四个方面。

（1）创业融资是创业者及时抓住创业机会的重要手段。共青团中央 2011 年 7 月公布的一项调查数字显示，2010 年全国本科毕业生中，自主创业的比例仅占 0.9%。与国外大学生 10%～20% 的创业率差距非常大。据调查原因的统计，80.1% 的大学生认为"缺乏启动资金"是创业最大的障碍。

（2）创业融资是初创企业生存发展的基础。如果把企业比喻成一辆汽车的话，那么资金就是使企业这辆汽车开动起来的汽油，资金不仅是企业生产经营过程的起点，更是企业生存与发展的基础。导致企业破产、失败的主要原因也是企业资金链的断裂。

（3）合理融资有利于降低创业风险。初创企业使用的资金是从各种渠道借来的，都有一定的资金成本。因此，合理选择融资渠道和融资方式，有利于降低资金成本，将初创企业的财务风险控制在一定范围之内。

（4）科学的融资决策有利于企业的可持续发展。为初创企业植入"健康的基因"，保证企业的健康持续发展。

（三）创业融资过程

（1）做好融资前准备。在市场经济条件下，个人诚信是无形资产，它能有效拓展获取各种资源的渠道。此外，创业者需要广泛搭建人脉，与潜在的资金提供者建立和发展良好的融资关系。

（2）计算创业所需资金。在筹集资金之前，要运用科学的方法测算出创业所需的资金量。

（3）编写创业计划书。写好创业计划书不仅有助于全盘考虑创业启动阶段所需的资金量，还具有获得风险投资支持的不可替代的作用。

（4）选择合适的融资方式与融资渠道。

（四）创业融资难的原因

创业者面临的最大挑战就是缺少创业所需资金及创业资金筹集困难。

创业融资难的主要原因是创业企业的不确定性大、信息不对称以及资本市场欠发达等。

1. 新创企业的不确定性大

相对于成熟的企业，新创企业在资产、销售和雇员等方面处于弱势，存在高度的不确定性。根据清华大学中国创业研究中心全球创业观察项目的研究成果，市场变化大是我国创业环境的重要特征。新创企业不确定性客观上反映了企业技术、产品或商业模式成功的可能性，进而影响风险投资提供资本的意愿和方式（包括一次性注入和分阶段注入）；另外，不确定性还将使创业企业与外部投资者签订依赖特定条件或状态的合同变得困难，进而增加了外部融资的成本。所以，创业活动本身的不确定性，使得外部投资者难以判断商业机会的真实价值和创业者把握机会的实际能力。

2. 信息不对称

融资过程中企业和资金提供者之间的信息不对称主要表现在以下三个方面。

（1）创业者处于信息优势。创业融资中的信息不对称表现为创业者比投资者对创业活动的创意、技术、商业模式、自身能力、团队素质、产品或服务、企业的创新能力和市场前景等了解得多，从而处于信息优势；投资者不会采集全部信息，从而处于劣势地位。

（2）创业者倾向于对创业信息进行保密。创业者在融资时，出于担心商业机密泄露的考虑，往往倾向于保护自己的商业机密及其开发方法，特别是进入门槛低的行业的创业者更是如此。这样，创业者对创业信息的隐瞒会增加投资者对信息甄别的时间和成本，使其在有限信息的条件下难以判断项目优劣，从而影响其投资决策。

（3）新创企业的经营和财务信息具有非公开性。新创企业或者处于筹建期，或者开办时间较短，缺乏或只有较少的经营记录，企业规模也较小，经营活动透明度较差，财务信息具有非公开性，这些特征使得潜在投资者很难了解和把握创业者和创业企业的有关信息。

3. 资本市场欠发达

与发达国家相比，我国的资本市场仍然不够完善，缺少擅长从事中小企业融资的金融机构和针对创业企业特点的融资产品；对企业上市的要求较高，产权交易市场不够发达；高素质的投资群体尚未形成，致使创业企业的融资受一定限制。

4. 创业融资难的其他原因

与既有企业相比，创业企业在融资方面还具有明显劣势，包括缺少相应的抵押和担保；创业者的人力资本定价困难，资金的安全性难以评估；单位融资成本较高等。

二、创业所需资金的测算

正确测算创业所需资金有利于确定筹资数额，降低资金成本。在测算创业所需资金之前，先要了解创业资金的分类。

（一）创业资金的分类

创业资金按照不同的标准可以进行不同的分类，对于创业资金不同种类的认识有利于创业者在估算创业资金时充分考虑可能的资金需求。

1. 按照资金占用形态和流动性的分类

按照资金的占用形态和流动性，创业资金可以分为流动资金和非流动资金。占用在原材料、在制品、库存商品等流动资产，以及用于支付工资和各种日常支出的资金，统称为流动资金。用于购买机器设备、建造房屋、场地建筑、购买或研发专利权、商标权、版权等无形资产等的资金，以及在筹建期间发生的人员工资、办公费、培训费、差旅费、印刷费、注册登记费、营业执照费、市场调查费、咨询费和技术资料费等开办费用所需资金，被称为非流动资金。

流动资金的流动性较好，极易使用和变现，一般可在一个营业周期内收回或耗用，属于短期资金的范畴。创业者在估算创业资金需求时应考虑其持续投入的特性，选择短期筹资的方式筹集相应资金。非流动资金占用的期限较长，不能在短期内回收，具有长期资金的性质，能够在 1 年以上的经营过程中为企业带来经济利益的流入，创业者在进行创业资金估算时，往往将其作为一次性的资金需求对待，采用长期筹资的方式筹集相应资金。

2. 按照资金投入企业时间的分类

按照资金投入企业的时间可分为投资资金和营运资金。

1）投资资金

投资资金发生在企业开业之前，是企业在筹办期间发生各种支出所需要的资金。投资资金包括企业在筹建期间为取得原材料、库存商品等流动资产投入的流动资金；购建房屋建筑物、机器设备等固定资产，购买或研发专利权、商标权、版权等无形资产投入的非流动资金；在筹建期间发生的人员工资、办公费、培训费、差旅费、印刷费、注册登记费、营业执照费、市场调查费、咨询费和技术资料费等开办费用所需资金。

2）营运资金

营运资金是从企业开始经营之日起，到企业能够做到资金收支平衡为止的期间内，企业发生各种支出所需要的资金，是投资者在开业后需要继续向企业追加投入的资金。企业从开始经营到能够做到资金收支平衡为止的期间叫作营运前期，营运前期的资金投入一般主要是流动资金，既包括投资在流动资产上的资金，也包括用于日常开支的费用性支出所需资金。

创业企业开办之初，企业的产品或服务很难在短期内得到消费者的认同，企业的市场份额较小且不稳定，难以在企业开业之时就形成一定规模的销售额；另外，在商业信用极其发达的今天，很多企业会采用商业信用的方式开展销售和采购业务。赊销业务的存在使企业实现的销售收入的一部分无法在当期收到现金，从而现金流入并不像预测的销售收入一样多。规模较小且不稳定的销售额，以及赊销导致的应收款项的存在，往往使销售过程中形成的现金流入在企业开业后相当长的一段时间内，无法满足日常的生产经营需要，从而要求创业者追加对企业的投资，形成大量的营运资金。

营运前期的时间跨度往往依企业性质的不同而不同，一般来说，贸易类企业可能会短于一个月；制造企业则包括从开始生产之日到销售收入到账这段时间，可能要持续几个月甚至几年；不同的服务类企业其营运前期的时间会有所不同，可能会短于一年，也可能会比一年要长。

在很多行业，营运资金的资金需求要远远大于投资资金的资金需求。对营运资金重要性的认识，有利于创业者充分估计创业所需资金的数量，从而及时、足额筹集资金。

（二）投资资金的测算

为了保证公司在对创业投资资金进行估算，创业者需要具备丰富的企业管理经验，以及对市场行情进行充分了解。为了较为准确地估算自己的创业投资资金，创业者需要分类列表，而且越详细越好。一个可靠的办法就是集思广益，想出所需要的一切，从有形的商品（如场地、库存、设备和固定设施）到专业的服务（如装潢、广告和法律事务等），再到营业税费等，分门别类，然后就可以开始逐项测算创业自动所需要支付的费用，其范围包括新创企业开业之前固定资产的投入、流动资金以及开办费等，将投资资金的项目予以固定化，是合理估算创业资金的有效方法。具体如表 5-1 所示。

表 5-1 投资资金估算表

序 号	项 目	数 额	金额（单位：元）
1	房屋、建筑用地		
2	设备		

续表

序　号	项　　目	数　　额	金额（单位：元）
3	办公家具		
4	办公用品		
5	创业者工资 / 员工工资		
6	业务开拓费 / 市场调查费		
7	购买存货 / 原材料		
8	房屋租金		
9	营业税费		
10	营销费用		
11	水电费 / 电话费		
12	保险费		
13	设备维修费		
14	员工培训费		
15	开办费		
……	……		
	合计		

（三）营运资金的测算

营运资金主要是新创企业开始经营后到企业取得收支平衡前创业者需要继续投入企业的资金。营运资金属于流动资金，它的估算需要根据企业未来的销售收入、成本和利润情况来确定，通过财务预测的方式实现。

1. 测算新创企业的营业收入

营业收入是指企业在从事销售商品、提供劳务和让渡资产使用权等日常经营业务过程中所形成的经济利益的总收入。对新创企业营业收入的测算是制订财务计划与编制预计财务报表的基础，也是估算营运资金的第一步。在进行营业收入测算时，创业者应立足于对市场的研究和对行业营业状况的分析，根据其试销经验和市场调查资料，利用推销人员意见综合、专家咨询、时间序列分析等方法，以预测的业务量和市场售价为基础，估计每个会计期间（周、月、季度、半年或一年）的营业收入。创业者可通过表 5-2 来进行营业收入的预测。

表 5-2　营业收入预测

企业名称：　　　　　　　　　　　　　　　　　　　　　　　　　　　单位：元

项　　目		1	2	3	4	5	6	…	n	合计
产品一	销售数量									
	平均单价									
	销售收入									

续表

项 目		1	2	3	4	5	6	...	n	合计
产品二	销售数量									
	平均单价									
	销售收入									
……	……									
合计	销售总收入									

2. 编制预计利润表

利润表又称损益表，是反映企业在一定时期内经营成果的动态的会计财务报表，是依据"收入－费用＝利润"的会计等式，按营业利润、利润总额、净利润的顺序编制而成的，是一个时期的动态的财务报表，如表 5-3 所示。预计利润表中的"收入"来源于营销策略中对销售收入的估计；"营业成本"是指企业对所销售商品或者提供劳务的成本的估算；"财务费用"来源于融资计划中负债资金的筹集金额及其利率；"销售费用"来源于营销策划中对于营销费用的估算；管理费用来源于费用预算。

表 5-3 预计利润表

企业名称：　　　　　　　　　　　　　　　　　　　　　　　　　　单位：元

项 目	1月	2月	3月	4月	5月	...	n
一、营业收入							
减营业成本							
税金及附加							
销售费用							
管理费用							
财务费用							
资产减值损失							
加公允价值变动损益（损失以"－"号填列）							
净敞口套期收益（损失以"－"号填列）							
投资收益（损失以"－"号填列）							
其中：对联营企业和合营企业的投资收益							
财产处置收益（损失以"－"号填列）							
其他收益							
二、营业利润（损失以"－"号填列）							
加：营业外收入							
减：营业外支出							
三、利润总额（亏损总额以"－"号填列）							
减：所得税费用							
四、净利润（净亏损以"－"号填列）							
（一）持续经营净利润（净亏损以"－"号填列）							
（二）终止经营净利润（净亏损以"－"号填列）							

项　目	1月	2月	3月	4月	5月	…	n
五、其他综合收益的税后净额							
（一）以后不能重分类进损益的其他综合收益							
1. 重新计量设定收益计划净负债或净资产的变动							
2. 收益法下在被投资单位不能重分类进损益的其他综合收益中享有的份额							
……							
（二）以后将重分类进损益的其他综合收益							
1. 收益法下在被投资单位以后将重分类进损益的其他综合收益中享有的份额							
2. 其他债券投资公允价值变动损益							
3. 金融资产重分类转入损益的累计得利和损失							
4. 现金流量套期损益的有效部分							
5. 外币财务报表折算差额							
……							
六、综合收益总额							
七、每股收益							
（一）基本每股收益							
（二）稀释每股收益							

由于新创企业在起步阶段业务量不稳定，在市场上默默无闻，营业收入和推动营业收入增长所付出的成本之间一般不成比例变化。所以，对于新创企业初期营业收入、营业成本和各项费用的估算应按月进行，并按期预估企业的利润状况。一般来说在企业实现收支平衡之前，企业的利润表均应按月编制；在达到收支平衡之后，可以按季、按半年或者按年度来编制。

3. 编制预计资产负债表

资产负债表亦称财务状况表，是反映企业在一定时期内全部资产、负债和所有者权益的财务报表，是企业经营活动的静态体现。

资产负债表根据"资产＝负债＋所有者权益"这一会计等式，依照一定的分类标准和要求编制而成，是会计上重要的财务报表。其最重要的功用在于确切地反映了企业的营运状况和企业需要外部融资的数额。具体如表 5-4 所示。

一般来说，创业者在编制预计资产负债表时，也应在企业实现收支平衡之前按月编制，在实现收支平衡之后可以按季、按半年或按年编制。

企业在经营过程中增加的留存收益是资金的一种来源方式，属于内部融资的范畴。留存收益取决于企业当期实现的利润和利润留存的比率。一般来说，初创期的企业为筹

表 5-4　预计资产负债表

企业名称：　　　　　　　　　　　　　　　　　　　　　　　　　　　　　　　单位：元

资　　　产	1	2	…	n	负债及所有者权益	1	2	…	n
一、流动资产					三、流动负债				
货币资金					短期借款				
以公允价值计量且其变动计入当期损益的金融资产					以公允价值计量且其变动计入当期损益的金融负债				
应收票据					应付票据				
应收款账					应付账款				
预付款项					预收款项				
应收利息					应付职工薪酬				
应收股利					应交税费				
其他应收款					应付利息				
存货					应付股利				
持有待售资产					其他应付款				
一年内到期的非流动资产					持有代售负债				
其他流动资产					一年内到期的非流动负债				
流动资产合计					其他流动负债				
					流动负债合计				
二、非流动资产					四、非流动负债				
可供出售金融资产					长期借款				
持有至到期投资					应付债券				
长期应收款					长期应付款				
长期股权投资					专项应付款				
投资性房地产					预计负债				
固定资产					递延所得税负债				
工程物资					其他非流动负债				
在建工程					非流动负债合计				
固定资产清理					负债合计				
生产性生物资产					五、所有者权益（或股东权益）				
油气资产					实收资本（或股本）				
无形资产					资本公积				
开发支出					减：库存股				
商誉					其他综合收益				
长期待摊费用					专项储备				
递延所得税资产					盈余公积				
其他非流动资产					未分配利润				
非流动资产合计					所有者权益（或股东权益）合计				
资产总计					负债及所有者权益总计				

集企业发展需要的资金，利润分配率会很低，甚至为零，于是，企业实现利润的大部分都能够留存下来，构成企业资金来源的一部分。当留存收益增加的资金无法满足企业经营发展所需时需要从外部融集资金。

三、创业融资途径与渠道

融资途径与渠道是指企业筹集资本来源的路径、方向与通道，体现资本的源泉和流量。融资渠道主要由社会资本的提供者及数量分布决定。了解融资渠道的种类、特点和适用性，有利于创业者充分利用和开拓融资渠道，实现各种融资渠道的合理组合，有效筹集所需资金。

目前我国创业融资途径与渠道主要包括私人资本融资、机构融资、风险投资、政府扶持基金、知识产权融资。

（一）私人资本融资

私人资本包括创业者个人积蓄、亲朋好友融资和天使投资等。

1. 个人积蓄

个人积蓄是指创业者将自己的部分甚至全部积蓄投入新企业创办之中。研究发现70%的创业者依靠自己的资金为新企业提供融资。个人资金具有使用成本低、得来容易和使用时间长的优势。其他投资者在提供资金支持时，也会考虑创业者个人资金投入的情况。

个人积蓄的投入对于创业企业来说具有非常重要的意义：首先，创业者个人积蓄的投入，表明了创业者对于项目前景的看法，只有当创业者对未来的项目充满信心时，他才会毫无保留地向企业投入自己的积蓄；其次，将个人积蓄投入企业，是创业者日后继续向企业投入时间和精力的保证。投入企业的积蓄越多，创业者越会在日后的生产经营过程中对企业更加关注；再次，个人积蓄的投入是对债权人债权的保障，由于在企业破产清算时，债权人的权益优于投资者的权益。所以，企业能够融到的债务资金一般以投资者的投入为限，创业者投入企业的初始资金是对债权人债权的基本保障；最后，个人积蓄的投入有利于创业者分享投资成功的喜悦。

2. 亲朋好友融资

亲朋好友由于与创业者个人的关系而愿意向创业企业投入资金，因此，亲友资金是创业者经常采用的融资方式，也是最常见的资金来源之一。

向亲友融资时，创业者必须用现代市场经济的游戏规则、契约原则和法律形式来规范融资行为，保障各方利益，以减少不必要的纠纷。第一，创业者一定要明确所融集资金的性质，据此确定彼此的权利和义务。若融集的资金属于亲友对企业的投资，则属于股权融资的范畴；若融集的资金属于亲友借给创业者或创业企业的，则属于债权融资。由于股权资本自身的特性，创业者对于亲友投入的资金可以不用承诺日后的分红比例和具体的分红时间；但对于从亲友处借入的款项，一定要明确约定借款的利率和具体的还款时间。第二，无论是借款还是投资款项，创业者最好能够通过书面的方式将事情确定下来，以避免将来可能的矛盾，尤其要将日后可能产生的有利和不利方面告诉亲友，以免创业失败后出现利益与亲情方面的纠纷。

3. 天使投资

"天使投资"一词源于百老汇，特指富人出资资助一些具有社会意义演出的公益行为。因为是公益行为，这些资助人就像天使一样，资助演员们实现理想。现在，天使投资被引申为一种对高风险、高收益的新兴企业的早期投资。天使资本主要有三个来源：曾经的创业者、传统意义上的富翁、大型高科技公司或跨国公司的高级管理者。在西方经济发达国家中，政府有时也扮演天使投资人的角色。

天使投资是自由投资者或非正式风险投资机构对处于构思状态的原创项目或小型初创企业进行的一次性前期投资。天使投资虽是风险投资的一种，但两者有着较大差别。天使投资是一种非组织化的创业投资形式，其资金来源大多是民间资本，而非专业的风险投资商；天使投资的门槛较低，有时即便是一个创业构思，只要有发展潜力，就能获得资金。而风险投资一般对这些尚未诞生或嗷嗷待哺的"婴儿"兴趣不大。

天使投资具有以下几个方面的特征。

（1）天使投资的金额一般较小，而且是一次性投入，它对企业风险的审查也不严格，更多是基于投资人的主观判断或者是由个人的好恶所决定的。通常天使投资是由一个人投资，并且见好就收，是投资人个人的商业行为。

（2）很多天使投资人本身就是企业家，了解创业者面对的难处，是起步公司的最佳融资对象。比如在硅谷，相当多的天使投资人是那些成功创业的企业家、创业投资家或者大公司的高层管理者，他们不仅拥有一定的财富，而且还有经营理财或者技术方面的特长，对市场、技术有敏锐的洞察力。

（3）天使投资人不但可以带来资金，同时也能带来关系网络、社会资源。如果他们是知名人士，还可提高公司的信誉。天使投资往往是参与性投资，也称增值型投资。

一般而言，一个公司从初创到稳定成长期，需要三轮投资。第一轮投资大多是来自于个人的天使投资，作为公司的启动资金；第二轮投资往往会有风险投资机构进入，为产品的市场化注入资金；而最后一轮投资则基本是上市前的融资，来自于大型风险投资机构或私募基金。

在我国，随着经济的发展，一部分先富起来的个人也在寻求挑战，开始充当天使投资者。由《创业家》杂志发起并主办的"最受尊敬的创业天使"评选活动，自2007年开创以来，至2013年已经连续举办七届。该评选宗旨就是发现并鼓励那些为创业者和创业企业的发展起推动作用、为创业环境营造良好氛围的机构和个人。虽然我国的天使投资者近年有了较快增长，但和西方资本市场发达的国家相比，我国的天使投资依然有很大差距。

（二）机构融资

与私人资金相比，机构拥有的资金数量较大，获得机构融资是满足大量资金需求的常规方法。机构融资的途径有商业银行贷款、非银行金融机构贷款、交易信贷和租赁、从其他企业融资等。

1. 商业银行贷款

在我国，有很多银行推出了支持个人创业的贷款项目。中国银行、中国工商银行、中国农业银行、中国交通银行四大商业银行，中国光大银行、民生银行、招商银行、深圳发展银行、上海浦东发展银行等中、小型商业银行，以及各级农村信用社是创业者获得银行贷款的重要来源。比较适合创业者的银行贷款形式主要有以下几种。

1）抵押贷款

抵押贷款指借款人以其所拥有的财产作抵押，作为获得银行贷款的担保。在抵押期间，借款人可以继续使用其用于抵押的财产。抵押贷款有以下几种：①不动产抵押贷款。不动产抵押贷款是指创业者以房屋、土地等不动产作抵押，从银行获取贷款；②动产抵押贷款。动产抵押贷款是指创业者可以用机器设备、股票、债券、定期存单等银行承认的有价证券作抵押，从银行获取贷款；③无形资产抵押贷款。无形资产抵押贷款是一种创新的抵押贷款形式，适用于拥有专利权、著作权等无形资产向银行作抵押或质押获取贷款。

2）担保贷款

担保贷款指借款方向银行提供符合法定条件的第三方保证人作为还款保证的借款方式。当借款方不能履约还款时，银行有权按照约定要求保证人履行或承担清偿贷款连带责任。其中较适合创业者的担保贷款形式有：①自然人担保贷款。自然人担保贷款是指经由自然人担保提供的贷款，可采取抵押、权利质押、抵押加保证三种方式；②专业担保公司担保贷款。目前各地有许多由政府或民间组织的专业担保公司，可以为包括初创企业在内的中小企业提供融资担保服务。这些担保机构大多属于公共服务性非营利组织，创业者可以通过申请，由这些机构担保向银行借款。

3）信用卡透支贷款

创业者可以采用两种方式取得信用卡透支贷款：一种方式是信用卡取现；另一种方式是透支消费。

信用卡取现是银行为持卡人提供的小额现金贷款，在创业者急需资金时可以帮助其解决临时的融资困难。创业者可以持信用卡通过银行柜台或是自助取款机提取现金。透支取现的额度根据信用卡情况设定，不同银行的取现标准不同，最低的是不超过信用额度的 30%，最高的可以将信用额度的 100% 都取出来；另外，除取现手续费外（各银行取现手续费不一），境内外透支取现还须支付利息，不享受免息待遇。

创业者还可以利用信用卡进行透支消费，购置企业急需的财产物资。

4）政府无偿贷款担保

根据国家及地方政府的有关规定，很多地方政府都为当地的创业人员提供无偿贷款担保。比如上海、青岛、南昌、合肥等地的应届大学毕业生进行创业可享受无偿贷款担保的优惠政策，自主创业的大学生向银行申请开业贷款的担保额度最高可为 100 万元，并享受贷款贴息。在鼓励大学生创业由政府提供小额担保贷款外，有的地方政府安排一定的再就业资金，用于下岗失业人员小额贷款担保基金及贴息等。

5）中小企业间互助机构贷款

中小企业间的互助机构是指中小企业在向银行融通资金的过程中，根据合同约定，由依法设立的担保机构以保证的方式为债务人提供担保，在债务人不能依约履行债务时，由担保机构承担合同约定的偿还责任，从而保障银行债权实现的一种金融支持制度。信用担保可以为中小企业的创业和融资提供便利，分散金融机构的信贷风险，推进银行与企业间的合作。

6）其他贷款

创业者可以灵活地将个人消费贷款用于创业，如因创业需要购置沿街商用房，可以用拟购置房子作抵押，向银行申请商用房贷款；若创业需要购置轿车、卡车、客车、微型车等，还可以办理汽车消费贷款。除此之外，可供创业者选择的银行贷款方式还有托管担保贷款、买方贷款、项目开发贷款、出口创汇贷款、票据贴现贷款等。

尽管银行贷款需要创业者提供相关的抵押、担保或保证，对于白手起家的创业者来说条件有些苛刻，但如果创业者能够提供银行规定的资料和合适的抵押，得到贷款并不困难。

2. 非银行金融机构贷款

非银行金融机构指以发行股票和债券、接受信用委托、提供保险等形式筹集资金，并将所筹资金应用于长期性投资的金融机构。根据法律规定，非银行金融机构包括经中国银行监督管理委员会批准设立的信托公司、企业集团财务公司、金融租赁公司、汽车金融公司、货币经纪公司、境外非银行金融机构驻华代表处、农村和城市信用合作社、典当行、保险公司、小额贷款公司等机构。创业者还可以从这些非银行金融机构取得借款，筹集生产经营所需资金。

1）保单质押贷款

保险公司为了提高竞争力，也为投保人提供保单质押贷款。保单质押贷款最高限额不超过保单保费积累的 70%。贷款利率按同档次银行贷款利率计息。比如中国人寿保险公司的"国寿千禧理财两全保险"就具有保单质押贷款的功能：只要投保人缴付保险费满两年，且保险期已满两年，就可以凭保单以书面形式向保险公司申请质押贷款。

2）实物质押典当贷款

当前，有许多典当行推出了个人典当贷款业务。借款人只要将有较高价值的物品质押在典当行就能取得一定数额的贷款。典当费率尽管要高于银行同期贷款利率，但对于急于筹集资金的创业者来说，不失为一个比较方便的筹资渠道。典当行的质押放款额一般是质押品价值的 50% ～ 80%。

3. 交易信贷和租赁

交易信贷指企业在正常的经营活动和商品交易中由于延期付款或预收货款所形成的企业间常见的信贷关系。企业在筹办期以及生产经营过程中均可以通过商业信用的方式筹集部分资金。比如企业在购置设备或原材料、商品过程中，可以通过延期付款的方式，在一定期间内免费使用供应商提供的部分资金；在销售商品或服务时采用预收账款的方式，免费使用客户的资金等。

创业者也可以通过融资租赁的方式筹集购置设备等长期性资产所急需的资金。融资租赁是指实质上转移与资产所有权有关的全部或绝大部分风险和报酬的租赁。资产的所有权最终可以转移也可以不转移。融资租赁是集融资与融物、贸易与技术更新于一体的新型金融业务。由于其融资与融物相结合的特点，出现问题时租赁公司可以回收、处理租赁物，因而在办理融资时对企业资信和担保的要求不高，所以非常适合中小企业融资。此外，融资租赁属于表外融资，不体现在企业财务报表的负债项目中，不影响企业的资信状况，对需要多渠道融资的中小企业非常有利。一方面可以使企业按期开业，顺利开始生产经营活动；另一方面又可以解决创业初期资金紧张的局面，节约创业初期的资金支出，将用于购买设备的资金用于主营业务的经营，提高企业现金流量的创造能力；同时融资租赁分期付款的性质可以使企业保持较高的偿付能力，维持财务信誉。

4. 从其他企业融资

尽管在大多数情况下企业是资金的需求者而不是提供者，但是对于不同行业的企业，或者在企业发展的不同时期，部分企业还是会有暂时的闲置资金可以对外提供，尤其是一些从事公用事业业务的企业，或者已经发展至成熟期的企业，现金流一般会比较充足，甚至会有大量资金需要通过对外投资的方式实现较高收益。对于有闲置资金的企业，创业者既可以吸收其资金作为股权资本，也可以向这些企业借款，形成债权资本。

（三）风险投资

风险投资（venture capital，VC）是指投资者在初创企业发展初期投入风险资本，待其发育相对成熟后，通过市场退出机制将所投入的资本由股权形态转化为资金形态，以收回投资，取得高额风险收益。

由于高新技术企业与传统企业相比更具备高成长性，所以风险投资往往把高新技术产业作为主要投资对象。在美国，70%以上的创业资本投资高新技术领域，解决了高新技术产业化过程中的"瓶颈"问题，在我国，风险投资经过21世纪初的发展，处于成长阶段。

1. 风险投资的特点

（1）以股权方式投资。风险资本的投资对象是处于创业期的未上市新兴中小型企业，尤其是新兴高科技企业，而且常常采取渐进投资的方式，选择灵活的投资工具进行投资，在投资企业建立适应创业内在需要的"共担风险，共享收益"的机制。

（2）积极参与所投资企业的创业过程。许多风险投资家本身就是成功的经营者，一般对其所投资的领域有丰富的经验，经常会积极参与投资企业的生产经营过程，弥补所投资企业在创业管理经验上的不足，同时控制创业投资的风险。

（3）以整个创业企业作为经营对象。风险投资不经营具体的产品，而是通过支持创建企业并在适当时机转让所持股权，获得未来资本增值的收益。与企业投资家相比，风险投资虽然对企业有部分介入，但其最终目的是监控而非独占，他们看重的是转让后的股权升值而非整体持有的百分比。

（4）看重"人"的因素。风险投资家在进行项目选择时，更加看重"人"的因素。1946年，美国波士顿联邦储备银行行长弗兰德斯和哈佛大学教授多里奥特发起成立世界上第一家真正意义上的风险投资公司——美国研究开发公司，它的创始人之一乔治·多利奥特所言："宁要一流的人才和二流的创意，也不要一流的创意和二流的人才。"

（5）高风险高收益。风险投资高风险高收益的特征，决定了风险投资对被投资方高收益的预期。据统计，美国由风险投资所支持的企业，只有5%～10%的创业可获得成功，风险投资的高风险可见一斑。与此相对应的是风险投资家，一般会希望在5年内将其资金翻6倍，相当于每年的投资回报率大约是44.8%，远远超出了一般的投资利润。

（6）组合投资。风险投资的对象是处于创业时期的高新技术中小企业，这些创业企业的失败率很高。因此，风险投资要取得高回报，必须实行组合投资的策略，投资一系列的项目群，坚持长期运作，通过将成功的项目出售或上市回收的价值来弥补其他失败项目的损失，并获得较高收益。

2. 风险投资的原则

风险投资对目标企业的考察较为严格，一般来说，其所接触的企业中，大约只有2%～4%最终能够获得融资，可见其标准之严、预期之高。而且，真正的风险资金是不希望控股的，只占小部分的股权，目的就是获得高回报，因而风险投资者更多地希望创业企业拥有绝对的自主经营权，并将风险控制在可控范围内，以获得最大收益。

3. 创业者获得风险投资的渠道

创业者获得风险投资的渠道主要有以下几种：给投资人发邮件、参加行业会议、请朋友帮忙介绍以及借助融资顾问的帮助。

（1）给投资人发邮件。想获得风险投资最简单的方法就是给投资人发邮件，一般的风险投资都有自己的网站，上面有自己的邮箱，创业者可以将自己的创业想法或者商业计划书发至公开的邮箱中，期待能够得到投资者的关注，并最终获得投资。采用这种方式的成本最低，但效率也最低。

（2）参加相关行业的会议或者创业训练营。这些会上或训练营上会有很多投资人，创业者可以利用茶歇或者休息的时间尽可能接触较多的风险投资者，或者接触自己感兴趣的投资者。这种方式的优点是在短时间内能够见到很多的投资者，但对创业者的语言表达能力、创业企业状况、交谈方式及人格魅力都有较高要求。

（3）请朋友帮忙介绍。如果有朋友做过融资，或者已经得到风险投资，可以请他帮忙介绍。投资者可以通过介绍人对创业者或创业项目有一定了解，通过对介绍人的了解对创业者给予初步的肯定。但是，这种方式受接触面的影响，成功的概率较低。

（4）借助融资顾问的帮助。通过融资顾问的帮助寻找风险投资的成功率较高，一是他们对区域内活跃的投资人很了解，能够帮助创业者和投资者进行沟通；二是信誉高的融资中介本身就为创业者的项目成功性增加了砝码；三是融资顾问会运用自己的经验帮助创业者挑选更合适的投资人。但是采用这种方式的成本也较高。

（四）政府扶持基金

创业者还可以利用政府扶持政策，从各级政府方面获得融资支持。

政府的资金支持是中小企业资金来源的一个重要组成部分。随着我国经济实力的增强，政府对大众创业的支持力度也越来越大。

1. 科技型中小企业技术创新基金

科技型中小企业技术创新基金由国务院批准设立，为扶持、促进科技型中小企业技术创新，用于支持科技型中小企业技术创新项目的政府专项基金，由科技部科技型中小企业技术创新基金管理中心实施。创新基金重点支持产业化初期（种子期和初创期）、技术含量高、市场前景好、风险较大、商业性资金进入尚不具备条件，最需要由政府支持的科技型中小企业项目，并将为其进入产业化扩张和商业性资本的介入起铺垫和引导作用。创新基金以创新和产业化为宗旨，以市场为导向。根据中小企业和项目的不同特点，创新基金通过无偿拨款、贷款贴息和资本金投入等方式扶持和引导科技型中小企业的技术创新活动，促进其科技成果的转化。

2. 再就业小额担保贷款

再就业小额担保贷款是为帮助下岗失业人员自谋职业、自主创业和组织起来就业，对于诚实守信、有劳动能力和就业愿望的下岗失业人员，针对他们在创业过程中缺乏启动资金和信用担保，难以获得银行贷款的实际困难，由政府设立再担保基金。通过再就业担保机构承诺担保，可向银行申请专项再就业小额贷款。

3. 中小企业国际市场开拓资金

中小企业国际市场开拓资金是由中央财政和地方财政共同安排的专门用于支持中小企业开拓国际市场的专项资金。市场开拓资金用于支持中小企业和为中小企业服务的企业、社会团体和事业单位（以下简称"项目组织单位"）组织中小企业开拓国际市场的活动。该资金的主要支持内容包括举办或参加境外展览会；质量管理体系、环境管理体系、软件出口企业和各类产品的认证；国际市场宣传推介；开拓新兴市场；组织培训与研讨会；境外投（议）标等方面。市场开拓资金支持比例原则上不超过支持项目所需金额的 50%。对西部地区的中小企业以及符合条件的市场开拓活动，支持比例可提高至 70%。

4. 天使基金

政府有关部门和社会各界有识之士纷纷出资，设立了鼓励和帮助大学生自主创业、灵活就业的一些天使基金。其特点之一是以个人为投资主体，孵化科技项目的快速成长，凡在电子信息产业、新材料、生物医药工程及生命科学领域拥有新技术成果，45 岁以下的自然人均可申请天使基金。

5. 其他基金

中央各部委，如科技部的"863"计划、"火炬"计划，教育部的科技创新计划，团中央的"挑战杯"等，连同科技型中小企业技术创新基金一起，每年都有数十亿元资金用于科技型中小企业的研发、技术创新和成果转化；财政部设有利用高新技术更新改造项目贴息基金、国家重点新产品补助基金；国家发展和改革委员会设有产业技术进步资金资助计划。各省市为支持当地创业型经济的发展，也纷纷出台政策支持创业。创业者应结合自身情况，利用好相关政策，获得更多的政府基金支持，降低融资成本。

（五）知识产权融资

知识产权融资也是创业者值得关注的融资方式，在国内外已有诸多成功案例。知识产权融资可以采用知识产权作价入股、知识产权质押贷款、知识产权信托、知识产权资产证券化等方式。

1. 知识产权作价入股

《中华人民共和国公司法》（以下简称《公司法》）第二十七条规定："股东可以用货币出资，也可以用实物、知识产权、土地使用权等可以用货币估价，并可以依法转让的非货币财产作价出资。"这明确了知识产权作为生产要素参与分配的原则。知识产权可以经过专业的知识产权评估，经过货币估价作为出资依据，并可以依法转让的非货币财产作价出资。《公司法》还规定，不再限制股东（发起人）的货币出资比例，无形资产可以百分之百出资。这说明股东可以专利、商标、软件、著作权等无形资产进行百分之百的出资，有效地减轻股东货币出资的压力。

2. 知识产权质押贷款

知识产权质押贷款是指以合法拥有的专利权、商标权、著作权中的财产权，经评估后向银行申请融资，是商业银行积极探索的中小企业融资途径。2006年，全国首例知识产权质押融资贷款在北京诞生；2008年，国家知识产权局确定了知识产权质押融资的试点城市。2010年，财政部、工业和信息化部中国银行业监督管理委员会，国家知识产权局、国家工商行政管理总局、国家版权局共同发布了《关于加强知识产权质押融资与评估管理，支持中小企业发展的意见》通知，进一步推进知识产权质押融资工作的开展。知识产权质押融资可以采用以下三种形式：质押——知识产权质押作为贷款的唯一担保形式；质押加保证——以知识产权质押作为主要担保形式，以第三方连带责任保证（担保公司）作为补充组合担保；质押加其他抵押担保——以知识产权作为主要担保形式，以房产、设备等固定资产抵押，或个人连带责任保证等其他担保方式作为补充担保的组合担保形式。

知识产权质押贷款仅限于借款人在生产经营过程中的正常资金需求，贷款期限一般为一年，最长不超过三年；贷款额度一般控制在1 000万元以内，最高达5 000万元；贷款利率采用风险定价机制，原则上在中国人民银行基准利率基础上按不低于10%的比例上浮。质押率：发明专利最高为40%，实用新型专利最高为30%；驰名商标最高为40%，普通商标最高为30%。质物要求投放市场至少一年以上；根据企业的现金流情况采取灵活多样的还款方式。

3. 知识产权信托

知识产权信托是以知识产权为标的的信托，知识产权权利人为了使自己所拥有的知识产权产业化、商品化，将知识产权转移给信托投资公司，由其代为经营管理，知识产权权利人获取收益的一种法律关系。依据知识产权的类型，结合我国目前已有的信托案例，当前的知识产权信托包括专利信托、商标信托、版权信托等方式。在美国、日本等国家，知识产权信托已广泛用于电影拍摄、动画片制作等短期需要大量资金的行业的资金筹措。流动资金少的文化产业公司，在投入制作时，可与银行信托公司签订信托构思阶段新作品著作权的合同，银行或信托公司向投资方介绍新作品的构思、方案，并向投资方出售作品未来部分销售收益的"信托收益权"，制作公司等则以筹集的资金再投入新作品的创作。

4. 知识产权资产证券化

知识产权资产证券化是发起人将能够产生可预见的稳定现金流的知识产权，通过一定的金融工具安排，对其中风险与收益要素进行分离与重组，进而转换为在金融市场上可以出售的流通证券的过程。知识产权资产证券化的参与主体包括发起人（原始权益人）、特设载体、投资者、受托管理人、服务机构，信用评级机构、信用增强机构、流动性提供机构。近几年，美国、英国、日本等国家的知识产权资产证券化发展迅速。在美国，知识产权资产证券化的对象资产已经非常广泛，从电子游戏、音乐、电影、娱乐、演艺、主题公园等与文化产业关联的知识产权，到时装设计的品牌、最新医药产品的专利、半导体芯片，甚至专利诉讼的胜诉金，几乎所有的知识产权都已经成为证券化的对象。

我国国务院 2004 年颁布《关于推进资本市场改革开放和稳定发展的若干意见》，强调指出应"建立以市场为主导的品种创新机制，研究开发与股票和债券相关的新品种及其衍生产品，加大风险较低的固定收益类证券产品的开发力度，为投资者提供储蓄替代型证券投资品种，积极探索并开发资产证券化品种"。该政策文件为知识产权资产证券化在我国的探索发展提供了政策支持。

（六）创业板上市融资

创业板是指交易所主板市场以外的另一个证券市场，其主要目的是为新公司提供集资途径，助其发展业务。创业板市场最大的特点就是进入门槛低，运作要求严。这有助于有潜力的中小企业获得融资机会。

创业融资不只是技术问题，还是社会问题，应从建立个人信用、积累社会资本、写好创业计划、测算不同阶段的资金需求量等方面做好准备。因此，突破创业融资束缚可以提升整体创业的成功率，这需要政府、社会、高校等协调配合，形成合力，以期为创业融资乃至整个创业进程"保驾护航"。

四、创业融资的选择策略

在了解了创业融资过程中的常见问题、计算出创业所需资金、熟悉了不同的融资渠道之后，创业者需要综合自身拥有的资源情况，遵循创业融资的原则，充分分析股权融资和债权融资的利弊，做出科学的融资决策。需要提及的是，创业融资不只是一个技术问题，还是一个社会问题，应从建立个人信用、积累社会资本等方面做好准备。

（一）创业融资的原则

筹集创业资金时，创业者应在自己能够接受的风险的基础上，遵循既定的原则，尽可能以较低的成本及时足额获得创业资金。一般来说，创业融资应遵循以下原则。

1. 合法性原则

创业融资作为一种经济活动，影响着社会资本及资源的流向和流量，涉及相关经济主体的经济权益，创业者必须遵守国家的有关法律法规，依法依约履行责任，维护相关融资主体的权益，避免非法融资行为的发生。

2. 合理性原则

在创业的不同时期，企业资金的需求量不同，采用的融资方式可能也不同，创业者应根据创业计划，结合创业企业不同发展阶段的经营策略，运用相应的财务手段，合理预测资金需要量，详细分析资金的筹集渠道，确定合理的资本结构，包括股权资金和债权资金的结构，以及债权资金内部的长短期资金的结构等，为企业持续发展植入一个"健康的基因"。

3. 及时性原则

商机稍纵即逝的特性，要求创业者必须能够及时筹集所需资金，将可行的项目付诸实施，并根据新创企业投放时间的安排使融资和投资在时间上协调一致，避免因资金不足影响生产经营的正常进行，同时也防止资金过多造成的闲置和浪费，将资金成本控制在合理的范围之内。

4. 效益性原则

获得经济利益是创办和经营企业一定时期的目标。所以，创业者在进行成本效益分析的基础上决定资金筹集的方式和来源。鉴于投资是决定融资的主要因素，投资收益和融资成本的对比是创业者在融资之前要做的首要工作，只有投资的报酬率高于融资成本，才能够使创业者实现创业目标，而且投资所需的资金数量决定了融资的数量，对于创业项目投资资金的估计也会影响融资的方式和融资成本。因此，创业者应在充分考虑投资效益的基础上，确定最优的融资组合。

5. 杠杆性原则

创业者在筹集创业资金时，应选择有资源背景的资金，以便充分利用资金的杠杆效应，在关键的时候为企业发展助力。大多数优秀的风险投资往往在企业特殊时期会与企业家一起，将有效的资源进行整合，甚至还参与企业决策中来。因此，创业者不能盲目地"拜金"，找到一个有资源背景的资金，更有利于企业的发展。

（二）股权融资决策

股权融资形成企业的股权资本，也称权益资本、自有资本，是企业依法取得并长期持有、可自主调配运用的资金。广义上的股权融资包括内部股权融资和外部股权融资。外部股权融资的方式包括个人积蓄、亲友投入、合伙人资金和天使投资等。内部股权融资主要是企业的内部积累。

创业企业在创建的启动阶段及较早发展阶段，内部积累显得格外重要。采用内部积累方式融资符合融资优序理论的要求，也是很多创业者的必然选择。内部积累的资金来源主要是企业在经营过程中赚取的利润。鉴于创业企业在资金实力、经营规模、信誉保证、还款能力等方面的限制，创业企业往往会通过不分红或少分红的方式，将企业的经营利润尽可能通过未分配利润的形式留存下来，投入再生产过程，为持续经营或扩大经营提供必要的资金支持。

股权融资是创业企业最基础，也是创业者最先采用的融资方式。股权融资的数量会影响债权融资的数量，股权融资的分布会影响创业企业未来利润的分配与长远发展。创业者在进行股权融资决策前应了解增加获得股权融资概率的方法，融资决策时应考虑投资者的特点和专长。

1. 股权融资需考虑的问题

创业者是否要通过合伙或组建公司的形式筹集资金，这对于企业日后的产权归属和企业发展有着极为重要的作用。由于合伙企业既是资合又是人合，所以对于合伙人的选择更为重要，如果创业者拟吸收合伙人的资金，则一定要认真考虑合伙人的专长和经验，以更好地发挥团队优势，各尽其才。

无论通过何种方式吸引股权投资，对合作者的专长和特质都要进行充分了解，以期寻求更长久的合作，谋求企业更好发展。另外，对企业控制权的把握也是创业者必须考虑的因素，转让多少控制权能够既吸引投资，又有利于对企业日后经营的控制，是创业者必须慎重选择且关乎企业健康发展的最重要的问题之一。

2. 增加获得股权融资的机会

无论是吸收合伙人的出资，采用组建公司的方式还是吸收其他企业或风险资本的投资，要增加获得股权资本的概率，需要创业者具有以下基本条件：①有一个好的项目。一个好的项目是吸引股权资金的基本条件，创业者首先应能够找到一个吸引人的、有着广阔发展前景和足够利润空间的项目，且能够证明自己有足够的实施该项目的能力。②有自己在该项目的投入。创业者对项目的投入可以是资金方面的（包括房屋、设备等固定资产的投入），也可以是其他方面的，如技术和劳务的投入。创业者对项目的投入说明了其对项目的信心。③有较高的逆商。游说他人在自己看好的项目上投资，需要创业者具备足够的应对拒绝和应付挫折的勇气。创业者应该多进行尝试，包括多次申请或向多个潜在投资者申请，尤其是在吸引风险投资上。创业者一方面应多联系一些投资公司，有针对性地向其提供自己的商业计划；另一方面应对自己联系的投资公司进行跟进，以增加获取资金的机会。

（三）债权融资决策

债权融资形成企业的债务资本，也称借入资本，是企业依法取得并依约运用、按期偿还的资本。向亲友借款、向银行借款、向非银行类金融机构借款、交易信贷和租赁、向其他企业借款等是常用的债权融资方式。

创业者可以根据企业需要，结合筹集资金的目的，选择筹集长期或短期的资金。一方面，使资金的来源和运用在期间上相匹配，提高偿还债务的能力；另一方面，尽可能降低资金的筹集成本，提高创业企业的经济效益。

1. 债权融资需考虑的问题

创业者如果想通过借款的方式筹集资金，需要从以下几个方面进行分析。

（1）考虑经营过程中的获利是否能够超过借款的利息及其他费用支出。如果企业在日后的经营过程中赚取的利润能够支付借款的利息和其他费用支出，且还有剩余，则借款经营对企业较为有利，可以为创业者带来财务杠杆收益。

（2）慎重考虑借款期限。借入资金的归还期限应与其投资的资产回收期限相匹配。保证企业在日后归还投资时，不会影响正常的生产经营。

（3）确定合理的借款金额。借款经营成本较低且具有财务杠杆效应，但每期会有固定的资金支出。创业者在决定借款前一定要对其风险和收益进行充分权衡，并根据企业实际的资金需要量确定一个合适的借款金额。

（4）充分考虑借款可能的支出。对于创业者来说想获得借款，一般都需要提供抵押或担保，如果创业者缺乏债权人认可的抵押资产，则可以申请担保公司为其借款进行担保。但担保公司作为营利性的企业会收取部分担保费用，如果创业者拟通过担保公司担保的方式取得借款，则还需要将担保公司的担保费用计入未来的经营成本，以有效地避免经营风险。

（5）选择合适的银行。创业者应事先通过各种渠道对银行的风险承受力、银行对借款企业的态度等信息进行了解，以选择最适合新创企业借款的银行。

2. 增加获得债权融资的机会

增加获得债权融资的机会，需要创业者首先了解债权人在发放贷款时主要考虑的因素，以便有针对性地进行应对，还要从团队、项目、商业计划等方面做好充分准备。

1）了解债权人在评估贷款申请时考虑的问题

一般来说，贷款人在收到借款人的借款申请后，会从许多方面对借款人的资质进行评估，以决定是否放款。这些因素包括以下几个方面。

（1）借款人的信用。银行在评审企业贷款申请时，要考虑借款人人格品质、信用记录、偿还能力、财产结构、经济条件及担保物、事业的连续性等要素，银行要考虑借款人能否在日益激烈的竞争环境中生存与发展。

（2）贷款类型和还款期限。贷款机构会考虑借款人的贷款类型，是短期借款（期限在一年内的借款）还是长期借款（还款期超过一年以上的借款），同时还要对借款人提出的还款方案进行分析，以确认借款人的还款能力。

（3）贷款目的和用途。贷款人为保证自己的资金安全，一般会对贷出资金的用途进行规定，并要求借款人不能将资金用于法律法规限制或禁止的项目上，力求资金的使用符合规定用途。

（4）资金的安全性。除了对借款人的以上情况进行考察外，贷款机构还会对创办企业未来的销售情况和现金流状况进行预测，以分析企业未来是否有足够的现金流用于偿还贷款本息。

2）从团队、项目等方面进行充分准备

创业者要增加获取融资成功的几率，都需要具备以下几个条件。

（1）优秀的创业团队。创业者是创办企业的核心和关键因素，优秀的创业团队是项目成功实施的保障，创业团队需要证明其具备经营企业的能力，需要向贷款机构（人）展示其具备开展业务领域里的经验或知识，以吸引债权人的目光和资金。

（2）可行的企业发展想法。吸收债权人资金的第二个条件是创业团队要拥有可行的企业想法。一个好的企业发展想法是实现创业者愿望和创造商业机会的第一步，但只有经过评估可行的企业想法才能够成为商业机会，为创业者带来经济和社会效益。

（3）完善的商业计划。创业者应该首先能够证明自己有明晰的企业战略，并且有通往成功之路的切实可行的行动计划。创业者或创业团队除了具备可行的企业想法外，还必须能够将具体的企业想法细化到每一个步骤、每一个预算，将其落实在具体的商业计划之中。完善的商业计划是创业者吸引资金的重要文件。创业者应该请专业人士帮其准备一份让金融机构感到值得研究的商业计划，增加获得贷款的可能性。

（4）高质量的抵押资产。按照《贷款通则》第十条的规定：除委托贷款以外，贷款人发放贷款，借款人应当提供担保。贷款需要以一定的资产做抵押，如果创业者或其团队成员拥有高质量的抵押资产，则其取得贷款的概率会大大提高。

无论是股权融资还是债权融资均具有一定的优点，也存在着不足。创业者要熟悉不同融资方式的利弊，考虑不同情况下的融资成本，以便做出科学的融资决策。

通过股权融资方式获得的资金既可以充实企业的营运资金，也可以用于企业的投资活动。通过债权融资所获得的资金，企业首先要承担资金的利息。另外，在借款到期后要向债权人偿还资金的本金。

债权融资的资金成本较低，合理使用还能带来杠杆收益，但债务资金使用不当会带来企业清算或终止经营的风险；股权资金的资金成本由于要在所得税之后支付，成本较高，但由于在企业正常生产经营过程中，不用归还投资者，是一项企业可永久使用的资金，没有财务风险。创业者在筹集资金时应对债务资金、股权资金的优缺点进行比较，并考虑企业的资金需要量、资金的可得性、宏观理财环境、筹资的成本、风险和收益，以及控制权分散等问题来进行综合分析。

五、创业企业融资技巧

（一）充分准备融资过程中有四份材料

（1）投资建议书。其对风险企业的管理状况、利润情况、战略地位等做出概要描述。

（2）业务计划书。其对风险企业的业务发展战略、市场推广计划、财务状况和竞争地位等做出详细描述。

（3）尽职调查报告。这是对风险企业的背景情况和财务稳健程度、管理队伍和行业做出深入细致调研后形成的书面文件。

（4）营销材料。这是任何直接或间接与风险企业产品或服务销售有关的文件材料。正式和创业投资人接触之前，一般需要提前向创业投资人递交业务计划书及其行动纲要。上述创业项目的准备会为我们的创业融资之路助上一臂之力。

（二）做好4个心理准备

（1）准备应对各种提问。大多数的小企业创业者会认为自己对进行的创业项目和内容非常清楚，但事实上对所创业的领域还要给予高度重视和充分准备，不仅要自己想，更重要的是要站在投资者的角度思考：对方关心哪些问题？想了解哪些项目的相关信息？对此，创业者可以请一些外界的专业顾问和业内行家来模拟这种提问过程，从而使自己思考更全面、更详细，回答得更好。

（2）准备应对投资人对管理的查验。投资人对于投资是谨慎的，也许创业者认为自己多年来学习的知识和工作实践中累积的经验，对公司管理有行之有效的方法，但是投资人依然会对创业者的投资管理能力表示怀疑，并会问道：你凭什么可以将投资项目做到设想的目标？大多数人可能对此反应过敏，但是在面对投资人时，这样的怀疑却是会经常碰到的，这已构成了投资人对创业企业进行检验的一部分，因此创业者需要正确对待，做好事先的回答准备，同时自己要毫不犹豫地给予对方肯定的回答以增强其信心。

（3）准备放弃部分业务。在某些情况下，投资人可能会要求创业者放弃一部分原有的业务，以使其投资目标得以实现。放弃部分业务对一些业务分散或创业设想还未成熟的项目来说，既很现实又很有必要，在投入资本有限的情况下，投资只有集中资源才能最大可能获得利益。

（4）准备做出妥协。从一开始，创业者就需要明白，自己的目标和创业投资人的目标不可能完全相同。因此，在正式谈判之前，创业者要做的一项最重要的决策就是：为了满足投资人的要求，自身能做出多大的妥协。一般来讲，由于创业资本不愁找不到项目来投资，寄望于投资人来做出种种妥协是不大现实的，所以做出一定的妥协也是有必要的。

（三）融资过程中的技巧

（1）善用政策：小额贷款。小额贷款手续更为简化。针对信用贷款，信用系统审核评估自主创业和组织起来就业的项目，可由街道办事处直接向区属担保机构推荐，担保机构一般不再审核，直接给予担保。

如果创业者在 60 岁以内，有具体经营项目、身体健康、诚实守信，并持有《再就业优惠证》，在经过政府有关部门审批并获得了担保公司的担保后就可以申请小额贷款。

（2）善用金融工具。首先是善用抵押质押。目前比较常用的是个人住房抵押贷款。它在个人申请个人消费贷款时，以本人或第三人已抵押的产权房不足限定抵押率部分进行抵押的担保方式。目前银行受理的抵押物为依法拥有的个人产权房屋，包括持有产权证的商品房和取得完全产权的售后公房或二手房。贷款客户已抵押的产权房不足限定的抵押率，其不足部分的房产可再次抵押。其次是善用社会资源。合伙创业更容易获得资金支持，这也成为多个创业企业获得启动资金的方式。

（3）善用非银行金融机构。目前社会上活跃着一些非银行金融机构，也是市民创业融资的一个渠道。信托投资公司、典当行，这些金融机构都以融资方便、快捷而著称。

（四）谨慎规避融资误区

1. 廉价出卖技术或创意

许多创业者在创业初期时，由于资金相对缺乏，因此急于得到启动或周转资金，从而导致在融资心态上没有给自己充足的时间准备，太过急于求成，这样有时会给自己的创业项目贬低融资价格，轻易贱卖技术或创意。"只要能获得启动资金就行"，在这种思想的指导下，有不少好的项目的拥有者廉价地把自己的技术或创意给卖了。在项目运营一段时间后，创业者逐渐感觉自己的项目合作便宜了投资者，开始对当初的投资协议不满和不甘心。其实创业者没有考虑到：缺少了投资人的管理或相对丰富的经验，我们项目的发展会远不如从前，同时还会使我们在资本市场上失去商业信誉。

2. 不珍惜得来不易的融资

创业不仅是创业者实现理想的过程，更是使投资者的投资保值增值的过程。创业者和投资者是一个事物的两个方面，只有通过企业这个载体发展的过程，才能达到双赢的目标。

一旦得到了投资的资金便开始不负责任地挥霍项目启动金，持这种思想的人不会成为一个成功的创业者。只有能为股东创造价值的企业家，才能得到更多的中小企业融资机会和成长机会。因此创业者不仅要提升自身的技术能力，还需要加强道德修养，培养和具备企业家的诚实、守信的道德风范。

3. 没有完善的中小企业融资战略设计

与任何推销过程一样，在筹资和中小企业融资的过程中，也需要完善的策划和充分的准备。这是取得最佳中小企业融资效果的开端。但是，很多的创业者只有总的战略策划和设计，却没有关于中小企业融资的具体战略设计。这是不应该的。

4. 创业投资并不是越多越好

过多的创业启动资金开始可能会让项目启动者拥有更好的创业条件，可是很多人在项目启动后发现实际过程中存在的创业困难大于设想，因此获得的收益也就远不如从前。过多充裕的资金也许早已消耗完，没有能力做好后续亏空的弥补，或者因为之前的项目消耗过大也使得后期没能有足够挽回成本的可能。把握好投资创业的启动资金是创业成功的关键所在。

5. 在非急需资金时采取寻求合作

在美国硅谷里，每天都有公司因为有了风险投资而"开山立派"，每天也都有公司因为囊中羞涩而关门大吉。李彦宏认为，一定要在不需要钱的时候去向投资人寻求投资。用一年的时间来做半年的事情。他认为，这样可以保证有一半的钱仍然在自己的掌握中。在这样的情况下去向投资人借钱，就会立于不败之地。

第三节 创业资源的管理利用

一、不同类型资源的开发

创业资源开发是指创业者开拓、发现、利用新的资源或将已有资源组合开发新用途的活动。在创业过程中，创业者需要在实现资源价值的基础上丰富资源库，进一步拓展资源的来源和用途，使新创企业获得持续的竞争优势。

（一）资源开发的原则

无论是在创业初期还是在企业成长过程中，创业资源的科学合理管理都是必不可少的。不同类型的资源应建立不同开发策略，但应遵从如下原则。

（1）优化配置原则。对现有创业资源进行优化配置，这就需要创业者对创业资源进行分类排序，当然并不是某种资源比其他资源更重要，而是指企业处于某一特定的阶段，这一阶段某种资源起主导作用，另外一些资源起辅助作用。随着阶段的转换，资源的作用也相应变换，从而确保在资源配置时做到重点突出，主次分明。

（2）"木桶效应"原则，进行查缺补洞。不能一味地考虑起主导作用的资源，只注重加大对起主导作用的资源的投入，而忽视其他资源。创业者还要考虑哪种资源缺乏可能导致其他资源的浪费，因为木桶的盛水量是由最短的那块木板决定的。所以，要对潜在的资源枯竭问题进行预判，充分做好资源储备。做好预算管理方案，这样才能使各种创业资源在不同的阶段实现最佳的配置。

（3）能用和够用原则。创业者在开发资源时应该坚持能用的原则，只有满足自己需求的、自己可以支配并使其充分发挥作用的资源，才是需要筹集的资源。另外，资源的使用是有代价的，开发资源时应该本着够用的原则而不是多多益善。以阶段性够用为原则，因为资源的有限性，会加大创业者开发资源的成本，而且当使用资源与发展阶段的其他资源不匹配时，资源的使用并不能为企业带来预期效益。

（二）人脉资源的开发

人脉即人际关系、人际网络，是人的社会关系。一般说来，经由人际关系而形成的人脉资源，开发起来主要有熟人介绍、参与社团、利用网络等途径。在个人创业过程中，人脉资源是第一资源，拥有良好的人脉关系，可方便地找到投资、找到技术与产品、找到渠道等各种创业机会。

开发人脉资源是创业成功的基本条件，需要注意以下人脉资源的特性。

（1）投资长期性。平时注意人脉资源的积累，就不会事到临时抱佛脚。做任何业务都一样，可能现在认识的人不是你的资源，但可能未来会成为你的客户。因而必须珍惜打交道的人，从现在开始建立联系。人脉资源的形成需要很多时间和精力，这也是一种投资。

（2）可维护性和可拓展性。人脉资源可以通过合作、交流、关心、帮助、友情、亲情等进行维护，并且会不断巩固。人与人之间如果不去维护关系就会变得疏远，所以人脉资源需要经常性地维护，同时在维护中可以不断地发展新的人脉关系。

（3）有限性和随机性。每个人的人脉资源都是有限的，人的发展同样会受人脉资源的限制。同时，认识的人可能没有能力帮助自己，有能力帮助自己的可能又不认识，所以在客观上就需要不断认识更多的人，但是每个人的能力又是有限的，往往不可能认识所有那些潜在的帮助者。

（4）辐射性和连带性。自己的朋友可能帮不了，但是朋友的朋友可以帮忙。因此，熟人介绍是一种事半功倍的人脉资源开发的方法，可以加快人与人之间信任的速度，降低交往成本，提高合作成功的概率。人脉资源的开发一定要注意培养健康的人脉资源，要以自身的人格魅力来聚积。为此，创业者自身的素质、人格品质需要不断提升。

（三）人力资源的开发

创业的整个过程都是人来推动的，因此人力资源成为创业中的关键因素。

优秀的人才是价值创造的来源，因此自身就体现高价值，高薪。吸引人才只是第一步，但并非高薪能够以一概全，高素质人才更关注"三观"相同和志趣相投，也更在乎领导者的能力和担当，创业者依靠什么来吸引"千里马"呢？优秀人才的成长也有一个过程，一个个在摸爬滚打、屡战屡败的实践中磨砺成长，关键在于创业者能否慧眼识人，给这些勇士以机会和提携，能让他们迅速成长；人的想法也是不断变化的，虽然当初创业者靠"概念"、绘制蓝图"画饼"吸引来一些人才，但以后如何培养人才、保留人才又是一个难题。所以，求才、爱才、育才、重才，是新创企业人力资源开发的重要内容。

新创企业的人力资源，由创业发起者、核心团队成员、管理团队与其他人力资源构成。创业发起者的经验、知识结构、技能与品质都是新创企业的无形财产，许多投资人正是把对创业发起者的认知，作为决定是否投资企业的依据。一般来说，优秀的创业发起者应该具备的素质，包括创业激情、工作经验、社会关系，专业知识等。随着事业的发展，这些素质也成为吸引其他人加入创业团队共同打拼的重要因素。

核心团队成员是指在创业初期加入团队，以创业发起者为中心，团结在其周围的团队成员。他们从各自的视角为创业发起者筹划，为团队共同目标而奋斗，并且能够很好地完成自身职责范围内的工作，是创业发起者同甘共苦的朋友。创业初期，创业者需要审慎选择、发掘、熟悉自己的核心伙伴，如果选择不慎，将会为公司今后的发展带来困扰和麻烦。创业发起者可以从两个渠道来寻找核心伙伴：第一是依靠自己的人脉网络；第二是熟人推荐。

随着新创公司发展至一定阶段，部分创业初期的核心成员，会出现精力和能力不足或不能胜任的情况，这时就有必要从外部引入管理团队，推动企业管理的规范。这时候，新创企业就要根据企业发展战略，相应地建立起一套人才资源规划体系。

（1）建立完善的激励体系，包括物质上的、精神上的，用激励机制去激发员工的潜能，让员工的潜能发挥至极致。

（2）建立培养、培训机制，使用人才与培养人才相结合，给予人才在技能方面的提升，同时让人才在行业、社会中发挥其作用，在为企业做贡献的同时实现社会价值。

（3）善待员工，让员工有一种家的感觉。善待员工是留住人才的法宝之一。这种善待，不仅是指从精神层面给予关心、温暖，也必须以匹配的物质待遇做保障。

（4）要分工明确，量才而用，适才而晋，发挥人才优势，相互弥补不足，同时考虑人才结构与岗位职能的相互补充。

（5）制定和开发人力资源的动态机制，在创业企业发展的不同阶段，引入不同需求的人才，吸纳外部力量，保持动态调整的能力，来协助企业快速找到所需要的人才。

（四）信息资源的开发

信息时代，流量、数据为先。信息资源对很多创业者来说就是成功的机遇，而机遇瞬间即逝，要善于整合把握。信息资源与人力、物力、财力以及自然资源一样，都是创业企业的重要资源，因此，应该像开发、整合其他资源那样开发整合信息资源。

信息资源的开发效率主要取决于两个因素：信息存量和创业者的理性程度。信息存量是指创业者掌握的相关市场信息、产品或技术信息、创新信息以及政府政策与相关法规信息等。创业者理性程度受创业警觉性、先前经验、认知能力、创造性、社会网络的影响。开发信息资源的过程，就是处理信息存量与创业者理性程度的匹配过程，在这一过程中，要做好以下三个方面的工作。

（1）抓住有用的信息。随着信息技术的发展，信息与日常生活、工作越来越密不可分，最直接的体现就是信息量陡然增大，信息流转加快，但也同时带来了一个问题，就是信息流速大，忽视率高。各种信息充斥在我们周围，创业者如何在最有效的时间内获得最有效的内外部信息、抓住成功创业的机遇却往往成了一个难题。很多时候不是信息不出现，而是在它们出现时，过滤、辨别、关注、分析，直至确认、把握、利用，对于创业者来说，这些显得至关重要。

（2）信息资源的开发应该得到创业者及团队的高度重视。新创企业信息化的最高层次是决策，它具有前瞻性。企业在做出决策时，关心的问题是来自包括竞争对手、政府、行业、合作伙伴、客户等在内的周边环境的变化。在对变化的预测分析的基础上做出尽可能合理的决策，这个层次上的企业信息化通常针对创业以及高层管理所遇到的问题。对创业者而言，信息是不对称的，了解分析包括竞争对手、政府、行业、合作伙伴、客户等在内的周边环境的变化信息，才能真正做到"知己知彼，百战不殆"，也才能够做到"有的放矢"，集中精力、财力、人力抓住转瞬即逝的成功机遇。

（3）新创企业在开发信息资源时，既要整合管理好企业外部的资源，抓住企业好的发展机遇，又要整合管理好企业内部的信息资源，进行信息资源的规划。信息资源规划是指通过建立健全企业的信息资源管理基础标准，根据需求分析建立集成化信息系统的功能模型、数据模型和系统体系结构模型，然后再实施通信计算机网络工程、数据库工程和应用软件工程的一个系统化的企业信息化解决方案，以使企业高质量、高效率地建立高水平的现代信息网络，实现信息化建设的跨越式发展。

（五）技术资源的开发

在创业初期，创业技术是最关键的资源。美国的微软公司和苹果公司，最初创业资本都不过几千美元，创业人员也只有几人，它们之所以走向成功，就是因为它们拥有独特的创业技术。

新创企业成功的关键是要开发出或者寻找到成功的创业技术，原因有以下三点。①创业技术是决定创业产品的市场竞争力和获利能力的根本因素；②创业核心技术是否首创决定了所需创业资本的大小。对于在技术上非根本创新的创业企业来说，创业资本只要保持较小的规模便可维持企业的正常运营；③从创业阶段来说，由于企业规模较小，因此管理及对人才的需求度不像成长期那样高，创业者的企业家意识和素质是创业阶段最关键的创业人才和创业管理资源。

技术资源在开发时，可以是自己独立研究的技术，也可以是整合企业外的技术资源。一个成长良好的创新企业，一定拥有自己的核心产品或独创服务。企业的产品要做到产品专有、独到，就必须专业化，而且要在同一领域内做到技术上专攻，保持产品或服务一直领先。一个企业，特别是新创企业想要保持这样的技术优势，其实非常困难，不仅有资金研发的困境，也有技术突破的门槛，那么中小企业该如何突破技术发展瓶颈呢？很多企业成功的经验表明，新创企业开发技术资源时，可以尽可能多与科研院所、高等院校合作，借助这些地方人才密集技术研究的专业优势，进行产教融合、校企合作，将科研院所、高等院校的技术前沿研究成果进行转化，把自己的技术资源转化为产品，实现技术成果转化。

在开发技术资源时，一定要注意以市场需求、顾客满意为导向，不能过于留恋自己开发的技术而忽视市场反应。这是因为进入 21 世纪，信息社会使获取技术的成本大大降低，单个企业取得技术领先地位的难度日益增加，靠一张王牌"赢者通吃"的可能性明显减小。以用户体验为中心，整合资源创造新的产品和服务，取代了那种闭门进行产品研发和对既有产品不断改进的直线思维成为新的成功之道。20 世纪 90 年代，韩国企业以外观设计为突破点，赢得消费者的赶超方式曾得到过外界部分的肯定，而之后苹果公司将艺术与工业结合所化合出的奇迹，更让人意识到以消费者体验为中心确定竞争优势的普遍意义。在赛道变换的情况下，如果漠视用户体验、闭门造车、用工程师的意愿替代消费者的需求，这样的"技术偏执"往往会浪费创业资源，贻误创业机会。

技术资源的主要来源是人才资源，重视技术资源的整合同时也就是注重人才资源的整合。技术资源的整合，不仅要整合、聚积企业内部的技术资源，还要整合外部的可利用的技术资源。整合技术资源只是起点，技术资源整合是为了技术的不断创新。自主研发并拥有自主知识产权，才能保持技术的领先、保持市场优势地位。

（六）资金资源的开发

新创企业面临的最重要的困难之一就是资金资源的短缺。开发资金资源，不仅仅是解决"钱"的问题，更为关键的是，在资金资源开发过程中，要进一步确定公司的商业模式和创业战略，并且所选择的战略投资者要与企业当前阶段的发展目标相吻合。

1. 了解资金提供者的相关信息

在开发资金资源时，首先要对准备引入的资金资源有整体性了解。在初步确定投资意向之后，创业企业就可以根据实际情况，在众多的意向投资者中选择钟情目标。在接触之前，一定要认真了解这些投资者的基本情况，如资质情况、业绩情况、提供的增值服务，要看战略投资者还能为企业带来其他附带的资源，如政府背景、行业背景、市场影响力、营销支撑等，亦即在开发、整合资金资源时要充分考虑该项资源能否带来更多的其他资源。

资金是维持企业能够运营的"血液"，创业者务必慎重计算，不能受人力财力的制约草率行事。可以通过公开信息渠道了解情况，也可以通过社会网络、人脉资源打听信息，尤其是对于技术类型的新创公司而言，甚至可以请专业的管理咨询公司做顾问。在一些公司的成功融资案例中，就是聘请了一家知名的管理咨询公司制订了融资方案，在山重水复疑无路时，迎来柳暗花明又一村的喜悦，融资成功。专业的管理咨询公司不仅有非常职业的咨询技术与能力，而且有发达的社会网络，有助于推动融资过程。

2. 设计独特的商业模式

商业模式，简单来说，就是公司通过什么途径或方式来赚钱盈利。它描述了公司所能为客户提供的价值以及公司的内部结构、合作伙伴网络和关系资本等用以实现（创造、推销和交付）这一价值并产生可持续盈利收入的要素。

一个商业模式是对一个组织如何行使其功能的描述，是对其主要活动的提纲挈领的概括。它定义了公司的客户、产品和服务，提供了有关公司如何组织以及创收和盈利的信息，还描述了公司的产品、服务、客户市场以及业务流程。商业模式与企业战略主导了公司的主要决策。

大多数的商业模式都要依赖于技术。利用技术，企业可以最小的代价接触更多的消费者。当前，互联网上的创业者们发明了许多全新的商业模式，这些商业模式完全依赖于现有的和新兴的技术。例如，苹果以其独到的iPod+iTunes商业模式创新，将硬件制造和软件开发进行结合，以软件使用增加用户对硬件使用的黏性，并以独到的IOS系统在手机端承载这些软件，此时消费者在硬件升级时不得不考虑软件使用习惯的因素，这样，它不仅能存留老客户，而且能吸引大批新客户。

每一次商业模式的革新都能为企业带来一定时间内的竞争优势。但是随着时间的改变，企业必须不断地重新思考模式创新和商业设计。随着（消费者的）价值取向从一个行业转移至另一个行业，企业必须不断改变它们的商业模式。一个公司的成败与否最终取决于它的商业模式设计是否符合了消费者的优先需求。所以，在设计独特的商业模式时，应该牢记以下四点。

（1）产品和服务，这是商业机构生存的基础条件。

（2）目标市场，这是商业机构运作空间的价值表现。

（3）将产品和服务准确交给目标消费者的过程，这是商业机构运营系统价值创造的环节。

（4）与相关利益者的关系，包括商业性利益者，如供应商、客户、竞争对手等，也包括社会性利益者，如国家、社会、文化等。

3. 克服"技术钟爱"或"产品偏执"的情结

对于技术类型的新创企业，开发资金资源时需要克服"技术钟爱"或"产品偏执"的情结，不要一味陷入技术和产品里面，就技术谈技术、就项目谈项目，而是要有产业眼光和商业意识，需要跳出技术和产品，学会识别战略生产要素，设计合适的商业模式。只有这样，才能建立起撬动资本市场的那个"阿基米德支点"。

资本市场通行的是商业法则，它不会为"技术"本身埋单，有时，甚至未必要求企业当前就能实现多少利润，它青睐的是技术能够带来的产业空间和成长预期。一个能够占领未来产业空间的企业战略，和一个能够现实地启动成长过程的商业模式，比先进的技术本身更能唤醒资本的兴趣。

从新创企业长远的发展角度看，一项技术融资再成功，筹集再多的钱，如果配之以一个失察的企业战略和错误的商业模式，那么这项技术连同这个企业也必将行之不远。因此，技术很重要，融资很重要，而新创企业的发展战略和商业模式、开发资金资源更重要。对于技术类型的新创公司而言，资金资源开发的重心应该放在商业模式和发展战略上，而不是只钟情于技术或产品，孤芳自赏。

二、有限创业资源的创造性利用

许多创业者早期所能获取和利用的资源都相当匮乏，但是少数创业者在创业过程中所体现出来的卓越创业技能之一，就是创造性地整合、转换和利用资源。尤其那种能够创造持续竞争优势的战略资源，并由此成功地开发创业机会、推进创业过程向前发展。例如，蒙牛集团创始人牛根生在创业初期，显性的资源几乎没有，也就是资金、奶源、厂房、销售渠道一无所有，后来牛根生和他的团队利用自己在伊利创建的人脉资源、信誉资源以及内部团队的智力资源等隐性资源，把各种显性资源一一整合起来，到 2009 年初，蒙牛实现增长 575 倍。后来牛根生总结说："蒙牛的企业文化中有"4 个98%"，资源的 98% 是整合，品牌的 98% 是文化，经营的 98% 是人性，矛盾的 98% 是误会。"在这里，第一个 98% 就是资源整合，可见资源整合在创业资源开发中的重要性。

成功的创业者创造性地整合、转换和利用资源的途径有三种，即有效利用自有资源、创造性地拼凑资源和发挥资源的杠杆效应。在成功创业的案例中可以发现，有的创业资源在初创期可能是资源拼凑型的，在下一个阶段则可能是发挥资源的杠杆效应，或者是兼具其他模式的特征。

（一）有效利用自有资源

大部分创业者因为受有限资源的约束，被迫寻找创造性的方式开发商机去建立企业，并推动企业的发展。学术界用"bootstrapping"一词来描述这一过程中创业者利用资源的方法。这个方法主要指在缺乏资源的情况下，创业者分多个阶段投入资源，并且在每个阶段或决策点投入最小的资源，因此也被称为"步步为营"方法。

美国学者杰弗里·康沃尔指出，步步为营不仅是一种做事最经济的方法，而且还是在有限资源的约束下获取满意收益的方法；不仅适合小企业，同样适用于高成长企业、高潜力企业。步步为营法的主要策略是成本最小化，设法降低资源的使用量，降低管理成本。但过分强调降低成本，会影响产品和服务质量，甚至会制约企业的发展。例如，为了求生存和发展，有的创业者不重视环境保护，或者盗用别人的知识产权，甚至以次充好。这样的创业活动尽管在短期内可能赚取利润，但就长期而言，它将会影响企业的发展。所以，需要有原则地运用成本最小化的步步为营法。步步为营的策略还表现为自力更生，最大限度地减少对外部资源的依赖，最大限度地发挥创业者投在企业内部的资金的作用，目的是降低经营风险，加强对新创企业的控制。很多时候，步步为营不仅是一种做事最经济的方法，也是创业者在资源受限的情况下寻找实现企业理想目标的途径，更是在有限资源的约束下获取满意收益的方法。习惯于步步为营的创业者会形成一种审慎控制和管理的经营理念，这对企业的成长与向稳健成熟发展期过渡尤其重要。

在兼顾企业使命情况下，新创企业运用步步为营法时仍有很大可供选择的余地。比如，创业者可以通过申请政府创立的创业园或创业孵化器，享受那里的免费办公室，与其他创业者一起共享办公设备等，也可以利用兼职人员、招聘实习生。总之，在实现创业目标的过程中，创业者能够独辟蹊径地找到许多降低成本的方法。

（二）创造性地拼凑资源

在创业情境下，资源约束是创业者面临的首要问题。大多数创业者都缺乏资源来开发创业机会。那么，创业者如何利用手头现有、零散的、在他人看来没有什么价值的资源，富有创造力地构想资源的新用途，并且用它们来开发机会或支持创业成长呢？

贝克·尼尔森和奥德里奇等学者在他们的早期创业研究中已经借用法国人类学家列维·斯特劳斯在《野性思维》一书中提出的"拼凑"（bricolage）概念，对创业者和创业企业的资源拼凑行为进行了深入的研究和生动的描述。他们创建的创业资源拼凑理论，从一个全新的视角来认识现实中不同类型的创业过程，同时也对创业者在资源利用方面的战略行为特征进行了系统的解读和概括。

资源拼凑理论在自身的发展过程中形成了三个核心概念。即"凑合利用""突破资源约束"和"即兴创作"。这三个概念都与资源紧密相关，从不同角度反映了创业过程的资源拼凑特点。具体而言，"凑合利用"是指利用手头资源来实现新的目的和开发新的机会，重在对资源的创新性利用。"突破资源约束"是指创业者拒不向资源、环境或者制度约束屈服，积极主动地突破资源传统利用方式的束缚，利用手头资源来实现创业目标，因而凸显了创业者在资源拼凑过程中表现出来的创新意识以及创造创业价值所必需的可持续创业能力。而"即兴创作"与前面两个概念紧密相关，是指创业者在凑合利用手头资源，突破资源约束的过程中即兴发挥，创造性地使决策和行动同时进行。综上所述，创造性地拼凑不是凑合，而是指在资源约束条件下，创业者为了解决新问题，开发新机会，整合身边现有资源，立即行动，创造出独特的服务和价值。实现创造性拼凑需要三个关键要素：身边有可用的资源，整合资源实现新的目的和凑合使用。

1. 身边有可用的资源

善于进行创造性拼凑的人常常拥有一批"零碎"。它们可以是物质，也可以是一门技术，甚至可以是一种理念。这些资源常常是免费的或廉价处理品。在他人眼里，它们一文不值，最多只是块鸡肋。

身边的已有资源经常是通过日积月累慢慢积累下来的。创业者也许并不十分清楚它们的用途，只是基于一种习惯，或是抱有"也许以后用得着"的想法。而那些根据当前项目的需要，经过仔细调研而获得的资源，不属于身边资源的范畴。纵观成功的企业家，会发现他们很多都是拼凑高手，能将身边破铜烂铁"妙手回春"改造为早期的设备。

此外，很多高新技术企业的创业者并不是科班出身，只是出于兴趣或其他原因，对技术略知一二。但后来，往往就是凭借这个"一二"，创业者能够敏锐地发现机会，并将这一身边资源迅速转化成生产力。

2. 整合资源实现新的目的

拼凑的另一个重要特点就是为了其他目的重新整合已有资源。市场环境日新月异，对企业是挑战也是机遇。环境的变化使得新问题层出不穷，但同时机会也接踵而至。但机会转瞬即逝，任何企业的资源结构不可能适合所有的情况，也没有企业总是能够在第一时间找到合适的新资源。于是，整合身边已有的资源，快速应对新情况，成为企业"保卫阵地，抢占制高点"的利器。这些资源可能是藏在仓库中的废旧物资，也可能是旁人弃之如敝屣的二手货。拼凑者用一双善于发现的眼睛来洞悉身边资源的各种属性，将它们创造性地整合起来，开发新商机，解决新问题。同时，这种整合不是事先计划好的，而往往是具体情况具体分析、"灵光一现""摸着石头过河"的产物。

3. 凑合使用

由于成本和时间的考虑，创造性拼凑的载体常常是身边的一些废旧资源。这种先天不足从一开始就注定了拼凑出的东西品质有限，这意味着拼凑者需要突破固有观念，忽视正常情况下人们对资源和产品的常规理解，有意识且持续地试探一些惯例的底线，坚持尝试突破，并承担随之而来的后果。完美主义者或怯于承担风险的人常常难以忍受，因为拼凑的东西会事故频发，需要一次次地尝试、一次次地矫正，然后才能满足企业的基本需求。但在资源束缚的条件下，创业者没有其他的选择，何况，拼凑有时候就是在一个个不完美中逐渐蜕变出适合或完整。

对于新业务，创造性拼凑的三种要素往往同时出现，使得企业资源结构独树一帜。由此可见，创造性拼凑的三种要素能形成合力，创造出一种强有力的机制，让贫瘠的土地盛开出绚丽的"生命之花"。

（三）发挥资源的杠杆效应

资源的杠杆效应是指以最小的付出获取最多的收获的现象，通常有如下表现形式：

（1）利用一种资源换取其他资源；

（2）创造性地利用别人认为无用的资源；

（3）能够比别人有更长的时间占用资源；

（4）借用他人或其他公司的资源来达成创业者自身的目的；

（5）用一种富裕资源弥补一种稀缺资源，产生更高的附加值。

杠杆效应对于推动创业活动具有重要意义，因此创业者要在创业过程中训练自己形成杠杆效应的能力。对于创业者来说，由于初期资金缺乏、时间紧迫，最容易产生杠杆效应的资源就是创业者自身的素质和能力以及社会资源等非物质资源。就创业者的素质与能力看，如果创业者能够识别一种没有被完全利用的资源的能力，看到某种资源怎样被运用于特殊方面的能力，说明资源拥有者让渡使用权的能力，都能使资源发挥出杠杆效应。

就社会资源的杠杆效应来说，社会资源存在于社会结构之中，为社会网络之间的行为者进行交易、协作提供了便利的资源。在外部联系人之间，社会交往频繁的创业者所获取的相关商业信息更加丰富，从而有助于提升创业者对特定商业活动的深入认识和理解，使创业者更容易识别出常规商业活动中难以被其他人发现的顾客需求，进而更容易获得财务和物质资源——这正是其杠杆作用所在。

三、创业资源开发的推进方法

资源开发是整个创业活动的主线，初创期的创业者可以支配的资源数量、规模决定了创业模式的选择。随着创业过程的开展，不同发展阶段资源利用特点不同、资源控制重点不同，创业者需要采用不同的资源推进方式、整合内外部资源以获得良好的创业绩效。创业成功的关键在于创业者能否根据不同的创业过程和环节有效地整合资源。

概括地讲，创业资源开发的推动方法可以归纳为找寻式资源整合、累积式资源整合，开拓式资源整合。这几种模式与创造性利用创业资源的方法可以交叉、相互转化。

（一）找寻式资源整合

对于初次创业者来说，其创业存在许多共性问题，如管理经验不足、市场狭窄、创业资源匮乏。创业之初，创业所需资源主要依靠自身的努力来获取，但是仅仅依靠从自己的身边获取的创业资源很难维持企业的发展，要想使企业继续发展，那就不得不从外界找寻创业资源。

找寻式资源整合主要是结合自身创业团队的资源情况，分析资源储备存在的不足，提出找寻、整合外界资源的方案，积极地联络和探寻所能利用的创业资源。这就要求创业者具备较强的预见力和洞察力。较强的预见能力可以让创业者准确地把握自己所在行业的发展热点和竞争焦点。洞察力是一种从不同类型的信息中获得知识的能力。创业者拥有较强的预见能力和洞察能力，不仅能够找寻到当下相关的资源，还能预见性地链接未来创业企业发展下一阶段所需资源，使诸多资源能够在不同阶段对自己创业有所帮助。

（二）累积式资源整合

进入创业过程的中期，新创企业得到了一定的发展，也积累了一些企业赖以生存发展的创业资源。这段时期，企业正处于发展关键期，创业资源需要不断累积和增加。这需要创业者掌握累积式的资源整合方法。

为了使已获得的创业资源发挥其最大的效能，创业者必须在初创企业的发展过程中，进一步了解创业资源的特征，以便于更好地整合利用。也就是说为了有效利用已获得的创业资源，要对其进行分析、归类。只有对已有的资源进行准确的分析定位，才能在此基础上进行进一步的整合利用，才能发挥资源的最大效能，不断提高企业的核心竞争力。

（三）开拓式资源整合

企业取得初步发展之后，创业者要想实现企业的快速发展，业务的扩展、产品的升级、服务的提升、销售的迭代，创业者必须采用开拓式创业资源整合。

开拓式创业资源整合强调创新能力。当今社会的竞争，与其说是人才的竞争，不如说是人的创造力的竞争。创新是一个企业发展的动力和灵魂，没有创新的企业是很难成长和发展的。开拓式创业资源整合要求创业者不断地把创新式思维注入其中，从创新的视角去寻找具有创新点的创业资源。特别是继续寻找企业的新的增长点，在新的增长点上充分开拓和整合利用资源，这一点对创业基础较为薄弱的大学生创业者来说尤为重要。

四、资源整合原则

创业者能否做到资源的真正整合，是决定企业生存还是灭亡的关键。因此，创业者在整合资源时，可以参照以下原则进行资源整合。

1. 识别利益相关者及其利益

整合资源一定要关注有利益关系的组织和个人，首先就是把这些利益相关者一一识别出来，把他们之间的利益关系辨析出来，有的是直接关系，但很多是利益链条上的关系隐藏者，要把他们串联起来，甚至还需要把相关利益创造出来。一般来说，寻找利益相关者就是要寻找那些具有共同点的人，同时也需要寻找可以互补的人。

2. 管理好能够促进企业持续成长的人力资源

企业持续成长需要大量的人力资源作为支撑，保持企业持续成长对人力资源管理提出更高的要求。高素质的人力资源是企业持续成长的根本，管理好人力资源是企业持续成长的重要保证。

3. 构建共赢机制

共赢机制是指创业者在进行资源整合时，一定要兼顾资源提供者的利益，使资源提供与使用的双方均能获益。从经济学上讲，只有社会平均利润得以保障，各行业上下游都有利可图，所有经营者才能维持下去；也只有所有经营者利益得到保障时，社会经济才能稳健发展，良性推进。因此，在与外部的资源所有者合作时，创业者要构建一套各方利益共赢的机制，给资源提供者以市场的回报，同时尽可能替对方考虑，达到长远的合作，共同规避风险。

4. 维持信任长期合作

资源整合以利益为基础，需要以沟通和信任来维持。诚信经营是每个经营者的经营之道，良好的沟通是产生信任的前提，互信是社会资本的重要因素。同时，创业者要尽快从人际信任过渡至制度信任，从而建立更广泛的信任关系，以获取更大的社会资本。

本 章 小 结

本章系统了解了创业资源的种类、各种创业资源在创业中的作用、影响创业资源获取的因素、创业资源获取的途径和技能。其中，作为创业企业发展的血液的创业融资是重点，分析了融资测算、融资技巧、融资误区的相关知识以及融资渠道、策略的重要性。在创业资源管理方面，分析了不同创业资源的开发、有限创业资源的利用、开发及推进方法。

作为初创业者要具体深入地分析自身的创业项目，了解现有经济发展与创业项目的关系，抓住机遇获得最有利的创业资源，并整合创业资源让其创业快速进入正轨，使创业企业获得成功。

思考题

1. 如何进行创业融资？如何防范融资风险？

2. 资源整合的基本原则是什么？

扩展阅读 5.1

三分钟打动投资人

即测即练

微课视频

第六章 创业计划

学习目标

1. 掌握创业计划书的撰写要点；
2. 了解并掌握项目路演的技巧与方法。

案例导入

创业始于创业计划书的制订

云南某高校小李，在大学的学习中品学兼优，人缘也好，其能力也广受同学的承认，小李在大二时上了一堂关于大学生创业的课程后，就萌生了创业的梦想。经过一段时间的思考和摸索，并在社会上进行了一定的观察，小李将项目确定在宠物美容店上，思路是开一个实体店，再开一个网店；基本的计划是给宠物美容，兼营宠物寄养及售卖各类宠物饰品。随着城市的扩张，越来越多的城里人在闲暇之余开始养宠物，那么如何养好宠物，把宠物打扮漂亮和寄养的问题，逐渐形成了一个有潜力的市场，可以说这个项目可行性很强，既潮流也时尚，并且是一个可以长远发展、大有作为的行业。

在进行了前期准备工作后，小李开始撰写创业计划书，目的是申请一个 5 万元的创业基金。小李参考了各类的创业计划书的模板和格式，为了提高申请的成功率，将购买的国家未认可专利——宠物梳毛器，作为申请书的重点进行介绍，还将 3 个具有动物饲养硕士学位的研究生作为店内的特聘人员，借此说明宠物店的营运能力和盈利能力，申请书上对实地调研部分的叙述基本是依靠观察和网上查询资料得来的。申请书上交一个月后，信心满满的小李得到了立项通过的通知。

制订创业计划书的过程就是论证创业项目是否可行的过程，对于创业者或者创业企业来说制订创业计划书可以帮助其再次认识自己以及创业项目。创业并不易，不仅要找准痛点、洞察商机，更要了解国家政策、扩大视野，脚踏实地、细致规划，这样才能让创业梦想变为现实，在创造财富、实现自身价值的同时更好地服务他人、贡献社会。

分享讨论：

1. 你认为小李的项目是否可行？可行性在哪里？

2. 你认为小李在前期的准备工作中的不足之处有哪些？

3. 为了申请项目成功，申请人应该抱着一种怎样的心态？

（资料来源：孙昀 . 大学生创业教育 [M]. 北京：高等教育出版社，2014.）

第一节　创业计划与创业计划书

一、创业计划与创业计划书概述

"凡事预则立，不预则废。"如果有了一个好的创业想法，要想成功，就要制订创业计划。创业计划是关于你要创建的企业如何经营、发展的一个详细方案，或者说是指导你创业的一张蓝图，是创业者对构建一个企业的基本思想以及对与企业创建有关的各项事项进行总体安排。任何形式的创业，要想尽量确保成功，就都不应该跟着感觉走，而是应该事先经过认真研究，制订一个完整周详的计划，按计划来行动。

将创业计划以书面文字的形式呈现出来，就是创业计划书。创业计划书事实上就是对创办企业相关的背景知识、市场调研、融资方式、财务分析、内部管理、生产流程、盈利来源、成本构成、盈利模式和风险等条件逐一进行规划分析所形成的研究报告。

创业计划书的主要用途是递交给投资方，以便于他们能对企业或项目做出实时评判，从而使拟创办的企业获得投资。对于一个拟创办的企业来说，完整的创业计划书既是寻找投资、融资的必备基本书面材料，也是企业对未来发展战略全面思索和自身现状定位的过程。

二、制订创业计划书的意义

1. 整理创业思路，提升创业者综合能力

创业计划若仅仅是"想法"，就始终是模糊不清的。将头脑中的创业计划写下来，变成创业计划书的过程，事实上就是一个让创业思路变得更加清晰明确的过程。每一位创业者在创业之初都会对拟创办企业的经营思路及发展方向有一个粗略的构思，如果将这一构思编写成规范的创业计划，则会发现自己要从事的事业并非如所设想的那样容易，如场地选择、店面风格、管理、营销、流动资金、社会环境因素等，有时因考虑不全面而不得不放弃创业的念头。撰写创业计划可以使创业者严谨、客观、全面地从整体角度观察自己的创业思路，明确经营理念、规范管理、避免企业因经营不善和对困难、环境等因素估计不足导致破产等巨大损失。

总而言之，创业计划书的撰写过程就是创业者进一步厘清自己的创业思路和明确经营理念的过程，是促成创业项目成为现实的前提；撰写创业计划书对大学生来说，也是一次自我全面检验的过程。

（1）撰写创业计划书有助于大学生对所学知识进行系统总结。撰写创业计划书需要运用综合知识，涉及内容广，综合运用强，门类和学科繁多，领域不一，是对大学生

所学知识综合性的一次检验。

（2）撰写创业计划书能增强大学生的组织能力和文字功底。创业计划书是一个综合性很强的书面文件，不但要求撰写者具备很强的综合知识，对组织能力和文字表达也有很高的要求。撰写创业计划书的目的是要吸引投资，而投资人停留在一份创业计划书上的平均时间不会超过 5 分钟，这需要创业者在撰写创业计划书时具备很强的组织能力和文字功底，做到既对当前经济形势有深刻认识，又能对投资亮点阐述明确，增加投资者的信心。

（3）撰写创业计划书有助于大学生提前适应社会环境。撰写创业计划书不是抄袭和借鉴别人的成果，其首要环节是要对创业项目进行实地调查和分析研究。一个创业项目往往要经过构思、考察、论证、搜集、整理、撰写等过程，其中考察就是要创业者根据自身构思，亲身对社会、经济、人文、地理、环境等情况进行实地的考察，这不但是撰写创业计划书的基本材料支撑，更是创业者对项目的基本情况的掌握。在考察中，大学生创业者通过不断与社会接触，从而更全面深刻地了解社会形势和动态，为走向并适应社会做准备。

2. 凝聚创业团队、提升创业团队凝聚力

创业不是一个人的单打独斗，而是一个团队的行为。要保证创业成功，创业团队成员就应该通过大量的讨论、交流，对企业的市场定位、发展战略、经营模式、管理方式、风险防控等重大问题形成统一的意见。人的语言表达毕竟不及文字表达清晰、系统、直观。一份完整的创业计划书无疑是推进创业团队交流的重要手段。

3. 更好地统筹全局，提升创业成功率

创业计划书统筹的是全局，通过计划书的内容传递创业者所要表达的意愿、认识、评估、态度、决心等信息，使投资者对创业者的想法有一个综合的印象，以便于投资方能够看懂项目的商业运作计划，根据计划书的内容评估项目的可行性，判断是否值得对创业者的项目进行投资。创业计划书对创业者的项目而言至关重要。

（1）撰写创业计划书是吸引投资的关键。资金是企业的血液，是创业的要素，是拟创办企业能够获得成立和发展的前提。拟创办企业要获得投资方的资金支持，其中一个也是重要的一个方面就是从审验创业计划书开始。因此，写好创业计划书具有获得投资方投资支持的不可替代的作用，是吸引投资者投资的关键。

（2）撰写创业计划书是项目成功的基础。创业计划既规划拟创办企业全部现状及其将要发展的方向，又规划了良好的有效管理监控和效益评价体系，使创业者在管理企业的过程中对企业发展中的每一步都能做出客观的评价，并实时根据具体的经营情况调整经营策略和目标，不断完善管理方法。撰写成功的创业计划可以增强创业者的信心，是项目成功的基础。

第二节 创业计划书的撰写

大学生撰写创业计划书要结合自身的特点和实际状况，他们大多实践经验不足，社会阅历尚浅，对创业的认识基本停留在理论层面。要让大学生认识到拟订创业计划书与创业本身一样是一个复杂的系统工程，不但要对行业、市场进行充分的调查和研究，而且还要有很好的组织能力和表达能力，更要遵守一定的撰写原则，注重一定的技巧。

一、创业计划书的撰写原则

创业计划书不同于一般的书面文件，创业者首先要在思想上对它有全面的理解和深刻的认识，其次要遵循创业计划书撰写的原则，把握创业计划书要点，这样才能达到创业计划书所要达到的目的。

一份撰写成功的创业计划必须清晰呈现竞争优势与投资者的利益，同时也要具体可行，并提出尽可能详尽的客观数据来加以佐证。在具体撰写的过程中应注意把握以下几条原则：

1. 谨慎客观原则

谨慎客观原则要求创业者恪尽应有的职业谨慎，客观地提出投资分析、预测和建议，不得断章取义或篡改有关资料及因主观好恶影响投资分析、预测或建议。在创业计划中所罗列的内容必须实事求是，即使是最烦琐的财务规划也要尽量客观、谨慎、实际，切勿凭主观意愿进行估计，一切要以调研和考察的客观数据为基础。

2. 市场导向原则

这是市场经济条件下企业主体经营的根本指导方针。利润来源于市场的需求，没有清晰明确的市场需求分析作为客观依据，所撰写的创业计划将是空泛的和毫无意义的。因此，创业计划一定要建立在了解市场状况、预测市场未来、分析市场动态的基础之上，以市场需求作为编制创业计划的基本出发点，要充分显示对市场现状的把握与未来发展的预测，同时还要说明市场需求分析所依据的调查方法与实事证据等。

3. 竞争优势原则

撰写创业计划书的重要目的之一是为投资方提供决策依据，借以争取投资。因此，创业计划书中要呈现出具体的竞争优势，显示经营者的强烈愿望和创造利润经营优势，相对于竞争对手拥有的可持续性优势，即优势资源、先进的运作模式、更适合市场需求的产品和服务，并明确指出投资者预期的回报，通过某个领域或多个领域相互作用形成优于对手的核心竞争力。但同时也应说明可能遇到的风险或威胁，内容宜简明扼要，不能出现前后不一、自相矛盾的现象，不能只强调优势和机遇而忽略不足与风险。

4. 文字精练原则

创业计划不宜长篇大论，要开门见山直切主题，应该避免那些与主题无关的内容，并清晰明了地把自己的观点表达出来，投资方没有时间也不愿意花过多的时间来阅读一些对他来说毫无意义的东西。文字精练，想法明确，其中的营销计划、组织结构、管理措施、应对风险的方法和策略可操作性强，能较容易引起投资方的注意和兴趣。

5. 通俗易懂原则

创业者拟创办的企业可能是一般的企业，如手机店、餐饮店等企业；也可能是设计创意等很特别或不为人们熟知的十分专业的企业。创业计划书中应尽量避免技术性很强的专业术语，过多、过强的专业术语会影响阅读者的兴趣，让他们觉得太深奥，需要相关领域或行业的专家进行解读，不但麻烦费事，也不利于投资方理解。

二、创业计划书的撰写步骤

创业计划书是一个逻辑严谨、层次分明、结构有序的书面文件，撰写要有既定的程序和步骤，而创业方案准备是一个展望项目的未来前景、细致探索和不断理顺思路、确认实施项目所需的各种必要资源、寻求所需支持的过程。不是任何创业方案都要完全包括大纲中的全部内容，创业涉及的行业和领域不同，内容也不同，相互之间差异也会很大，要根据选择的行业和领域，根据内容需要，实时调整创业计划书的步骤。创业计划书的撰写一般分为以下 6 个阶段。

1. 政策及法规学习

创业者首先要具有创业的愿望，这是创业的前提。创业者在这一阶段的主要任务是搜集国家、地方有关大学生创业法律、法规、条例、条文及限制和优惠政策。创业者要熟悉这些法律及规定，了解能做什么、不能做什么，确保拟创办企业在正规的渠道和方向上成长。

2. 经验学习

这一阶段的主要任务，一是搜集有关创业的案例和书籍，学习其中写作的步骤、内容、方法等，为撰写创业计划书打下基础，做好准备；二是向正在创业或者创业成功的学长借鉴其成功经验，以增加创业的信心。

3. 创业构思

在前两个阶段的基础上，进行创业的构思，也就是思考准备在什么行业领域、创办一个什么性质的企业、采用什么样的运营方式等问题。

（1）结合大学所学的专业和知识层级结构，最好选择与所学专业相关的行业。

（2）结合当下社会经济发展形势，选择适合的企业创办，将拟创办的企业作为人生的第一桶金，不要求又多又快，选择那些投资小、见效快、资金周转迅速的行业，如快餐店、手机店、快递业务等。

（3）选择新兴行业，如宠物美容店、情感快递等社会刚刚兴起的行业。

（4）选择要严谨，一般不选择如生物能源、高端通信等行业，这些行业没有专门人才和大量的资金是很难实现规模效益的。

4. 市场调研与分析

在确定了拟创办企业后，就可以开始着手市场调研，其主要目的是通过调研，确定是否适合创办这个企业，调研内容一般包括以下几个方面。

（1）当前社会经济形势。

（2）地方行业的特殊性，即该行业在当地开办的情况是否与民俗冲突。

（3）同行业在拟创办企业地点的情况及经营情况。

（4）跨行业竞争是否明显，如开办杂货店后，被一新开的大型超市冲击。

（5）开办地点的稳定性和交通、信息畅通问题，如短期内是否会拆迁等。

（6）开办地点及辐射区域消费者构成情况。

（7）产品（服务）方面的情况。

根据实地调研的情况进行汇总，得出基础数据，进行可行性分析，并写出分析报告。

5. 起草方案

撰写创业方案的全文，主要内容一般包括企业介绍、人员构成及组织管理结构、产品（服务）介绍、行业分析、市场预测、营销策略、生产制造计划、财务规划、风险及风险管理等方面，写好全文，加上封面和目录。

6. 检查和修改

对写好的创业计划书进行仔细的检查，主要检查以下几个方面。

（1）总体逻辑检查。检查创业计划书是否存在前后矛盾，用词是否得当，是否有错别字。

（2）检查创业计划书是否显示出创业者强烈的创业愿望和创业成功的决心。

（3）检查创业计划书是否显示出创业者已进行完整的市场分析。

（4）检查创业计划书能否打消投资者对产品（服务）的疑虑，可请教学校进行就业指导的老师和审阅计划书的专业人士进行指导。

扩展阅读 6.1

修改创业计划书
注意事项以及创
业计划书案例

（5）检查创业计划书是否显示出创业者具有管理公司的经验、有能力偿还借款。

（6）检查创业计划书的内容是否容易被投资方所理解。应该备有索引和目录，以便投资者查阅各章节，还应保证目录中的信息流是有逻辑和现实的。

三、创业计划书的主要内容

一般来说，一份完整的创业计划书包括封面及目录、摘要、企业介绍、人员组织结构、产品（服务）介绍、行业分析、市场预测、营销策略、生产制造计划、财务规划、风险及风险管理等主要内容。

1.封面及目录

封面是阅读者见到创业计划书的第一页，是创业计划书的"门面"，一个好的封面会使阅读者产生最初的好感，形成良好的第一印象。

（1）封面的设计首先要规范，包括企业名称、创业者姓名、日期、通讯地址、创业者联系电话、邮编、传真等。

（2）封面设计要有美感。

（3）目录在封面的背面或第二页，内容包括全部标题，并注明页码，便于阅读者能及时找到想要和感兴趣的内容。

2.摘要

摘要列在创业计划书的第一项，它是创业计划书精华的浓缩，涵盖了创业计划的所有要点，是创业计划书的总目录。摘要要尽量简明、生动，一目了然，以便阅读者能在最短的时间内评审计划并做出判断。

（1）撰写摘要的构思。在介绍企业时，第一，要说明创办新企业的思路，新思想的形成过程以及企业的目标和发展战略。第二，要说明企业筹备现状、发展的背景和企业的经营范围。在这一部分中，要对企业发展前景做客观的评述，不回避不利因素。客观公正的分析往往更能赢得他人信任，从而使人容易认同，增加创业计划书的成功率。第三，要介绍创业者自己的专业及其背景、成长过程、特长、社会经验和阅历、不足之处等。企业家的素质对企业的成功往往起关键性的作用，应尽量突出自己的优点，同时也不避讳自身的不足。最后要表达自己强烈创业愿望和永不言败的进取精神，表明希望创业的态度和决心，为投资者留下一个好印象。

（2）摘要一般要包括以下内容：企业介绍、主要产品及业务范围、市场及行业概述、市场分析及预测、营销策略、生产管理计划、管理者及其组织、财务计划、资金需求状况、风险分析和管理等。

（3）在摘要中，企业还必须要回答下列问题：创办企业所具备的条件和环境；企业所处的行业、经营的性质和范围；企业主要产品；企业的主要市场在哪里，谁是企业的顾客主体以及他们的需求；企业的合伙人、投资人是谁；企业的竞争对手是谁，竞争对手对企业的发展有何影响等。

（4）摘要要尽量简明、生动，做到言简意赅。特别要详细说明拟创办企业的特点以及企业获取成功的市场因素。创办者要充分了解他所做的事情，一般 2～3 页就能说明，但如果创办者不了解自己要做什么，摘要写得再多也很难清晰表达想要说明的内容，很可能适得其反。

3.企业介绍

在摘要中已经就企业的概况进行了介绍，为避免重复，这部分的内容不是描述整个计划，也不是提供另外一个概要，而是对拟创办企业的宗旨理念和如何制定战略目标进行介绍。

（1）企业宗旨介绍。企业宗旨是指企业管理者确定的企业生产经营的总目标、总方向、总特征和总的指导思想。它反映了企业管理者为组织将要经营业务规定的价值观、信念和指导原则；描述了企业力图为自己树立的形象；揭示了本企业与同行其他企业在目标上的差异；界定了企业的主要产品和服务范围，以及企业试图满足顾客的基本需求。一个好的企业理念不但能引领企业在经济大潮中破浪前行，有的甚至能引领时尚，改变潮流，成为耳熟能详的经典名言，如著名的国内奶制品企业蒙牛乳业的宗旨是：如果没有做大的速度，就没有做强的机会。

企业宗旨的主要内容包括以下几个方面。

①企业形成和存在的基本目的。它提出了企业的价值观念以及企业的基本社会责任和期望在某方面对社会的贡献。

②为实现基本目的应从事的经营活动范围。它规定着企业在战略期的生产范围和市场范围。

③企业在经营活动中的基本行为规则和原则。它阐明了企业的经营思想。经营思想的陈述，往往反映在企业的经营方针中。

（2）企业制定的战略目标介绍。战略目标是对企业战略经营活动预期取得的主要成果的期望值。战略目标的设定，同时也是企业宗旨的展开和具体化，是企业宗旨中确认的企业经营目的、社会使命的进一步阐明和界定，也是企业在既定的战略经营领域展开战略经营活动所要达到的水平的具体规定。

①战略目标的内容包括盈利能力、市场、生产率、产品、资金、生产、研究与开发、组织、人力资源、社会责任。

②战略目标的制定过程。一般来说，确定战略目标需要经历调查研究、拟订目标、评价论证和目标决断这样四个具体步骤。

第一步，调查研究。在制定企业战略目标之前，必须进行调查研究工作。把机会与威胁、企业与环境、长处与短处、现在与未来、自身与对手、需要与资源加以对比，搞清楚它们之间的关系，为确定战略目标奠定基础。

第二步，拟订目标。拟订战略目标一般需经历两个环节：拟订目标方向和拟订目标水平。首先在既定的战略经营领域内，根据对外部环境和资源的综合考虑，确定目标方向，通过对现有能力与手段等诸多条件的全面衡量，对沿着战略方向展开的活动所要达到的水平也做出初步的规定，这便形成了可供决策选择的目标方案。

第三步，评价论证。战略目标拟订出来之后，就要组织多方面的专家和有关人员对提出的目标方案进行论证和评价。在对目标方案进行论证和评价时应注意：要围绕目标方向是否正确进行论证和评价；要论证和评价战略目标的可行性；要对所拟订的目标完善化程度进行评价；要着重考察战略目标是否明确，战略目标的内容是否协调一致；要论证和评价战略目标有无改善的余地。

第四步，目标决断。在决断选定目标时，要从三方面权衡各个目标方案，即目标方向的正确程度、可望实现的程度、期望效益的大小。

从调查研究、拟订目标、评价论证到目标决断，确定战略目标的这四个步骤是紧密结合在一起的，前后顺序不可颠倒，如果发现前一步骤工作的不足或遇到新情况，就需要回过头去重新进行前一步或前几步工作。

4. 人员组织结构

企业管理的好坏，直接决定了企业经营风险的大小。人是决定一切的因素，任何事都需要人来做，即使是最先进的机械，也需要人来操作，因此创业者要凝结成一支有文化、有思想、有能力、有战斗力的管理队伍，高素质的管理人员和良好的组织结构则是管理好企业的重要保证。

（1）企业的管理人员应该是互补型的，而且要有极强的团队精神。一个企业必须具备负责产品设计开发、市场营销、生产作业、企业理财等方面的专门人才。在创业计划书中，必须要对主要管理人员加以介绍，介绍他们在本企业中的职务和责任，所具有的专业资质，详细经历及背景。

（2）企业结构的简要介绍一般包括企业的组织机构图、各部门的功能与责任、各部门的负责人及主要成员、公司的报酬体系、公司的股东名单（包括认股权、比例和特权）、公司的董事会成员、各位董事的背景资料。

（3）组织结构的类型。企业的组织结构一般包括以下几个类型。

①直线集权式，这是一种最简单的组织形式。组织中的各种职位按垂直系统直线排列，各级主管人员对本部门的一切问题负责；一个下属部门或者个人只接受一个上级的指令。这种组织结构线条清晰，职权明确，指挥统一，行动迅速。

②横向联系的职能式结构。由于环境不确定性的不断增加，人们为克服直线职能式组织结构的固有缺陷做了很多努力。职能式结构有了扁平化、趋于横向式的倾向。在比较成功的企业中，已极少那种纯粹意义上的职能式结构的组织，很多企业都通过建立横向联系来弥补纵向的职能层级。

③事业部式结构。应用这种结构针对单个产品、服务、产品组合、主要工程项目、地理分布、商务或利润中心等来组织事业部。每个事业部都有自己的产品和特定的市场，能够完成某种产品或服务的生产经营全过程，在事业部内部则仍按照职能式结构设置职

能管理部门。

④矩阵式结构。矩阵式结构是实现企业横向联系的一种强有力的模式，当职能式、事业部式、区域式和混合式结构都不能较好地整合企业的横向联系机制时，可以考虑采用矩阵式结构。

5. 产品（服务）介绍

投资人最关心的问题，一是企业的产品、技术或服务能否以及能在多大程度上解决现实生活中的问题，即产品（服务）的实用性；二是企业的产品（服务）能否帮助顾客节约开支，增加收入，即产品（服务）的技术性。

（1）对产品（服务）的介绍。对产品的介绍一般包括以下内容：产品的概念、性能及特性；主要产品介绍；产品的研究和开发过程；产品的市场竞争力；产品的市场前景预测；发展新产品的计划和成本分析；产品的品牌和专利。

（2）对产品（服务）做出详细的说明。说明要准确，也要通俗易懂，做到即使不是专业人员的投资者也能明白。产品（服务）介绍必须要能解决以下问题：

①顾客希望企业的产品能解决什么问题，提供怎样的服务，顾客能从企业的产品中获得什么好处。

②企业的产品与竞争对手的产品相比有哪些优缺点，顾客选择本企业产品的理由。

③企业为自己的产品采取了何种保护措施，拥有哪些专利、许可证，或与已申请专利的厂家达成了哪些协议。

④为什么企业的产品定价可以使企业产生足够的利润，为什么用户会大批量地购买企业的产品。

⑤企业采用何种方式改进产品的质量、性能，企业对发展新产品有哪些计划。

6. 行业分析

行业是由许多同类企业构成的复杂群体。行业分析旨在界定行业本身所处的发展阶段及其在国民经济中的地位，同时对不同的行业进行横向比较，为最终确定投资提供准确的行业背景。只有进行行业分析，我们才能更加明确某个行业的发展状况，以及它所处的行业生命周期的位置，并据此做出正确的投资决策。

（1）行业基本状况分析。其一般包括行业概述、行业发展的现状与格局分析、行业发展的历史回顾、行业的市场容量、行业发展趋势分析销售增长、行业现状及趋势预测、行业的毛利率、净资产收益等。

（2）行业的分析应回答典型问题，具体应包括以下内容。

①该行业发展动态和发展程度如何？

②创新和技术进步在该行业扮演着一个怎样的角色及其应用？

③该行业的总销售额有多少？总收入为多少？

④该行业价格趋向如何？

⑤政府是如何影响该行业的？经济发展对该行业的影响程度如何？

⑥是什么因素决定行业的发展？

⑦竞争的本质是什么？你将采取什么样的战略？

⑧进入该行业的障碍是什么？你将如何克服？

⑨该行业的风险如何？典型的回报有多少？

7. 市场预测

市场预测为决策服务，是为了提高管理的科学水平，减少决策的盲目性，市场预测就是运用科学的方法，对影响市场供求变化的诸因素进行调查研究，分析和预见其发展趋势，掌握市场供求变化的规律，为经营决策提供可靠的依据。我们需要通过预测来把握经济发展或者未来市场变化的有关动态，减少未来的不确定性，降低决策可能遇到的风险，使决策目标得以顺利实现。

（1）市场预测的一般内容应包括市场现状、竞争厂商概况、市场容量及变化、市场价格及变化、生产发展及其变化趋势等。

（2）市场预测应该遵循一定的程序和步骤，使工作有序化，统筹规划和顺利协作，其过程一般包含以下的步骤。

①确定目标。因预测的目的不同，预测的内容、项目、所需要的资料及所运用的方法都会有所不同。明确预测目标，就是根据经营活动存在的问题，拟订所要预测的项目，制订预测工作的计划，编制预算、调配力量、组织实施，以保证市场预测工作有计划、有阶段地进行。

②搜集资料。掌握了充分翔实的资料，才能为市场预测提供分析、判断的可靠依据，调查和搜集市场预测有关资料是进行市场预测的重要一环，也是市场预测的基础性工作。

③选择方法。根据市场预测的目标以及各种方法的适用条件和性能，选择合适的预测方法，预测方法的选用是否恰当，将直接影响预测的可靠性和精确性。其核心是建立描述、概括研究对象特征和变化规律的模型，根据模型进行计算或者处理，即可得到预测结果。

④分析和修正。分析判断是对调查搜集的资料进行综合分析，并通过判断、推理，使定性上升定量的过程，从事物的现象深入本质，从而预计市场未来的发展变化趋势。在分析评判的基础上，还要根据最新信息对原预测结果进行评估和实时修正。

⑤编写报告。预测报告应该概括预测研究的主要活动过程，包括预测目标、预测对象及有关因素的分析结论、主要资料和数据、预测方法的选择和模型的建立，以及对预测结论的评估、分析和修正等。

8. 营销策略

营销是企业经营中最关键的环节，对市场错误的认识是企业经营失败的最主要原因之一。

（1）在创业计划书中，营销策略应包括市场机构和营销渠道的选择、营销队伍和管理、促销计划和广告策略、价格决策。对创业企业来说，由于产品和企业的知名度低，很难进入其他企业已经稳定的销售渠道。

（2）影响营销策略的主要因素有：消费者的特点；产品的特性；企业自身的状况；市场环境方面的因素。最终影响营销策略的则是营销成本和营销效益因素。

（3）制定营销策略的要点。在综合分析了影响营销策略的因素后，要制定适合企业发展的营销策略事关企业成败的大局，从以下四个方面把握制定一个合理营销策略的要点。

①市场及环境分析。只有掌握了市场需求，才能做到有的放矢、减少失误，从而将风险降至最低，进行市场及环境分析的主要目的是了解产品的潜在市场和预计的销售量及竞争对手的产品等信息。例如，美国的七喜汽水之所以能成为美国第三大软性饮料，就是由于采用了与竞争者划定界线的定位策略。可口可乐和百事可乐是市场的领导品牌，占有率极高，在消费者心中的地位不可动摇，于是美国的七喜汽水，宣称自己是"非可乐"型饮料，是代替可口可乐和百事可乐的清凉解渴饮料，突出其与"两乐"的区别，成为可乐饮料之外的另一种选择，因而吸引了相当部分的"两乐"品牌转移者。这一定位，既避免了与两巨头的正面竞争，又成功地使其在龙虎斗的饮料市场中占据了老三的地位。

②消费心理分析。目前的营销大多是以消费者为导向的，根据消费者的需求来制定产品，但仅仅如此是不够的，对消费能力、消费环境分析才能使整个营销活动获得成功，只有掌握了消费者购买产品的原因和目的，才能制订出具有针对性的营销创意。

③产品优势分析。只有做到知己知彼，才能战无不胜，产品优势分析包括本品分析和竞品分析。在营销活动中，本品难免会被拿来与其他产品进行对比，如果无法了解本品和竞品各自的优势和劣势，就无法打动消费者。自 1984 年海尔集团的前身青岛电冰箱总厂成立至 1991 年的 7 年时间里，海尔在实施名牌战略过程中，坚持技术质量上的高起点，强化全员质量意识和产品质量意识，坚持技术进步，通过狠抓产品质量，创立了海尔冰箱品牌。2009 年，海尔品牌价值高达 812 亿元，自 2002 年以来，海尔品牌价值连续 8 年蝉联中国最有价值品牌榜首。

④营销方式和平台的选择。营销方式和平台的选择要考虑企业自身情况和战略，同时还要兼顾目标群体的喜好。伊利优酸乳针对时尚、年轻的消费族群量身定制"我就是巨星"活动，打破冠名电视娱乐节目的常规做法，与浙江卫视深度合作，跨媒体设计各个环节，在特别节目中植入了"我要的改变"和"我要我的滋味"的环节，表现出伊利优酸乳"勇于改变"和"积极向上"的品牌主张；邀请明星为伊利优酸乳品牌代言，在幕前与年轻人群进行娱乐互动。由于具备了代言人与品牌内涵的高度关联优势，创造了收视与娱乐的双重价值，在年轻消费族群中夯实了其"健康青春饮品"形象。根据腾讯

网数据监测显示，活动得到海量曝光，活动推广为期不到 1 个月，广告总曝光 37.1 亿次，点击 222.6 万次，页面总浏览 32.0 万次；从影响力覆盖来看，地域分布广，其中广东省、浙江省、江苏省、山东省、北京市用户参与度最高，用户参与度比为 23.17%；其中 74% 以上的参与用户年龄在 10～30 岁间，完全符合产品目标受众特征。"伊利优酸乳玩转娱乐营销"之所以被《成功营销》杂志评为"2009 年最具人气乳品奖"，是因为伊利优酸乳在这个案例中运用的娱乐营销有很多创新之处，其成功经验非常值得其他品牌借鉴，娱乐平台正在成为年轻消费人群中的最大推动力量。

9. 生产制造计划

20 世纪 90 年代中后期，世界经济格局发生了重大的变化，生产制造企业所面临的共同问题是更加激烈的市场竞争和生产技术的科技化，在竞争中技术因素变得越来越重要，如果企业丧失了技术优势，就必定会丧失其竞争优势。在大学生的创业计划中，大多数是服务型或者高新技术型的企业，对生产制造环节涉及较少，但随着企业的不断发展壮大，生产制造会在企业的发展中占据越来越重要的地位。

（1）创业计划书的生产制造计划一般包括产品制造和技术设备现状、生产工艺和流程管理、新产品研发及投产计划、技术提升和设备更新的要求、质量控制和质量改进计划。

（2）编制生产制造计划的要点。为了增大企业在投资前的评估价值，创业者在创业计划书中应尽量使生产制造计划更加详细和可靠。一个完整的生产制造计划应回答问题有：企业生产制造所需的厂房、设备情况如何；怎样保证新产品在进入规模生产时的稳定性和可靠性；设备的引进和安装情况，以及供应商情况；生产线的设计与产品组装是否符合市场需要；生产周期标准的制定以及生产作业计划的编制；物料需求计划及其保证措施；质量控制的方法和标准；生产事故的补救措施、安全保证措施及相关预案；相关的其他问题。

10. 财务规划

财务是任何企业生存发展的基本也是最重要的因素，财务规划包括财务计划及合理避税和理财。创业计划书概括地提出在筹资过程中创业者需做的事情，而财务规划则是对创业计划书的资金使用说明和财务支持。因此，一份好的财务规划对评估企业所需的资金数量、提高企业取得投资是十分关键的。

如果财务规划准备得不好，会让投资者以为企业管理人员缺乏经验，从而降低企业的评估价值，同时也会增加企业的经营风险。

（1）规划的任务。拟创办企业认真贯彻执行财务预算，以加强财务核算、提高会计素质为主要工作内容；以精细化核算、数量化考核为工作方法；以利润最大化为目标；以资产经营责任为主线；全面推行制度化、标准化、程序化、信息化的财务管理模式；加强成本核算，实行全员、全过程的财务管理策略；从严管理，积极为企业领导经营决策当好参谋；为完成企业经营目标做出应有的努力。

（2）编制财务计划的原则。其主要依据以下原则进行编制。

①企业的主要财务收支活动应当体现国家计划对企业的指导，符合国家政策、法令的各项规定。

②各项指标既要能够调动职工增产节约、改善经营管理的积极性，又要有切实的措施保证其实现。

③财务计划中的各项指标要与企业的全部生产经营活动相适应，要与其他各项计划协调一致。

④要按年度、季度、月度分别编制财务计划，以月保季、以季保年。

（3）财务计划的内容。财务计划是企业预算和发展的重要依据，一般包括以下内容。

①生产经营活动中的各项收入、支出和盈亏情况。

②产品成本（各种主要产品的单位成本以及可比产品成本较上年的降低率和降低额）和费用预算。

③纯收入的分配和亏损的弥补。

④流动资金来源和占用以及周转情况。

⑤专项基金的提存、使用以及企业依法留用利润的安排使用情况。

（4）财务规划的编制程序。其编制程序大致有如下内容。

①由企业最高管理当局根据财务决策提出一定时期的经营目标，并向各级、各部门下达规划指标。

②各级、各部门在规划指标范围内，编制本部门预算草案。

③由财务部门或预算委员会对各部门预算草案进行审核、协调，汇总编制总预算并报企业负责人、董事会批准。

④将批准的预算下达各级、各部门执行。

（5）财务规划的要点。企业财务规划的应保证和创业计划书的假设相一致，但实际中，财务规划和企业的生产计划、人力资源计划、营销计划等都是密不可分的。要完成财务规划，一般要明确下列问题。

①产品在每一个期间的发出量有多大？

②什么时候开始扩张产品线？

③每件产品的生产费用是多少？

④每件产品的定价是多少？

⑤使用什么分销渠道？所预期的成本和利润是多少？

⑥需要雇用哪几种类型的人？

⑦雇用何时开始，工资预算是多少？

11. 风险及风险管理

风险是指在某一特定环境下，在某一特定时间段内，某种损失发生的可能性。它是由风险因素、风险事故和风险损失等要素组成。换句话说，在某一个特定时间段里，人们所期望达到的目标与实际出现的结果之间产生的距离称为风险。风险管理是指对影响企业目标实现的各种不确定性事件进行识别和评估，并采取应对措施将其影响控制在可接受范围内的过程。

（1）风险预测。风险预测就是估算、衡量风险，由风险管理人运用科学的方法，对其掌握的统计资料、风险信息及风险的性质进行系统分析和研究，进而确定各项风险的频度和强度，为选择适当的风险处理方法提供可靠依据，一般包括以下两个方面。

①预测风险的概率。通过资料积累和观察，发现造成损失的规律性。

②预测风险的强度。假设风险发生，导致企业的直接和间接的损失。对于容易造成直接损失并且损失规模和程度大的风险应重点防范。

（2）风险处理常见的方法。

①避免风险，即被动躲避风险。比如避免火灾可将房屋出售、避免航空事故可改用陆路运输等。因为企业的任何活动都存在一定风险，不能因为有风险企业就不进行经营活动。

②预防风险，即采取措施消除或者减少风险发生的因素。例如，为了防止水灾导致仓库进水，采取增加防洪门、加高防洪堤等；又如，企业加强员工的预防和避免风险意识，制定专业的有关规避风险的制度和应急预案，抽调专人对风险进行管理，可大大减少风险的发生及因风险导致的损失。

③自保风险，即企业自己承担风险。一是小额损失纳入生产经营成本，损失发生时用企业的收益补偿；二是针对发生的频率和强度都大的风险建立意外损失基金，损失发生时用以补偿；三是对于较大的企业，建立专业的自保公司。

④转移风险。在危险发生前，通过采取出售、转让、保险等方法，将风险转移出去，这是目前企业采用最多的方法。

四、创业计划书的撰写要点

1. 摘要写作建议

（1）摘要不应该超过两页的长度，其目的是为了向别人展示企业，而不是为了要描述企业。如果需要用超过两页的篇幅来描述，那么创意可能还不够完善，还没从全局上把握要如何写好一篇创业计划书。

（2）最好不要附上PPT，PPT应该在与投资人面对面交流时使用，如果在邮件中附上PPT，投资人已经知道创业者可能的要表述的内容，也可能因为过于冗长使投资人没有时间看完，而可能起反作用。

（3）创业计划书中如果有专利，那"专利"这个词不可多次使用。最多使用 1 次，因为没有一个优秀的创业投资人会认为一项专利就能让公司成功开办，并且无懈可击，他们只是想了解那些究竟是不是值得称为有价值的专利。

2. 如实撰写企业的发展规划

不要声称将创造一家成长速度最快的公司，一些创业者为吸引投资，在企业的预测中，都说发展速度要超过某大企业，而这些创业者还自称估计是"很保守"的。合理的建议是，增长速度太慢绝对要好过太快，因为如果投资人喜欢创业者的想法，他会相信创业者一定能做得更好，这样空间才会大。

3. 撰写企业的管理和团队的建设要谦虚谨慎

一些创业者为争取投资，不惜重金吸引高学历和技术人才加盟，然后在创业计划书上大吹大擂，表示企业具备强的人才和技术优势，其实这是违背企业发展规律的。在创业之初，最重要的事情是要做出好的产品（服务），并让别人去销售给需要它的顾客。

4. 创业计划书检查

在创业计划书撰写完成之后，创业者要对计划书再仔细检查一遍，看一下该计划书是否能准确回答投资者的疑问，争取投资者对本企业投资的信心等。创业者可从以下几个方面对计划书加以检查。

（1）创业计划书是否显示出创业者具有管理企业的经验。如果创业者缺乏能力去管理公司，那么一定要明确地说明，已经雇用了一些具有经营管理经验的人来管理企业。

（2）创业计划书是否容易被投资者所领会。创业计划书应该备目录索引，以便投资者可以查阅各个章节，还应保证目录中的信息流是有逻辑的、现实的。

（3）创业计划书是否显示了创业者的运营能力，有能力偿还借款。给投资者一个完整的运营计划和投资比率分析。

（4）创业计划书是否显示出创业者已进行过仔细的市场调研和完整的市场分析。让投资者坚信在计划书中阐明的产品需求量是确实的存在和能够实现的。

（5）创业计划书能否打消投资者对产品（服务）的疑虑。如果创业者自己对创业计划书缺乏成功的足够信心，最好去查阅计划书编写指南或向专门的人士请教，必要时可以做一个产品的模型。

（6）创业计划书中是否有计划写摘要并放在了最前面。摘要相当于公司创业计划书的封面，投资者首先会看它，为了保持投资者的兴趣，摘要应写的引人入胜。

（7）创业计划书是否在文法上全部正确。在递交计划书之前必须认真检查，投资者一旦发现计划书的拼写错误和排印错误，他们会认为创业者不够用心，这也会使机会丧失。

第三节　项　目　路　演

一、项目路演概述

1. 项目路演的概念

通常来说路演是国际上广泛采用的证券发行推广方式，指证券发行商发行证券前针对机构投资者的推介活动，是在投融资双方充分交流的条件下促进股票成功发行的重要推介、宣传手段。路演在几年前还较为陌生，现在却成为一个使用频率较高的词。路演模式在中国刚一出现就得到了上市公司、券商、投资者的关注和青睐，也引起了其他企业的广泛关注，并效仿证券业的路演方式来宣传推广企业的产品，形成当下盛行的企业"路演"。在日常生活中为人们所熟知的多为商业性路演或者在大学生创业类大赛中的路演。

项目路演就是企业或创业团队代表在讲台上向投资方或者创业类大赛评委讲解项目属性、发展计划和融资计划，实现创业者与投资人零距离对话，平等交流专业切磋的一种重要方式，可以促进创业者和投资人的充分沟通和深入了解，最终推动创业项目的融资进程，一般分为线上路演和线下路演。线上项目路演主要是通过微信群，QQ 群等线上方式对项目进行讲解；线下项目路演主要通过路演专场向投资人或者大赛评委进行面对面的演讲以及交流。

2. 项目路演性质

（1）"项目路演"是国内外诸多风险投资机构实现融资的高速公路。实现创业项目与投资人的零距离直接面对面对话、专业切磋、平等交流、促进创业项目与投资人的充分沟通和加深了解，最终推动融资进程。

（2）规模。项目路演由 8 ～ 10 个创业项目和 8 ～ 10 个投资机构代表组成。确保每个项目进行较为充分的展示，并与投资人进行深入的沟通。

（3）私密性质。除创业项目和投资机构代表之外，项目路演全程谢绝无关人员参观。除非得到本人许可，对项目商业秘密和项目路演个人资料进行严格保密，不将项目路演的任何内容用于商业目的。

3. 项目路演目的

通常情况下，投资人每天看到的计划书和接触的创业项目较多，甚至有的投资人一天需阅读上百份项目计划书，所以筛选项目往往只能凭借一些市场份额、盈利水平等硬性指标进行判断，很难了解项目的精彩之处。项目路演可以让投资人在安静的环境里，在路演者声情并茂的展示下，真正读懂企业或者创业团队的项目，从而使投资人做出更为准确的判断。特别对于一些技术性强的项目，更能减少出现投资人看不懂和不理解项目的弊端，造成错失优质项目的遗憾。企业或者创业团队也可以通过自己的精辟讲解和投资人之间的交流，快速对接自己的项目，减少融资之路上的弯路。

二、项目路演的方法与技巧

项目路演是创业公司或团队展示创业项目的必要形式，创业项目要获得投资人的青睐，完美的路演展示是必不可少的。一些好的创业项目，却坏在了不懂得路演操作的创业者手里，令人惋惜。这些问题集中表现在：路演准备不充分、PPT制作不专业、主讲人过于紧张、不善于捕捉听众关注点等。所以项目路演需要一些方法与技巧能为创业项目路演加分，就像美酒配佳肴、好马配好鞍一样。

（一）路演前的准备

1. 梳理创业项目思路

项目路演，不是演讲更不是秀口才，准确地说，路演的核心在于创业者对自己项目的掌控能力，以及敏锐的商业洞察力，并能够在有限的时间里思路清晰地将一切展现给投资人。所以在参加路演前对于创业者来说，最重要的还是整理自己的创业思路。

2. 打磨创业计划书、演讲 PPT、演讲稿

首先，关于创业计划书的撰写要点，前文已经阐述，此处不再赘述。

其次，要根据创业计划书的内容，认真制作与之配套的 PPT。PPT 的制作以简洁明了的图片、可靠有效数据、柱状图为主，配以简单的总结性话语，逻辑清晰，重点突出。

最后，演讲稿是项目路演时的基础，如何在有限的时间内展示出项目的优势并成功吸引评委的目光，是演讲者在撰写演讲稿时的重要任务。项目路演的本质就是在有限的时间里传递最有效的价值。有效的价值的评判标准取决于你是否能获得投资人或者评委的青睐，因此，在准备路演稿时不妨进行换位思考，站在投资人或者评委的角度去思考，他们最想听到的是什么？事实上投资人或者评委最关注的是以下几个问题：什么人发现了什么问题、采取了怎样的行动、帮助哪些人解决了什么问题。

（二）路演中的应对

当拥有一份完美的答辩稿后，接下来需要为路演现场做准备。创业者通常只有 10 分钟甚至更少的时间来表达项目，那么我们在这其中需要注意什么呢？

（1）演讲者所代表的是整个团队，演讲者的状态直接影响评委对项目发展的看法。投资人往往不了解技术和产品，他们下结论很大一方面要看演讲者是否对自己的产品有自信，所以自己要信心十足，并将这种信心传递给投资人；与此同时开场白也很重要，

如苹果产品发布会的开场白虽然是开门见山，却引人入胜。

（2）路演时运用故事思维。国内知名儿童内容品牌"凯叔讲故事"在路演时，利用讲故事的形式在2017年5月完成了B轮9 000万元的融资，获得了由新东方领投、挚信资本、浙数文化、艾瑞资本共同投资的融资。运用故事思维进行路演时，可以凸显团队故事，很多投资人对于企业团队的重视远高于企业当前所体现出的业绩报告，因此路演时可以凸显团队的专业性和高能力，用精彩的团队故事吸引投资人。

（3）把握好演讲时间，并且注重演讲技巧。创业者用充满说服力的演讲打动投资人，感染投资人。要合理利用PPT中的排练计时，进行试讲并录像，反馈演讲效果并及时改进。

（4）清晰的演讲逻辑。项目演示的逻辑结构不清晰、重点内容不突出，都难以成功打动投资人。所以演讲者可以在脑海中规划自己的演讲地图，找到关键点，创业者可以根据自己的演讲内容来安排演讲稿的逻辑顺序和整体结构。结构清楚，思路和脉络自然就清晰了，这样既可以克服忘词的恐惧，也让听众一目了然。

（5）语速始终，保证评委能够捕捉关键性内容才是一次有效的路演。把复杂的问题尽量简单化，用翔实的数据、具体的事例和故事进行讲述，如前文所述尽量运用故事思维，展示清晰的故事叙述能力。

（6）注重答辩人的仪态。答辩人要注意自己的着装、体态、语气等方面的细节。因为答辩人代表的是整个团队，所以答辩人的形象代表了团队的形象。一个好的团队形象会为团队加分。另外，演讲者的演讲要切合自身的身份、符合自己的性格并且赋予真实的情绪，这都是路演时需要注意的技巧。

（7）答辩环节，有答有辩，遇到不会的问题不要紧张，也不要强答，坦诚应对，可以巧妙地将问题转移至项目的亮点等方面。演讲人在回答投资人问题时，应避免犹豫、迟疑等现象发生。对于投资人通常会问到的问题，如"如何打开产品市场""市场定位如何""公司的估价怎么算出来""团队过往的历史和成功案例""企业的上下游关系如何"等问题应进行提前演练。

（三）路演结束时的注意事项

（1）路演演讲的结尾往往需要起"画龙点睛"的作用。开篇和主体再好，结尾语言平淡，整个演讲的精彩程度也会大打折扣，首尾呼应才能更加引人入胜。

（2）在路演结束时，如果有点评环节，演讲人要认真倾听投资人提出的项目改进意见，尽量为对方留下一些良好的印象，要避免与投资人抗辩。

本 章 小 结

有了创业想法、进行创业规划、撰写创业计划书是创业者创业的起点，更是创业者对项目思路的再次定位；只有创业计划还不够，项目路演也是非常重要的一个环节，项目路演时还需要一些方法与技巧能为创业项目路演加分，就像美酒配佳肴、好马配好鞍一样。

思考题

1. 如何撰写大学生创业计划书？

2. 大学生创业计划书的写作步骤是什么？

3. 如果你是投资人或者创业大赛的评委，在项目路演的过程中，你最关注哪部分内容？

扩展阅读6.3

案例分析

即测即练

微课视频

第七章　知识产权申报与转化

学习目标

1. 了解知识产权的概念、分类和主要特点；
2. 理解知识产权的申报与转化；
3. 掌握知识产权为企业创造最大化商业价值的方法。

案例导入

蜂窝通信技术的发展历程和专利布局

蜂窝通信技术起始于国外，在1G至4G通信技术的发展历程中，中国由落后到追赶，逐渐把握了话语权，直至目前的5G时代，中国的5G通信技术实现了赶超。5G技术可承载对网络有特殊需求的诸多产业应用场景，是下一轮科技革命的制高点，因此世界各国政府均在2012—2013年期间着力出台了促进5G技术研发的相关政策，随之而来的是各国运营商在5G技术试验和产业链规划方面的白热化竞争态势。2020年全球共有63家运营商实现5G商用，381家运营商投资5G进行网络部署和测试验证。毫米波是实现5G大容量和高传输速率的主要高频段之一，其不仅涉及政策层面的竞争策略，更是各国运营商在试验和产业链规划方面的主要竞争对象。2020年1月19日，中国网络通信与安全紫金山实验室利用硅基工艺在该技术领域取得突破，将毫米波相控阵芯片的制备成本大幅降低。

从全球5G毫米波宽带芯片及相控阵系统的重点专利申请人及其分布图中可以看到，在该项技术的专利申请中国内国外申请人各占一半。其中，国内申请人以高等院校为主，包括电子科技大学、东南大学、华南理工大学、南京理工大学和西安电子科技大学等；公司包括京信通信、华为、OPPO、摩比集团、维沃移动通信有限公司和深圳市信维通信股份有限公司。国外申请人全部为公司，主要为芯片巨头三星电子、英特尔、高通和通信巨头爱立信，此外还有美国苹果公司、IBM和博通公司等。可见，国外申请人除了一家韩国公司三星电子和一家日本公司三菱电机，其他均为美国公司。

中国的电子科技大学的专利申请量位列全球首位，其在天线、射频前端和其他芯片器件领域具有均衡的专利布局。电子科技大学在5G通信技术，尤其毫米波及相控阵技术方面的研发实力强劲，在5G通信技术领域拥有众多研究成果，其技术水平位于全国高校前列。中国的京信通信公司位列全球第2位，其专利布局集中在天线和射频前端技术领域，且布局相对较为均衡。京信通信是全球基站天线一级供应商，其在2017年的市场份额达13%，全球排名第二，仅次于华为（32%）。此外，京信通信一直致力于小基站研究，是该领域的龙头企业，实现商用小基站超过 20 万台。面对 5G 设备、芯片等技术领域，更多人想到也许是华为、中兴等巨头，殊不知，在轰轰烈烈的 5G 浪潮中，京信通信作为一个通讯公司竟然表现如此抢眼。韩国的三星电子、美国的英特尔和中国的华为在全球专利申请人中分列第 3、第 4 和第 5 位，东南大学在全球专利申请中排名第 6 位，其专利申请以天线为主、射频前端次之。

全球 5G 毫米波宽带芯片及相控阵系统技术的专利申请法律状态分布情况，从侧面反映出各个技术分支的发展现状。天线和射频前端技术领域的法律状态分布情况相似，可见作为 5G 毫米波芯片及相控阵系统的重要组成部分，两者的发展状况十分相近，而其他芯片器件技术领域的专利失效占比较高，其专利获权和权利维持程度较低。对于中国地区的有效和失效专利，其审查周期大部分集中在 19～24 个月，其次为 25～30 个月，可见该技术领域在国内的专利申请大部分需经过 2 年左右的周期才能确定是否可获权。通过对全球 5G 毫米波宽带芯片及相控阵系统技术的专利运营情况进行分析，发现该技术领域的专利运营主要集中在专利转让事件上，专利许可和诉讼事件很少，分别限于 10 项以内，此外没有发生过专利无效事件。

全球 5G 毫米波宽带芯片及相控阵系统技术领域的相关专利转让共 4 700 项，其年专利转让数量逐年增加，尤其自 2016 年以后增速加大，其中天线技术领域的相关专利转让数量增速明显，占比较高。在专利转让中，大部分转让人为国外个人，大部分受让人为国外企业，这可能与美国专利申请制度有关，即发明人申请专利后，发明人将专利（申请）权转让给公司。而京信通信的专利转让多发生在公司内部。因此，根据目前的专利转让数据来看，尚无法判断出行业内的合作关系及专利市场价值。

分享讨论：

你认为 5G 毫米波宽带芯片及相控阵系统技术的专利分布是怎样的？

（资料来源：自裴晖 . 5G 毫米波宽带高效率芯片及相控阵系统技术的知识产权分析与评议 [J]. 专利代理，2021（02）：24-31.）

第一节　知识产权概述

一、知识产权的概念

知识产权是由英文 intellectual property 翻译而来。通常认为，知识产权是一种无形财产权，是智力成果所有人或工商业标记所有人依法享有的专有权利。从广义上说，知识产权是指以"创造性知识成果"和"经营标识"为核心而产生的财产权的总称。国内外著作普遍表述知识产权概念的方式是列举知识产权的主要内容，如知识产权传统上包括专利、商标和版权三个法律领域，或者说"专利权、商标权与著作权等一般结合在一起称之为知识产权"。然而，这种方法不能揭示概念的全部外延，只包括了专利权、商标权和著作权，而不涉及除商标之外的其他商业标记权、集成电路布图设计权、反不正当竞争等内容。

关于知识产权的两个重要的国际公约则采用完全列举知识产权对象的方法表述知识产权概念。1967年7月14日在斯德哥尔摩签订的《成立世界知识产权组织公约》第二条第八款规定，"知识产权"包括以下有关项目的权利：文学艺术和科学作品；表演艺术家的演出、录音制品和广播节目；在人类一切活动领域内的发明；科学发现；工业品外观设计；商标、服务标记、商号名称和标记；禁止不正当竞争，以及在工业、科学、文学或艺术领域内其他一切来自知识活动的权利。1994年4月15日签署、1995年1月1日生效的《与贸易有关的知识产权协议》第一条第二款规定，对于本协议，"知识产权"系指第二部分第一至第七节中所包括的所有类别的知识产权：著作权及其相关权利；商标权；地理标记权；工业品外观设计权；专利权；集成电路布图设计权；对未公开信息的保护；对许可合同中限制竞争行为的控制。完全列举的方法表述清楚明确，但用来说明概念，则过于烦琐，而且知识产权的外延并非固定不变。随着技术进步和社会文化的发展，不断有新的对象被纳入知识产权当中。例如，公开权这一保护知名人物对其形象和身份所具有的利益的权利也被认为应当属于知识产权的范畴。从这个角度看，采用列举方式难以列全，存在较大的缺陷。从科学的意义上讲，概念应当是反映对象的本质属性的思维形式，而简单的列举恰恰不能完成这一任务。概念本身就是人类在认识过程中，把所感觉到的事物的共同特点，从感性认识上升至理性认识，抽象出本质属性而成。所以统一知识产权概念的基础，需要从种种或同或异的列举背后，发现它们的共性。

以计算机为例，创造性知识成果有：计算机的画面处理装置或者数据处理装置相关的发明（发明专利权）；计算机的形状、构造等相关的实用新型（实用新型专利权）；计算机的外观设计（外观设计专利权）；计算机的半导体集成电路芯片设计（集成电路布图设计专有权）；计算机上安装的计算机软件（软件著作权）。经营标识有：计算机上附着的注册商标（商标权）；计算机特有的商品形态、名称、包装、装潢等（反不正当竞争法保护的其他权益）。

上例中，计算机本身的财产所有权的客体（有形物）与作为知识产权客体的技术知识和标识（无形物）是不同的。知识产权客体并不是指计算机本身，而是指产品中所包含的技术知识或标识的"信息"。通过购买行为，计算机作为技术产品可以被购买者占有或实际控制，所有人可以通过物理上的占有而达到保护自己财产不受侵害的目的，但绝不会因为该购买行为就因此享有了该计算机相关的发明专利等知识产权。

知识产权具有无形性特征，这一特征将它们同一切有形财产权区分开。法律赋予了知识产权在一定期间内排他性的独占权。未经权利人许可，任何人不得侵害权利人的知识产权。知识产权人可以禁止他人未经权利人许可而擅自实施和使用。当然权利人除自己行使外，也可以许可他人行使。同时，知识产权具有地域性的特征，按照一国法律取得的知识产权，只能在该国有效，不会产生域外效力。此外，知识产权具有时间性的特征，一旦超出法律规定的有效期限，即丧失专有性，相关知识产品就进入公有领域，成为社会的共同财富，任何人都可以自由利用。比如我国规定公民作品的著作权保护期为作者有生之年及其死后五十年，发明专利权的保护期为二十年，实用新型和外观设计专利权的保护期为十年。当然，并非每一类知识产权都具备以上全部特征，如商业秘密在时间性上就不受限制。

知识产权是指人们就其智力劳动成果所依法享有的专有权利，通常是国家赋予创造者对其智力成果在一定时期内享有的专有权或独占权。

知识产权从本质上说是一种无形财产权，客体是智力成果或是知识产品，是一种无形财产或者一种没有形体的精神财富，是创造性的智力劳动所创造的劳动成果。它与房屋、汽车等有形财产一样，都受国家法律的保护，都具有价值和使用价值。有些重大专利、驰名商标或作品的价值也远远高于房屋、汽车等有形财产。

二、知识产权的内容

知识产权主要包括以下几个方面的内容。

1. 发明

发明是指对产品、方法或者其改进所提出的新的技术方案。它分为产品发明和方法发明两大类型。例如，一种新合金的化学组成是产品发明，而制造该新合金的新方法或者工艺流程则是方法发明。发明专利权的保护期为 20 年。要取得发明专利权需要具备新颖性、创造性、实用性三个条件。新颖性是指一项发明是现有技术中所没有的。现有技术是指申请目前在国内外出版物上公开发表、在国内公开使用或者以其他方式为公众所知的技术。例如，已在美国、日本或者欧洲使用或公开的技术就不是新颖的；已在国内外刊物上公开发表的技术知识也不具有新颖性。因为已经在社会上存在，所以对技术创新没有丝毫贡献。创造性是指除了是现有技术中所没有的以外，还必须是创造性构思的成果，而且与现有技术相比，该发明具有突出的实质性特点和显著的进步。实用性是指该发明能够制造或者使用，并且能够产生积极效果。这三个条件是发明区别于一般技术并能够取得专利权的核心条件。

2. 实用新型

实用新型是指对产品的形状、构造或者其结合所提出的适于实用的新的技术方案。

实用新型的保护对象只限于产品形状、结构。产品的制造方法不能获得专利。实用新型专利权的保护期为 10 年。实用新型要取得专利权也需要具备新颖性、创造性、实用性的条件。但对其创造性水平的要求相比发明专利要低，故称之为"小发明"。对它不需要进行实质审查，只需要进行形式审查。因此，从技术高度性和权利稳定性上看，发明专利明显高于实用新型专利的价值。实用新型有时可以是一个简单实用的技术产品。例如，日本有一个企业申请的实用新型是一个盛米饭的饭板，对凹凸表面加以特殊加工，使得它与米饭的接触面减少，并且使水分容易残留，达到饭板盛完饭后不沾米粒的效果。

3. 外观设计

外观设计是指对产品的形状、图案或者其结合以及色彩与形状、图案的结合所做出的富有美观并适于工业应用的新设计。它属于美学范畴，主要指有用物品的装饰性或艺术性的外表，其保护期为 10 年。外观设计是对广泛的工业产品外观的形态创造，它可以是儿童玩具的造型，也可以是汽车外形设计或者汽车轮胎花纹的设计。外观设计有时为产品带来美观的同时也具有功能性，如轮胎的花纹便是如此。成功的产品在与其他同类产品的竞争销售中，它的外观常常可以成为买主心目中的决定因素。

4. 商标

商标是用来识别一种商品区别于其他商品，且具有"显著性"特征的商品标识。商标由文字、图形或文字、图形的组合所构成。与商品商标相同，服务业的经营者为了使自己的服务区别于其他经营者的同类服务，而使用服务商标。例如，航空公司、旅馆、餐馆、银行、保险公司、旅行社、出租汽车公司等服务性企业使用的标记。一个标识可以同时是商品商标和服务商标。例如，麦当劳的商标既是商品商标，又是服务商标。当它提供外卖时，商品包装上所使用的标识是商品商标，而店铺向消费者提供服务时其标识为服务商标。商标权的保护期为 10 年，但可以无限期续展。因此，商标权实质上可以成为一种永久性权利。

5. 原产地名称

原产地名称是地理标记的一种，但它不是仅仅表示产品来源的普遍地理标记，而且还是表示该产品质量或特点完全或主要取决于该地域的土壤、气候、水质、原料、传统制作工艺、加工技术等自然因素或人为因素的特殊地理标记。例如，葡萄酒的原产地名称通常是由地理名称和商品组成，是国际公认的一个有名的地理标志，只要是设于该地的酒厂，都可以在其酿造的葡萄酒上使用这个地理标志。对于日益注重生活质量的消费者来说，原产地名称可以满足他们对高档、优质产品的需求。原产地名称的这种功效正是其商业价值的体现，也是它成为工业产权保护对象的原因所在。

6. 作品

受著作权法保护的是文学、艺术和科学作品。思想、感情的表现形式称为作品，如书籍、戏剧或音乐作品、舞蹈艺术作品、电影作品、美术作品、摄影作品等。著作权之所以产生是为了要保障作者就其作品能够获得经济利益。现在各国著作权法中都授予作者复制、发行、表演、演奏、放映、广播其作品等专有权，其目的是保护作者利用或者许可第三人利用其作品而获得经济利益的权利。特别是在作品和技术相结合的今日，著作权正变得越来越重要。例如，许多高新技术产品和工艺需要通过计算机软件来操作，其软件开发费用占整个开发费用的大部分。因此相对于专利或专有技术而言，软件在很大程度上是一种现代工业语言，在经济和技术方面，都显得更加重要。

7. 商业秘密

商业秘密是指不为公众所知悉、能为权利人带来经济利益，具有实用性并经权利人采取保密措施的信息。商业秘密一类是制造诀窍，也称专有技术。例如，如何钻探油田或者如何制造飞机发动机，以及产品设计、工艺流程、配方、质量控制等；另一类是经营诀窍。例如，如何计划、组织一个培训讲座班，以及成本和价格的数据、市场的调查研究成果、客户名单、促进销售的方式方法、人事信息、资金信息、财务诀窍等。企业对于所拥有的商业秘密，必须采取保密措施严加保护。如果因为不慎而被公开，该信息就落入公用领域，任何人都可自由使用。

8. 集成电路布图设计

集成电路是指一种产品，在它的最终形态或中间形态，其中众多元件（其中至少一个是源元件）的部分或全部互连集成在一块材料之中或之上，以执行某种电子功能。在集成电路的价值成本中，大部分都是知识、技术与信息所增加的附加价值，这种附加价值主要集中在以集成电路为载体的集成电路布图设计上。目前对于集成电路布图设计，多数采取专门立法的形式予以保护，不过这种权利仍然属于工业产权的一部分。集成电路主要用于高级数据处理设备，以及应用于手表、电视机、洗衣机、汽车等日常使用的电子产品之中。集成电路创作新的布图设计需要大量的投资，但是模仿和复制却相对容易，一般只需要花费相当于原创作费用的十分之一左右。这是采用立法形式保护集成电路布图的主要原因。

9. 植物新品种

植物新品种是人智力创造的成果。目前各国一般是采取特殊方式保护，称为植物育种者权利。它与其他知识产权在形式上有某些共同特征，但同时又有本质的差异。植物品种要获得保护，需要满足新颖性、特异性、一致性、稳定性的条件，并且有适当的名称，通过培育繁殖材料，可以得到植物新品种。

三、知识产权主要特点

（1）专有性。知识产权的专有性也称独占性、排他性，是指知识产权专为权利人所享有，非经法律特别规定或权利人同意，任何人不得利用和处分。知识产品的非物质性导致其具有公共物品的属性，在没有知识产权制度的时代，知识几近成为公共物品，只要可被人获知，就可任意免费利用，无须为其利用行为支付报酬。知识产品由此具有了自由物品或免费物品的特征，也就是说，知识具有外部性。然而，知识产品作为人的原创性劳动的成果，并不是可以取之不尽、用之不竭的。从经济学上看，用稀缺资源生产出来的物品也是稀缺的，是经济物品，而非自由物品。从知识产品的产生来看，不应认为知识产品可以被任意无偿取用。就像有形的财物因可以满足人的需要，而本身又是稀缺的，获得它必须向其所有人支付代价一样，知识的有用性以及稀缺性，要求获取知识的人向其创造生产者支付代价。如果放任知识外部性的产生，必将导致供给不足。只有在产权能够界定和执行的时候，大部分与外部效应有关的问题才能有效地解决。只有对知识产品设置产权，才能使其具有排他性。随着知识产品对社会的有用性或其贡献的重要性逐渐被意识到，各国便逐步制定知识产权法将知识产品纳入法律的保护框架之内，成为被法律确认的专属于权利人的财产。知识产权人可以基于对知识产品的专有权，独占性地获取市场利益。未经知识产权人许可，他人不得利用其知识产品，否则将构成侵权，受法律制裁。不过知识产权的专有性是相对的，著作权法中的合理使用、专利法中的强制许可等制度在一定程度上限制了知识产权的专有性。

（2）地域性。知识产权具有地域性，即这种权利仅依某个国家的国内法而产生，而且仅在其产生的国家依该国的法律受保护。对专利权、工业品外观设计和商标权而言，由于权利的产生须经过申请批准手续，因此要得到国际保护，权利所有人必须向各有关国家提出申请，并分别获得这些国家的批准，这样才能在本国以外的国家享有专有权。当权利人的权利遭侵犯时，权利人也仅只能依各授权国家的法律请求保护。对版权而言，由于大多数国家都按《保护文学艺术作品伯尔尼公约》，规定了版权自动产生的原则，不需要向主管机构办理任何登记手续。因此，在《保护文学艺术作品伯尔尼公约》的成员国之间，版权的保护在某种意义上已打破了传统的知识产权地域性。但由于在作品来源国依法产生的版权，在其他国家的保护仍适用于其他国家的法律（即权利主张国法），从这个意义上来说，版权的地域性依然是存在的。

（3）时间性。知识产权的时间性是指知识产权只在法定的期限内受法律保护，权利人享有的专有权利有时间限制。一旦保护期限届满，权利即告终止，相关的知识产品就进入公有领域，成为整个社会的共同财富，任何人都可以自由接近和利用。由于知识产品具有非物质性特征，所以知识产品是一种"永不磨损"的非消耗性产品。知识靠表现和传递而存在，并维系其寿命。除非是知识的物质载体全部灭绝和存储于大脑中的知识的信号全部失忆这两种情况同时出现，否则，知识的寿命是无限的，可以世代流传。法律为激励创造者，赋予其对知识产品独占地获取收益的权利，禁止他人未经权利人许可而使用。然而，这种法律赋予权利人的垄断，却不能因知识的永存性而无限期存在。知识的累积性表明它是人类共同发展的基础，任何一种创造都来源于人类共有的知识财富，因而这种创造最终也应归于人类共同的财产。社会的发展就是以知识的不断创新和积累为基础，它事关公共利益，因此应由法律规定某种知识归属于其创造者独占的期限。知识产权人只能在法律授予的垄断期限内，独占地利用其创造、获得收益。超过这个期限，权利丧失，利益由社会共享。法律通过这样的制度安排，一方面使创造者为其对社会的贡献获得报偿，从而激发更多有益于社会的创造；另一方面使社会知识不断增长和积累，满足社会公共利益的要求。各项知识产权基本上都有法定的保护期限。商标权虽有 10 年的保护期，但因可无限续展，相对于著作权与专利权而言，属于相对永久权。商业秘密的保护则无时间限制。

（4）无形性。这里所说的无形性是指知识产权本身，而不是指知识产权所涉及的客体或载体。知识产权的客体或载体，除版权中的某些权利的客体或载体（如表演者的表演、未固定在有形物质上的作品等）之外，绝大多数是有形的，如发明的产品、商标、图书等，将这些客体或载体与知识产权本身混为一谈是错误的。知识产权作为一种权利，其本身是无形的，这是知识产权不同于有形财产权的最重要区别之一。正因为如此，许多国家的法律将知识产权归于无形财产权的范畴之中。由于知识产权具有无形性的特点，所以人们对知识产权的控制不像有形财产那样对实在物质的具体占有或持有，而只能表现为对权利中的无形利益的享有和利用。同样，他人对知识产权的侵犯也主要表现为对权利人利益的侵害。

四、知识产权的分类

知识产权是一系列智力劳动成果权的统称，它包括专利权、商标权、版权及其他知识产权。不同的国际对产权的类型有着不同的规定。

按保护目的不同，知识产权可分为工业产权和著作权。狭义的工业产权包括发明、实用新型、外观设计和商标等。日本学者竹田和彦先生所著的《最新专利的知识》一书中用了一个很好的例子来阐述它们之间的关系：一支铅笔的发明原来是圆柱形的，容易从桌子滚下来，那么将铅笔改为不易滚动的六棱形便可取得实用新型。给铅笔涂上设计的图案增加美观，就是外观设计。特定的制造商将自己的商标标注在铅笔上，这支铅笔就拥有了发明、实用新型、外观设计的专利权和商标权。著作权和工业产权一样，是知识产权的一个重要部分，涉及文学、科学艺术领域，保护的是作者创作的作品。

按保护对象不同，知识产权可分为创造性知识成果和经营标识两大类。创造性知识成果包括发明、实用新型、外观设计、作品等。近年来随着科学技术的发展，知识产权的保护范围逐渐扩大，如计算机软件、集成电路、植物新品种、商业秘密等也被列入创造性知识成果的保护范围。经营标识包括商标、商号、其他与制止不正当竞争有关的识别性标记等。

第二节 知识产权的申报

中国的知识产权制度移植于西方，但又同自身的社会经济发展水平相适应，改革开放 40 年以来为我国的改革开放和现代化建设做出了不可磨灭的贡献。知识产权与企业经营之间密不可分，已经成为企业的核心竞争力。通常来说，企业经营过程中涉及的知识产权主要包括专利权，商标权，著作权，企业名称（简称），集成电路布图设计权，域名权，知名商品特有的名称、包装、装潢商誉等，以上这些知识产权作为企业无形资产，在企业经营发展过程中扮演着重要角色。当然，上述知识产权仅仅是企业知识产权的一部分。作为创业者以及初创公司，在知识产权日益成为企业核心竞争力的当下，当以积极的态度去学习和了解知识产权，并将知识产权作为企业发展的引擎，发挥其功能和作用。

一、专利的申请

专利权需要企业通过申请行为而获得，国务院专利行政部门负责管理全国的专利工作，统一受理和审查专利申请，依法授予专利权。依据专利法，发明专利申请的审批程序包括受理、初审、公布、实审以及授权五个阶段。实用新型或者外观设计专利申请在审批中不进行早期公布和实质审查，只有受理、初审和授权三个阶段。

发明、实用新型和外观设计专利的申请、审查流程如图 7-1 所示。

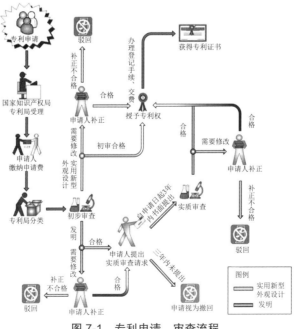

图 7-1 专利申请、审查流程

1. 专利申请的提交形式

申请人应当以电子形式或者书面形式提交专利申请。

（1）申请人以电子文件形式申请专利的，应当事先办理电子申请用户注册手续，通过专利局专利电子申请系统向专利局提交申请文件及其他文件。

（2）申请人以书面形式申请专利的，可以将申请文件及其他文件当面交至专利局的受理窗口或寄交至"国家知识产权局专利局受理处"（以下简称"专利局受理处"），也可以当面交至设在地方的专利局代办处的受理窗口或寄交至"国家知识产权局专利局代办处"。

（3）以国务院专利行政部门规定的其他形式申请专利的，应当符合规定的要求。申请人委托专利代理机构向国务院专利行政部门申请专利和办理其他专利事务的，应当同时提交委托书，写明委托权限。申请人有两人以上且未委托专利代理机构的，除请求书中另有声明的外，以请求书中指明的第一申请人为代表人。

2. 申请专利应当提交哪些申请文件

（1）申请发明专利的申请文件应当包括发明专利请求书、说明书摘要（必要时应当提交摘要附图）、权利要求书、说明书（必要时应当提交说明书附图）。

（2）申请实用新型专利的申请文件应当包括实用新型专利请求书、说明书摘要及其摘要附图、权利要求书、说明书、说明书附图。

3. 申请文件使用统一制定的表格

申请文件应当使用专利局统一制定的表格。这些表格可以从国家知识产权局网站下载。

4. 提交申请时如何排列申请文件

发明专利或者实用新型专利申请文件应当按照下列顺序排列：请求书、说明书摘要、摘要附图、权利要求书、说明书、说明书附图。外观设计专利申请文件应当按照下列顺序排列：请求书、图片或照片、简要说明。申请文件各部分都应当分别用阿拉伯数字顺序编写页码。

5. 申请文件的文字和书写要求

申请文件各部分一律使用中文。外国人名、地名和科技术语如没有统一中文译文，应当在中文译文后的括号内注明原文。申请文件都应当用宋体、仿宋体或楷体打字或印刷，字迹呈黑色，字高应当在 3.5～4.5 毫米之间，行距应当在 2.5～3.5 毫米之间。申请文件中有附图的，线条应当均匀清晰，不得涂改。

6. 证明文件

办理专利申请相关手续要附具证明文件的，各种证明文件应当由有关主管部门出具或者由当事人签署。各种证明文件应当是原件；证明文件是复印件的，应当经公证或者由出具证明文件的主管部门加盖公章予以确认（原件在专利局备案确认的除外）。申请人提供的证明文件是外文的，应当附有中文题录译文。

7. 签字或者盖章

向专利局提交的专利申请文件或者其他文件，应当按照规定签字或者盖章。其中未委托专利代理机构的申请，应当由申请人（或专利权人）、其他利害关系人或者其代表人签字或者盖章；办理直接涉及共有权利的手续，应当由全体权利人签字或者盖章；委托了专利代理机构的，应当由专利代理机构盖章，必要时还应当由申请人（或专利权人）、其他利害关系人或者其代表人签字或者盖章。

8. 专利申请内容的单一性要求

一件发明或者实用新型专利申请应当限于一项发明或者实用新型。属于一个总的发明构思的两项以上的发明或者实用新型，可以作为一项专利申请提出。一项外观设计专利申请应当限于一项外观设计。同一产品两项以上的相似外观设计，或者用于同一类别并且成套出售或者使用的产品的两项以上的外观设计，可以作为一项专利申请提出。

9. 专利申请日

专利申请日是指国务院专利行政部门收到专利申请文件之日。采用电子文件形式向专利局提交的专利申请及各种文件，以专利局专利电子申请系统收到电子文件之日为递交日；向专利局受理处或者代办处窗口直接递交的专利申请，以收到日为申请日；通过邮局邮寄递交到专利局受理处或者代办处的专利申请，以信封上的寄出邮戳日为申请日。

10. 专利权人

专利权人是指专利权的所有人。专利权人与发明人（设计人）没有必然关系，即专利权人与发明人（设计人）可以相同也可以不同。

11. 授权公告日

授权公告日是指专利权进行登记和公告的日期。发明专利申请经实质审查没有发现驳回理由的，由国务院专利行政部门作出授予发明专利权的决定，发放发明专利证书，同时予以登记和公告。专利证书上主要记载以下信息：发明创造的名称、发明人（设计人）、专利号、专利申请日、专利权人、授权公告日。

12. 提交申请文件注意事项

向专利局提交的各种文件申请人都应当留存底稿，以保证申请审批过程中文件填写的一致性，并可以此作为答复审查意见时的参照；申请文件是邮寄的，应当用挂号信函；专利局在受理专利申请时不接收样品、样本或模型。

二、商标的申请

自然人、法人或者其他组织在生产经营活动中，对其商品或者服务需要取得商标专用权的，应当向商标局申请商标注册。申请注册的商标，应当有显著特征，便于识别，并不得与他人在先取得的合法权利相冲突。注册商标的有效期为 10 年。

（一）准备申请书件

1. 应提交的申请书件

申请人直接办理的，在商标注册大厅的申请受理窗口、有受理权限的商标受理窗口或质权登记受理点直接提交申请文件；委托商标代理机构办理的，由该商标代理机构将申请文件报送商标局。

2. 审查环节

商标局对受理的商标注册申请进行审查，且应当自收到商标注册申请文件之日起九个月内审查完毕，对符合规定或者在部分指定商品上使用商标的注册申请符合规定的，予以初步审定，并予以公告。对不符合规定或者在部分指定商品上使用商标的注册申请不符合规定的，予以驳回或者驳回在部分指定商品上使用商标的注册申请，书面通知申请人并说明理由。

3. 注意事项

（1）申请人填写的地址、邮政编码和电话号码应详细准确，以保证邮件送达和便于联系。

（2）出质人名称与商标局档案所记载的名称不一致，且不能提供相关证明证实其为注册商标权利人的，商标局不予登记。

（3）合同的签订违反法律法规强制性规定的，商标局不予登记。

（4）商标专用权已经被撤销、被注销或者有效期满未续展的，商标局不予登记。

（5）商标专用权已被人民法院查封、冻结的，商标局不予登记。

第三节　知识产权的转化

经过多年的发展，我国已成为名副其实的知识产权大国，发明专利申请量已连续 8 年位居世界首位，商标注册申请量连续 18 年位居世界第一位，计算机软件著作权登记量快速增长，积累了丰富的知识产权资源。

如何才能有效地推动知识产权服务经济发展，引领产业转型，更好地发挥知识产权对经济社会发展的支撑作用？如何盘活用好发明专利、地理标志等战略性资源，使其更好地产生效益、助力发展，既是当前我国加快实现由科技强到产业强、经济强的关键一环，也是知识产权事业发展亟待解决的核心问题。

企业的知识产权实施或市场运营是企业将科技成果转化为生产力，实现知识产权开发的投资回报和企业经济效益的重要途径，也是企业技术创新战略的重要支撑。初创企业应努力思索将知识产权与有形资源有效结合，提升企业知识产权能力，形成企业知识产权优势，为企业创造最佳的社会经济效益。

一、知识产权的商业化

知识产权的财产和市场价值日益彰显，越来越成为市场竞争的利器。诚如欧洲专利局所说："专利不再只是防护措施，而是公司经营策略的主要武器。专利拥有者一直对别人获得专利施加潜在的诉讼威胁——有些人以'军备竞赛'对此进行描述，尤其在信息技术领域。经济竞争变得更加凶险。作为商业策略一部分的知识产权，已经成为贸易武器。"

首先，要求在保护中要凸显知识产权的财产性和商业性。在处理涉及财产与人身的知识产权关系时，要注意人身表象背后的财产本质，透过现象看本质或者尊重当事人意思自治。例如，企业名称权本质上是一种财产权，可以转让和继受。

其次，在纯粹为商业目的委托创作作品的关系（如委托设计商品包装装潢）中，如果当事人约定买断作品的所有权利，要尊重当事人的意思自治，通过限缩解释等方式解决法律适用问题。在这种情况下，当事交易和降低交易成本，注意把握知名人物姓名、形象等商品化趋势，注意以不正当竞争等方式充分保护由人格权演化为财产权所产生的新类型权益。

再次，要注意保护商业成功，在可专利性判断、专利权保护强度等方面适当考虑商业成功因素；在商标侵权、商业标识权利冲突等案件中适当注意保护商业成功，在商标近似、恶意等判断上适当考量商业成功。例如，除公然违反或明显抵触《商标法》明文规定外，对于已具有较大规模、客观上能够进行市场区分的商标，不宜轻率地撤销或者认定为商标近似，所体现的是保护商业成功及混淆性近似标准的主观认定客观化的精神，反映了对于市场客观事实的尊重。

最后，要更加重视从财产意义上遏制侵权，损害赔偿要充分，并且能够用损害赔偿解决的问题，除一些特殊领域或一些特别严重的侵权情形外，尽量少动用刑罚手段。要多从经济效率的角度考虑问题，维护涉及知识产权的交易安全，能够用财产补偿解决的问题尽量不使用合同。要尊重市场竞争规律，审慎运用反不正当竞争法的一般条款，通过市场自身激励机制能更有效调节或属于正常市场竞争或商业判断范畴的行为，尽量不使用反不正当竞争法，商标与反不正当竞争法对市场的介入始终处于次级和支援性地位。要谨记反不正当竞争法仅仅为知识产权法提供"有限的兜底"，反不正当竞争法的一般条款并非无所不包，要充分考量一般条款与市场竞争机制、知识产权专门法等之间的关系。

另外，知识产权的商业化，使得知识产权制度更易于被异化，知识产权更易于被滥用。如欧洲专利局所说："知识产权成为贸易武器，这只会使世界各地的专利局情况恶化——

繁多的无理取闹的专利申请事件将会发生。"除此之外,知识产权很可能更多地被作为不正当阻碍市场进入、损害他人合法权益的工具。

因此,在知识产权司法保护中要更加注重对于知识产权权利状况的审查,更加注重遏制背离激励创新目标的知识产权滥用行为,更加注重使权利的保护与知识产权制度的目的相一致,有利于促进实现知识产权制度的目的。企业应将拥有的知识产权成果适时有效地转化应用于企业产品生产、服务创新、商业模式创新或技术方案优化,努力使企业知识产权价值最大化。

二、知识产权的转化方式

(一)知识产权转化的基本要求

(1)高价值的知识产权需被市场认可,并大量出现,这属于市场层面的要求。

(2)知识产权的价值需被法律有效保护、强力保护,这属于政府层面的要求。

(3)知识产权的价值需被国民普遍认知、认可,并形成知识产权意识和创新文化,这属于文化层面的要求。

(二)知识产权的转化方式

知识产权转化包括自行运用、转让与许可等传统转化形式,也包括资本化、证券化等新型的转化形式。其中,知识产权转化最常见的是专利的转让与许可。

1.知识产权转化的传统模式

知识产权创造是知识产权从无到有的产生过程,其中即包括前期的研发、设计,也包括与之相应的智力成果经过申请、核准被授予权利。在知识产权取得过程中,企业应当对转让方是否拥有权利以及权利的稳定性进行调查核实,还要审查拟转让的知识产权是否涉诉或存在其他纠纷。如果存在纠纷,应当评估纠纷的性质进而判定是否应当继续推进转让工作。知识产权许可是对知识产权进行商业运营的重要方式。关于知识产权的许可,知识产权权利人可以将智力成果转化成商业利润,从而进一步激发权利人的创造积极性;被许可人获得自由实施该成果的通行证,通过实施知识产权为社会创造财富,使知识产权得以充分利用。

2.知识产权转化的新模式

知识产权资本化是指在充分重视并利用知识产权的基础上,将知识产权从产品要素转化为投资要素,并对其进行价值评估,将知识产权作为一种要素投入,参与生产与经营过程,并量化为资本及价值增值的过程。通过知识产权资本化运作,一方面可以盘活企业存量资产,使企业资产保值、增值,有效缓解企业融资困难,另一方面充分体现了科研人员、技术人士在经济发展中的个性，是知识产权与产业的联姻，因而是知识产权运用的高级形态，能够推动产业结构优化升级，促成企业核心竞争力，实现科技服务经济社会的发展目标。知识产权资本化包括知识产权证券化、知识产权融资质押、知识产权投资入股等多种形式。

3. 专利、商标与商业秘密的转化

（1）企业可能成为专利输出方，也可能成为专利购买方，购买专利是工作重点。值得注意的是，企业在技术开发过程中会挖掘出"副产品专利"，企业不能自行使用，可以通过各种渠道输出。企业购买专利的几种形式：购买现成的专利、委托开发、接受许可、交叉许可等，购买现有专利，风险小，见效快、成本可能小于自行开发。

（2）关于商标的转化，企业较少出让商标。

（3）商业秘密转化情况很少，也较难操作。对某些领域而言，商业秘密成为行业技术的主要表现形式，商业秘密作为技术要素的重要组成部分，常常与专利不可分离。

本 章 小 结

知识产权是关于人类在社会实践中创造的智力劳动成果的专有权利。随着科技的发展，为了更好保护产权人的利益，知识产权制度应运而生，并不断完善。企业作为市场经济的主体，是知识产权资源的直接创造者、应用者和管理者。从产品开发到产品销售，从商标商号到技术成果，这一系列企业行为的背后都离不开知识产权的身影。

思考题

1. 辨析知识产权的类型。

2. 如何理解知识产权的无形性。

3. 简述知识产权的申请程序。

4. 举例说明生活中将知识产权资本化转换的例子。

扩展阅读7.1

案例分析

即测即练

微课视频

第八章 "互联网+"创新创业时代

📚 学习目标

1. 了解"互联网+"的基本概念，互联网思维的特征给我们的社会生产、生活带来的变革；

2. 了解创业的相关优惠政策；

3. 理解掌握"互联网+"创业模式。

📖 案例导入

"互联网+农业"的六种新模式

互联网正在深刻改变着各个行业，尤其是一些像农业这样相对落后的传统产业。当前我国价值高达十万亿元的农业市场，正酝酿着一场史无前例的由"互联网+"引起的农业供应链的颠覆行动。

在传统农业供应链中，农产品从田地到餐桌经历着"人、场、货"的模式，"互联网+"环境下的农业供应链必将出现很多新思路、新玩法，也将有大量非农行业的企业跨界而来，适应现代社会生产生活节奏，创造更多的价值。

以原有农业企业为主体，以下六种新经营模式，能够针对目前大多数农业企业现状，弥补短板，推进企业快速发展，更有实操意义。

（一）物联网技术下的工业化种养殖

现在，精准农业已经在一些规模化农业企业得到应用，尤其是种苗培育、畜禽养殖、中药材等产业。对消费者来说，食品安全溯源系统极有吸引力。解决食品安全问题，必须要对农产品的各个生产阶段把关，物联网技术可以实现对农作物品种、生长环境、喷药施肥、病虫害状况等农事做出详细记录，并让消费者参与其中。在这样的养殖模式下，全程可追溯成为非常容易执行的解决方案，为产品树立安全、可靠的形象。

（二）农产品品牌化模式加速推进

由于农产品整体的品牌缺位，比其他品类具有更大的品牌打造空间，所以，未来品牌农产品电商将有更广阔的市场空间。一方面农产品可以借助有故事、有情怀的包装策划，变身"网红"；另一方面，可以从身边真实用户开始传播，用产品实力打动人，形成自然分享，打造粉丝群。

（三）扁平化物流交易集散模式

互联网信息的扁平化、透明化，正对应于传统农业的产业链长、信息不对称的特点。传统的层级批发模式带来的成本高、物流损失、交流信息不畅等问题都可以通过互联网技术快速解决。未来农产品互联网物流交易将出现两种方式：

（1）基于互联网技术和物流配送系统的大型农产品交易集散中心。这种集散中心集储运、批发、交易、拍卖等多种功能，依托互联网数据，实现实时行情交易。

（2）以大宗交易为主的批发销售电商交易平台。就像阿里巴巴之于淘宝，农产品的大宗消费习惯必将催生以大宗交易为主的电子交易平台。

（四）多形式农产品交易电商平台

目前，形成成熟盈利模式的电商平台很少，由于农产品的特殊性，很多农产品电商平台在人才、管理、技术上都不成熟，农业企业贸然转行投资会导致企业风险较高。未来农产品电商平台将出现四种：

（1）依托原有互联网优势扩张至农产品领域的电商平台；

（2）传统批发市场转型成农产品电商平台；

（3）有实力的农产品企业自主打造垂直农产品电商平台，并逐步扩张品类；

（4）个性化高端产品形成的轻模式。

（五）以数据为基础预测分析及产品开发

农业由于种养殖期长、市场预测偏差大，无论是农民还是农业企业，都很难对第二年的行情做出准确判断，以及降低种养殖企业风险和生产型企业原料成本。我们每年都能看到一大批新推出的食品或者加工农产品，但真正能活下来的却寥寥无几，大部分食品企业或者农产品加工企业对新产品的研发并没有很清晰的市场调研，通常是别人做什么跟着做什么。通过大数据的精准分析和调研，能够更加有效地分析当前消费者真正的需求点，提高新产品的市场生命力。

（六）为农业提供更多的众筹模式

作为热度飙升的互联网金融的一个分支，众筹对于很多人来说已经不再陌生，但在农业领域运作众筹，尚属新鲜。"互联网＋"开场了大众参与的"众筹"模式，不仅前景广阔，更是中国农业大势所趋，对于我国农业现代化影响深远。一方面，"互联网＋"促进专业化分工、提高组织化程度、降低交易成本、优化资源配置、提高劳动生产率等，正成为打破小农经济制约我国农业农村现代化枷锁的利器；另一方面，"互联网＋"通过便利化、实时化、感知化、物联化、智能化等手段，为农地确权、农技推广、农村金融、农村管理等提供精确、动态、科学的全方位信息服务，正成为现代农业跨越式发展的新引擎。

"互联网＋农业"是一种生产方式、产业模式与经营手段的创新，它正在深刻地改变农业生产关系，然而，只有抓住机遇才能适应现代农业发展。

分享讨论：

谈谈你对"互联网＋农业"的认识。

（资料来源：https://www.sohu.com/a/240695734_100093760）

第一节 "互联网 +"时代概述

一、"互联网 +"时代

国务院总理李克强在十二届全国人大三次会议上所作的政府工作报告首次提出，要"制定'互联网+'行动计划，推动移动互联网、云计算、大数据、物联网等与现代制造业结合，促进电子商务、工业互联网和互联网金融健康发展"。

那么"互联网+"到底是什么呢？腾讯总裁马化腾说："'互联网+'，指的是利用信息通信技术以及互联网平台，把互联网与传统行业结合起来，创造新的发展生态。"其实，我们的生活已经被"互联网+"所包围——淘宝网、支付宝、网上银行、相亲网站等诸如此类互联网与传统行业相结合的产业新形式，就是"互联网+"的产业模式，这种新业态是对传统产业的升级，能够充分激发社会和市场的活力，方便人们生活，是促进经济发展的新兴力量。所以，在新常态下，要"织"好互联网这张无形的"网"、紧抓传统行业，并且把两者相结合融入，在全社会形成人人创新、"草根"创业的发展态势，为中国经济这张大网增光添彩。

在这个"e"时代，互联网一直在潜移默化地影响并且改变着我们的世界，我们由简简单单的七大洲、四大洋变成了真正的"地球村"。从毫无瓜葛到互通有无，甚至动动手指、看看屏幕就能相互联系，这就是互联网的神奇之处。而如今，我们从足不出户便知天下事到足不出户就能购物、订票、转账结算、学习等，都能方便快速地满足我们的需求，这就是"互联网+"带给我们的便利之处。

互联网不仅要应用在第三产业，还要与第一产业和第二产业结合，从而实现全面"互联网+"，形成"互联网+"新业态。努力推广"互联网+"，不仅方便工薪阶层的工作、生活、学习，也要让广大老百姓尝到互联网所带来的甜头，努力实现"互联网+"的全覆盖；积极应对"互联网+"。互联网在为人们带来方便之外，无疑也扩大了部分企业家、商家"捞金"的渠道，这是我们新常态下促进经济发展的体现，当然，"捞金"机会不是属于个别人的，它是属于善于利用互联网、勇于创业的全体劳动人民！所以在"互联网+"时代到来之际，我们应该积极面对，善于接受新的事物，利用这个机会使产业转型成功，同时鼓励大众创业、万众创新，把传统产业与互联网相结合，打造顺应潮流的新业态。

历史上从未有过哪个时代的普通人拥有今天的力量，普通人能够书写历史，影响时代，甚至于改变世界。而使得普通人拥有如此力量的便是计算机和互联网的出现。互联网联通了整个世界，推平了隔断世界的壁垒，让整个世界融为一体，从而带来了信息和财富的大爆炸。人类的新纪元从互联网的出现开始，而开拓这个新纪元的，就是缔造奇迹的先行者们。"互联网+"时代的到来，不仅意味着新一代信息技术发展演进的新形态，也意味着经济社会转型发展所面临的新机遇，"互联网+"时代的到来，促进开放创新、大众创业、万众创新，推动中国经济走上创新驱动发展的"新常态"。

二、互联网思维的内涵与特点

1. 互联网思维的内涵

对于"互联网思维"的内涵特征，理论界没有统一和准确的解释。其内涵主要见于实践界，成为企业家常挂在嘴边的词语。据调查，我国企业家第一次在正式场合提到该词，是在2011年的百度联盟峰会上。

互联网思维与其他思维方式一样，包括两个主要部分：一是世界观，二是方法论。世界观包含顾客导向、价值原则、以及商业模式变革的指导性概念；方法论，即企业商业模式变革的具体途径，核心是体验式设计、社会化营销及创新盈利模式，这些内涵具有鲜明的互联网时代特征。

因此，我们可以总结出互联网思维的内涵是：在"互联网+"、大数据、云计算等科技不断发展的背景下，对市场、用户、产品、企业价值链乃至对整个商业生态进行重新审视的思考方式。互联网时代的思考方式，不局限在互联网产品、互联网企业。这里指的互联网，不单指桌面互联网或者移动互联网，是泛互联网，因为未来的网络形态一定是跨越各种终端设备的，如台式机、笔记本、平板电脑、手机、手表、眼镜等。有了互联网不代表可以掌握互联网思维，而互联网思维也不单单是互联网公司独有的垄断。

互联网思维分为三个层次：第一层次为数字化工具。互联网是工具，能提高效率，降低成本。第二层次为互联网化。利用互联网改变运营流程，如电子商务、网络直销。第三层次为互联网思维。用互联网改造传统行业，改变商业模式和价值观。

2. 互联网思维的特点

一般来说，互联网思维有五个显著特点：一是便捷性。互联网的信息传递和获取比传统方式快捷很多也更加丰富。这也是为什么电脑取代了传统的报纸、杂志，而手机也呈现替代电脑的趋势，这都体现了信息获取更便捷。二是表达和参与性。互联网让人们表达、表现自己成为可能。每个人都有表达自己的意愿，都有参与一件事情的创建过程的愿望。三是免费性。从来没有哪个时代让我们享受如此之多的免费服务，今天我们可以更多地享受互联网带给我们的视觉、听觉以及出行等免费服务。四是数据思维性。互联网让数据的搜集和获取更加便捷，并且随着大数据时代的到来，数据分析预测对于提升用户体验有非常重要的价值。五是用户体验性。用户可以在使用产品过程中享受更多的实际感受和满意度。

有了互联网不代表可以掌握互联网思维，而互联网思维也不单单是互联网公司独有的垄断。那么，我们将如何定义互联网思维呢？简言之，互联网思维就是重新审视传统产业的价值链条，在战略、组织和业务上进行重构，从而对整个商业生态环境确立一种新的思考方式。

真正掌握互联网思维的并不一定是那些从事互联网技术工作的人，做传统企业的人也未必不用互联网思维，因为它不是一门具体的学问，只是一种思考方式。很多人都把互联网思维看作拯救企业的救命稻草，未经消化就强加挪用，结果境况越加凄凉。

三、互联网思维的影响

1. 商业形态的变革

实体商务通常以面对面交易为主，有固定的交易场所。比如门店、市场，任何人的信任依靠"面对面"交往和付款结算来完成，商业是否繁华主要以人的流量和交易数量来衡量。电子商务是互联网时代的商业形态，只需要操作界面，不需要固定场所，人和人在虚拟的环境下交往，付款结算、商业信用依靠网络担保的支付工具来完成支付，如支付宝。交易评价、购物记录等成为衡量信用的辅助手段，商业形态也催生营销模式的创新，形成了互联网思维营销。

互联网思维营销就是基于互联网思维基础上的颠覆性营销，集合品牌营销、网络营销、微营销的综合个性颠覆运用，达到营销的效果。在互联网时代，也需要品牌。网络营销是很多企业营销的主战场，包括雷军的小米，就是运用网络上的社会性网络软件与"米粉"互动，同时，百度搜索、分类网站、垂直型网站、社区营销、自媒体等，还是互联网思维营销的一大阵地。微营销是用微博、微信、二维码串起来的一个链条，占据了移动端的主要营销阵地。雷军说用微博做营销，用微信做服务。葛闻华认为，微信服务也是一种营销，而且可进行二次营销，是终身价值的阵地。

2. 消费习惯的变革

慢节奏、接地气的生活方式，已经被互联网生活倾覆。诸多购物软件已经进驻年轻人手机内，消费者足不出户就可以快速搜寻比价，参考买家秀和评价好坏一番之后，就可以选码下单付款，耐心等待精心包好的快递上门。一小时内各种美食送上家门，购物几天之内也能邮寄到家。如若试用满意，便高高兴兴给卖家好评，甚至拍照发布朋友圈或是分享给亲朋好友群，将一颗消费的种子通过互联网散播在人们心中；如若不甚满意，可与商家商定后寄回退换。

久而久之，购物软件成了不少人每天打开最为频繁的 APP 之一：不管是否需要购物，不少人都会随时上去看看上新和折扣信息；不论是否认识，人们互相分享并推荐自己发现的好物和有意思的店铺……这在不知不觉中创造了更多的消费需求，形成了强大的客户群体和客户黏性，推动着行业快速发展，促使购物体验快速提升。

3. 思维模式的变革

互联网思维是建立在消费者主权基础上，一切以用户为中心，强调参与和消费体验，由消费者自己来决定一切。

消费者个性化、定制化需求的满足与规范化、标准化、流水线式的生产是冲突的，甚至有一些是对立的。如何获取个性化的需求？如何实现定制化？在个性化定制的同时，如何有效解决生产切换，形成批量？个性化定制后，如何持续改善客户体验？例如，近年来，随着华为手机在市场上的异军突起，华为的麒麟系列手机芯片也日益引起人们的关注。华为发布的旗舰机 Mate7 取得了巨大成功，这与作为手机"发动机"的麒麟 925 芯片的出色表现密不可分。后来发布的华为旗舰手机采用的芯片是麒麟 930，麒麟 930 是海思首款 64 位智能手机芯片，其设计理念仍然是以消费者体验为核心。麒麟 930 在影响用户体验的上网速度、流畅度、能效比、安全、多媒体用户体验等方面进行了大量的创新和优化，为用户提供更优的通信体验、基于全系统优化的真 64 位处理器体验以及基于芯片硬件设计的全方位智能手机安全方案。

在消费者主权时代，商家依靠大数据分析来判断哪些概念可能更会受消费者的青睐，哪些活动更受欢迎。商家依靠互联网和用户互动，在互动过程中不断完善与优化商品和服务，尽可能达到极致，让消费者满意。华为正是因为为用户提供了优质体验，才能赢得广大消费者的青睐。

4. 竞争手段的变革

传统企业依靠生产资料竞争，互联网时代的企业则依靠生产要素竞争。移动互联网时代，那些具有良好口碑、积极与网民互动的企业，将更有可能赢得消费者。移动互联网改变了过去品牌依靠强势媒介与受众沟通的传播模式。很多企业通过传统媒体天天强调"我的产品很好，我的质量多高，我的服务多优秀"，今天这种王婆卖瓜式的传统广告信息基本上直接就被消费者删除或者屏蔽掉。在移动互联网时代，如果产品或者服务做得好，超出用户的预期，即使一分钱广告都不投放，消费者也会愿意去传播，免费为该产品创造口碑，甚至有可能成为一个社会焦点。比如海底捞的服务，海底捞餐厅已经成为餐饮界的一个热点现象，吸引了众多媒体的关注。北大光华管理学院两位教授对海底捞进行了一年多的深入研究，甚至派人"卧底"当服务员，总结出海底捞的管理经验。即使是在火锅这样技术含量不高的行业，一样可以创造出令人羡慕的高昂士气、充满激情的员工团队和出色的业绩。创新能为员工带来切实利益。也许很多人会觉得"用户、产品、体验、口碑"这八个字很平淡。但是仔细想想真正按这八个字做的企业有多少，真正做到的企业又有多少。而且关键是这八个字是有严格的逻辑顺序和螺旋上升的闭环效应，只有用户参与、主导才能做出让用户满意的好产品，有好产品才有好体验，有好体验才有好口碑，有口碑又能激发更多用户参与产品设计。如果说移动互联网是一座金矿，品牌则是开采金矿的神奇工具，反过来也同样成立，如果品牌是一座金矿的话，移动互联网则是开采金矿的神奇工具。

第二节　大学生创新创业政策

从 2002 年开始，上至中央下至各级地方政府，纷纷出台各项扶持政策，涉及融资、开业、税收、创业培训、创业指导等诸多方面，支持鼓励大学生创业。随着《中华人民共和国中小企业促进法》的进一步贯彻落实，国家在法律政策中提出的对中小企业提供资金支持、创业扶持、技术创新、市场开拓、社会服务等方面的规定，主管部门都正在抓紧实施。可以说，一个关注、培育、扶持中小企业发展和鼓励创业的社会环境与政策环境正在初步形成，突出体现在多种形式的扶持政策等方面。对打算创业的大学生来说，优惠政策就好比是创业的助推器，能降低创业成本，提高创业的成功率，了解这些政策，才能走好创业的第一步。

一、了解创新创业政策

（一）行政事业性收费减免

大学生从事个体经营，可以免交工商登记费等行政事业性费用。2007 年 4 月 22 日国务院办公厅发出《关于切实做好 2007 年普通高等学校毕业生就业工作的通知》（国办发 000716 号），指出"对从事个体经营的高校毕业生，除国家限制的行业外，自工商行政管理部门登记注册之日起三年内免交登记类、管理类和证照类的各项行政事业性收费"。

免交的收费项目具体包括：

（1）工商部门收取的个体工商户注册登记"（包括开业登记、变更登记、补换营业执照及营业执照副本）、个体工商户管理、集贸市场管理、经济合同鉴证、经济合同示范文本工本"；

（2）税务部门收取的税务登记证工本；

（3）卫生部门收取的行政执法卫生监测、卫生质量检验、预防性体检、卫生许可证工本；

（4）民政部门收取的民办非企业单位登记（含证书）；

（5）劳动保障部门收取的劳动合同鉴证、职业资格证书工本；

（6）国务院以及财政部、国家发展改革委员会批准设立的涉及个体经营的其他登记类、证照类和管理类收费项目；

（7）各省、自治区、直辖市人民政府及其财政、价格主管部门按照管理权限批准设立的涉及个体经营的登记类、证照类和管理类收费项目。

（二）提供政策性贷款支持

资金是大学生创业的第一难题，大学毕业生有的刚工作不久，有的甚至连工作都还没有，而大多数家庭又没有足够的实力来支持大学生创业，为此国家出台了相关的大学生创业贷款政策，主要优惠政策内容如下：

（1）各国有商业银行、股份制银行、城市商业银行和有条件的城市信用社要为自主创业的各大高校毕业生提供小额贷款。在贷款过程中，简化程序，提供开户和结算便利，贷款额度在 5 万元左右。

（2）贷款期限最长为两年，到期后确定需要延长贷款期限的，可以申请延期一次。

（3）贷款利息按照中国人民银行公布的贷款利率确定，担保最高限额为担保资金的 5 倍，担保期限与贷款期限相同，并可获国家财政贴息。

（三）提供创业培训等创业服务

提供创业服务一般包括创业培训、创业项目推介、创业政策咨询、专家评析、创业孵化、融资服务、开业指导和后续服务等创业服务。创业培训形式很多，目前不少地方开始建立创业见习（实训）基地，实行创业见习（实训）补贴政策。

（四）落户政策

符合条件的创业大学生可以在创业当地落户。比如杭州市规定，"在杭州市区自主创业的普通高校应届毕业生，可凭毕业证书、户口迁移证、同意落户证明、工商登记的营业执照和税务登记证明在落户地公安派出所申请办理落户手续"。武汉市则明确"对来我市领办、创办企业的普通高校本科及以上学历的毕业生不受限制，大专学历毕业生在毕业两年内，办理毕业生就业落户等相关手续"。

（五）资助政策

例如，北京市教育委员会发布《关于实施北京市大学生科学研究与创业行动计划的通知》（京教高00001号），决定正式启动大学生科学研究与创业行动计划，创业大学生最高可获得政府 1 万元的资助；苏州市出台《苏州市区创业补贴实施办法》（苏劳社就000017号），对"经创业培训初次创业大学生"等 10 类困难人群，给予一次性创业补贴 2 000 元；杭州市则出台了《杭州市高校毕业生创业资助资金实施办法（试行）》（杭人才 0007170 号、杭财教 0007199 号）。

（六）税收优惠

国家在大学生创业优惠政策中对于税收方面做出了以下规定：

（1）凡高校毕业生从事个体经营的，自当地工商部门批准其经营之日起 1 年内免交税务登记证工本费（即免税）；

（2）新成立的城镇劳动就业服务企业（国家的行业除外），当年安置待业人员（含已办理失业登记的高校毕业生，下同）超过企业从业人员总数 60% 的，经相关主管税务机关批准，可免纳所得税三年。劳动就业服务企业免税期满后，当年新安置待业人员占企业原从业人员总数 30% 以上的，经相关主管税务机关批准，可减半缴纳所得税两年。

除此之外，具体不同的行业还有不同的税务优惠：

（1）大学毕业生创业新办咨询业、信息业、技术服务业的企业或经营单位，提交申请经税务部门批准后，可免征企业所得税两年；

（2）大学毕业生创业新办从事交通运输、邮电通信的企业或经营单位，提交申请经税务部门批准后，第一年免征企业所得税，第二年减半征收企业所得税。

（3）大学毕业生创业新办从事公用事业、商业、物资业、对外贸易业、旅游业、物流业、仓储业、居民服务业、饮食业、教育文化事业、卫生事业的企业或经营单位，提交申请经税务部门批准后，可免征企业所得税一年。

二、关注获得政府支持的途径

（一）明确政府支持什么样的企业

从各种媒体上获得相关信息，了解国家和地方政府的发展规划、年度计划的动向，在选择进入行业和创业项目时，有意识地匹配相关条件，从而获得政府的支持。目前，战略性新兴产业、先进制造业、现代服务业，以及近几年国家和地方鼓励发展的节能降耗、新型农业等产业和项目都会得到国家和地方政府的重点支持。

（二）了解政府支持的项目的具体内容以及方式

通常情况，政府会从资金、场地和税费等初创企业比较关心的问题对创业者予以支持。具体包括以下内容：①对潜在的创业者提供免费培训；②在企业注册时降低准入门槛、简化办事手续；③设立创业资助专项资金、减免相应的税费、提供相应创业房屋补贴、提供贴息小额贷款；④改革和优化相关社会保障、医疗保障制度，在一定程度上免除创业者的后顾之忧。

（三）知己知彼，做好获得政府支持的准备

对于创业者而言，要有敏锐的观察力，关注相应的动态。在掌握了相应信息的同时，结合自身创业所需，创业者以及创业团队要清楚相应的优惠政策主管部门，了解相关的申请和办事流程。

第三节　"互联网 +"创业模式

创业模式主要是指创业者为实现自身的创业理想与权益，对创业过程中的各种要素进行合理配置的范式。我国已经进入"互联网 +"时代，在这样的时代背景下，创业模式发生了很大的改变。"互联网 +"创业模式就是创业者利用互联网思维充分渗透互联网其链接一切跨界融合的工具特点，结合互联网相关技术，选择某一行业领域进行"互联网 +"行业的创业模式。

一、"互联网 +"创业模式的特点

互联网技术的发展已渗透社会经济运行的各个方面，对传统的商业形态产生了深刻影响，引发了传统企业市场和竞争环境前所未有的剧变。前文所述，互联网思维具有便捷性、表达和参与性、免费性、用户体验性等特点，"互联网 +"创业模式也呈现出以下三方面的特点。

1. 创业团队化

在"互联网 +"时代下，创业模式已经朝着团队化、公司化的方向发展。这也是不断健全的网络法律、不断成熟的网民使用习惯所带来的必然结果。

2. 注重细分的互联网生态链

在"互联网 +"的时代下，创业者不再可能成为像淘宝、百度、腾讯这样的互联网巨头。因此，"互联网 +"时代的创业模式，应当注重在这些垂直、细分的互联网生态链当中寻找与自己匹配的发展空间。

3. 价值和盈利体系的同时兼顾

在"互联网 +"的时代中的创业模式，应当更加注重价值体系和盈利体系的同时兼顾，明确并厘清自身项目所在的领域、项目启动后受到的冲击和影响、项目的资源优势、项目的价值、项目的利润等情况。

二、"互联网+"创业模式的选择

（1）基于互联网技术本身的创业模式。基于互联网本身的创业模式是指以互联网提供的技术和信息为平台，将产品和服务进行信息交互，通过信息的时间差进行易货交易，最终实现价值增值的创业模式。

（2）传统电子商务模式。这是典型的互联网创业模式。互联网已经深刻改变了人们的消费观念、消费方法，创业者可以选择合适的互联网平台开设网络店铺进行网络销售。

（3）自媒体模式。自媒体创业是利用当下最热的平台，如微信、微博、短视频等，构建个人媒体，通过打造优质内容，聚集足够的粉丝，然后通过流量广告、销售产品或者提供一对一服务等方式变现。自媒体创业模式对内容质量要求高，尤其是对内容原创能力的要求非常高。

（4）融合"互联网+"思维，改造传统产业模式。2015年，国务院会议通过了《互联网行动指导意见》，期望运用信息通信技术及互联网平台，让互联网与传统产业深度融合，创新发展生态。其实，我们的生活已经被"互联网+"所包围——淘宝网、支付宝、网上银行、相亲网站等诸如此类互联网与传统行业相结合的产业新形式，就是"互联网+"的产业模式，这种新业态是对传统产业的升级，能够充分激发社会和市场的活力，方便人们生活，是促进经济发展的新兴力量。创业者通过观察市场变化，挖掘传统产业与互联网的衔接点，实现产业融合，使得传统产业焕发新生机的同时，利用传统产业的市场基础实现有效创业。

三、几种典型的"互联网+"商业模式

1. 工具+社群商业模式

互联网使信息交流越来越便捷，志同道合的人更容易聚在一起，形成社群。同时互联网将散落在各地的星星点点的分散需求聚拢在一个平台上，形成新的共同需求，并形成了规模。社群和平台，成为商业的一个新的进化法则。

如今互联网正在催熟新的商业模式，即"工具+社群+超级APP"的混合模式。比如微信最开始就是一个社交工具，先是通过各自工具属性、社交属性、价值内容的核心功能过滤海量的目标用户，加入了朋友圈点赞与评论等社区功能，继而添加了微信支付、精选商品、电影票、手机话费充值等商业功能。

2. 长尾型商业模式

长尾概念由克里斯·安德森提出，这个概念描述了媒体行业从面向大量用户销售少数拳头产品，到销售庞大数量的利基产品的转变，虽然每种利基产品相对而言只产生小额销售量，但利基产品销售总额可以与传统面向大量用户销售少数拳头产品的销售模式媲美。通过 C2B 实现大规模个性化定制，核心是"多款少量"。在长尾型商业模式里，绝不是传统的购买关键字模式。在互联网金融领域，传统金融搜索模式是违背长尾模式的，将繁如牛毛的金融产品呈现给消费者是一种不负责任的行为。从长远来看，从信息撮合到交易撮合是趋势。在"互联网 +"下，一定是"用户需要什么就生产什么"而不是"生产什么就卖什么"。

3. 跨界商业模式

互联网专家凯文·凯利说过："不管你们是做哪个行业的，真正对你们构成最大威胁的对手一定不是现在行业内的对手，而是那些行业之外你看不到的竞争对手。"跨界这种模式，是在给看得见的对手造成压力，给看不见的对手提高门槛。

互联网实质上就是利用高效来整合低效，对传统产业核心要素的再分配，也是生产关系的重构，并以此来提升整体系统效率。例如，其他行业都讲颠覆，在互联网金融领域，是通过减少中间环节，减少所有渠道不必要的损耗。比如小米砍掉了分销商，解决了抵达用户"最后一公里"问题。

传统的想法是"大鱼吃小鱼"，在互联网下只有"快鱼吃掉慢鱼"。互联网公司站在服务实体经济上，才能走得很远。

4. 免费商业模式

"互联网 +"时代是一个"信息过剩"的时代，也是一个"注意力稀缺"的时代，怎样在"无限的信息中"获取"有限的注意力"，便成为"互联网 +"时代的核心命题。注意力稀缺导致众多互联网创业者们开始想尽办法去争夺注意力资源，而互联网产品最重要的就是流量，有了流量才能够以此为基础构建自己的商业模式，所以说互联网经济就是以吸引大众注意力为基础，去创造价值，然后转化成赢利。

如果有一种商业模式既可以统摄未来的市场，也可以挤垮当前的市场，那就是免费的模式。信息时代的精神领袖克里斯·安德森在《免费：商业的未来》一书中归纳基于核心服务完全免费的商业模式：一是直接交叉补贴，二是第三方市场，三是免费加收费，四是纯免费。

5. O2O 商业模式

2012 年，腾讯 CEO 马化腾在互联网大会上的演讲中提到，移动互联网的地理位置信息带来了一个崭新的机遇，这个机遇就是 O2O，二维码是线上和线下的关键入口，将后端蕴藏的丰富资源带到前端。2014 年，百度 CEO 李彦宏在百度联盟峰会上表示，传统互联网商业模式在移动互联网时代面临挑战，用户数量不决定一切。

O2O 狭义来理解就是线上交易、线下体验消费的商务模式，主要包括两种场景：一是线上到线下，用户在线上购买或预订服务，再到线下商户实地享受服务，目前这种类型比较多；二是线下到线上，用户通过线下实体店体验并选好商品，然后通过线上下单来购买商品。

在互联网的世界，平台制胜。平台型商业模式的核心是打造足够大的平台，产品更为多元化和多样化，更加重视用户体验和产品的闭环设计。

海尔集团 CEO 张瑞敏对平台型企业的理解就是利用互联网平台，企业可以放大。其原因有：第一，这个平台是开放的，可以整合全球的各种资源；第二，这个平台可以让所有的用户参与进来。在互联网时代，用户的需求变化越来越快，越来越难以捉摸，单靠企业自身所拥有的资源、人才和能力很难快速满足用户的个性化需求，这就要求打开企业的边界，建立一个更大的商业生态网络来满足用户的个性化需求。通过平台以最快的速度汇聚资源，满足用户多元化的个性化需求。所以平台模式的精髓，在于打造一个多方共赢互利的生态圈。

2015 年，国务院会议通过了《互联网行动指导意见》，期望运用信息通信技术及互联网平台，让互联网与传统产业深度融合，创新发展生态。越来越多的创业者以互联网技术为平台，通过对传统行业进行升级，将互联网接入相关产品和服务中。如今在"互联网+"之风的劲吹下，各行各业都在掀起革命，"互联网+工业""互联网+农业""互联网+医疗"等，各种"互联网+"传统行业创业模式遍地开花。所以，在新常态下，要"织"好互联网这张无形的"网"、紧抓传统行业，并且把两者相结合，在全社会形成人人创新、"草根"创业的发展态势，为中国经济这张大网增光添彩。

本 章 小 结

本章主要围绕"互联网+"的基本概念、互联网思维的特征为我们的社会生产、生活带来的变革，以及创业的相关优惠政策等内容进行了介绍；重点描述了"互联网+"的创业模式。

思考题

1. 大学生以"互联网+"模式进行创业能获得哪些方面的优势？

2. 举例说明"互联网+"可以和哪些领域结合？

扩展阅读 8.1

泰康人寿：构建互联网保险互联网医疗新生态

即测即练

微课视频

参 考 文 献

[1] 真经【案例】奋斗！小米创始人雷军的创业史 [EB/OL]. https://industry.zbj.com/wap/detail?aid=2763.

[2] 康桂花，姚松. 创新创业基础 [M]. 北京：科学出版社，2017.

[3] 沈东. 试论大学生创业准备的重要性 [J]. 大陆桥视野，2016（14）：307-308.

[4] 张艳丽. 我国开展创新创业教育面临的误区与破解 [J]. 南昌工程学院学报，2016，35（02）：8-11.

[5] 廖非，邓永霞. 高职大学生创业基础 [M]. 北京：人民邮电出版社，2020.

[6] 王艳茹. 创业基础如何教——原理、方法与技巧 [M]. 北京：清华大学出版社，2017.

[7] 周鹍鹏. 大学生创新创业基础 [M]. 北京：科学出版社，2018.

[8] 延凤宇，孙艳丽. 大学生创业基础 [M]. 北京：国家行政学院出版社，2017.

[9] 付生德，桑振平，黄天利，等. 大学生创新创业指导教程 [M]. 北京：现代教育出版社，2018.

[10] 郭必裕. 我国大学生机会型创业与生存型创业对比研究 [J]. 清华大学教育研究，2010，31（04）：70-73.

[11] 刘明生. 大学生创新创业基础 [M]. 北京：中国矿业大学出版社，2017.

[12] 马飞研. 你属于哪种创业类型 [J]. 劳动保障世界，2010（7）：19.

[13] 张志宏，崔爱惠，刘轶群. 大学生创新与创业训练教程 [M]. 北京：现代教育出版社，2017.

[14] 王丽萍. 大学生职业规划与就业创业指导 [M]. 上海：上海交通大学出版社，2019.

[15] 廖非，邓永霞. 高职大学生创业基础 [M]. 北京：人民邮电出版社，2020.

[16] 孙昀，李容芳，孙琴，等. 大学生创业教育 [M]. 北京：高等教育出版社，2014.

[17] 吕爽. 创业基础 [M]. 2版. 北京：中国铁道出版社，2018.

[18] 吕爽. 创业基础 [M]. 北京：中国铁道出版社，2016.

[19] 饶扬德，刘万元，邓辅玉. 创业学 [M]. 北京：中国人民大学出版社，2016.

[20] 姜国权，姜福佳. 大学生创业基础 [M]. 北京：中国水利水电出版社，2020.

[21] 万钢. 基础研究是科技创新之源 [J]. 中国科学院院刊，2008（2）：104.

[22] 丁西焘. 科技研发对国企保持核心竞争力的促进作用 [J]. 四川水泥，2017（08）：286.

[23] 刘雷. 城镇化进程中的民族工作问题探究 [J]. 贵州民族大学学报（哲学社会科学版），2014（6）：133-138.

[24] 闫群力 . 青少年强则国家强 [J]. 清风，2020（2）：6-7.

[25] 张英超 . 工业 4.0 电气自动化技术介绍与应用现状分析 [J]. 科学技术创新，2019（4）：188-189.

[26] 穆荣平，陈凯华 . 国家创新发展报告 [M]. 北京：科学出版社，2020.

[27] 程栋 . 智能时代新媒体概论 [M]. 北京：清华大学出版社，2019.

[28] 崔晓文 . 境外"智慧工厂"发展研究 [J]. 竞争情报，2014（3）：38-49.

[29] 罗建钢 . 创新驱动转型发展解读当前产业政策十大重点 [J]. 中国民商，2015（11）：76-78.

[30] 蜜雪冰城官网 .【项目资讯】蜜雪冰城创始人张红超创业史详解，逆袭的人生鼓舞你我 [EB/OL].
     https://bingjilingjm.com.

[31] 郭金玫，珠兰 . 大学生创新创业基础 [M]. 上海：上海交通大学出版社，2017.

[32] 张玉利，李华晶，薛杨 . 创新与创业基础 [M]. 北京：高等教育出版社，2017.

[33] 廖非，邓永霞 . 高职大学生创业基础 [M]. 北京：人民邮电出版社，2020.

[34] 李红，杨荣芳 . "玩"创未来大学生创新创业基础教程 . [M]. 北京：科学出版社，2020.

[35] 孙昀，李容芳，孙琴，等 . 大学生创业教育 [M]. 北京：高等教育出版社，2014.

[36] 黄俊官，杨超有 . 高师课堂有效教学论析 [J]. 玉林师范学院学报，2013，34（1）：131-134.DOI：
     10.13792/j.cnki.cn45-1300/z.2013.01.028.

[37] 王静书 . 民办幼儿园园长领导力探析 [J]. 就业与保障，2021（1）：131-132.

[38] 刘洪涛 . 浅谈创业成功的要素 [J]. 网友世界，2014（7）：93.

[39] 郭小金 . 基于资源整合的企业核心竞争力提升策略 [J]. 商业时代，2010（9）：81-82+78.

[40] 朱珂 . 社会创业与大学生社会创业动机初探 [J]. 南昌工程学院学报，2013，32（5）：95-100.

[41] 李红，杨荣芳 . "玩"创未来大学生创新创业基础教程 [M]. 北京：科学出版社，2020.

[42] 李亚兵，王宗光，张玉春，等 . 创业基础 [M]. 上海：上海交通大学出版社，2015.

[43] 黄顺春，郑希宝 . "80 后"成功创业者的素质 [J]. 经营与管理，2010（4）：22-24.DOI：10.16517/
     j.cnki.cn12-1034/f.2010.04.021.

[44] 郎宏文，郝婷，高晶 . 创业与创新管理 [M]. 北京：中国铁道出版社，2019.

[45] 孙昀，李容芳，孙琴，等 . 大学生创业教育 [M]. 北京：高等教育出版社，2014.

[46] 林健 . 卓越工程师创新能力的培养 [J]. 高等工程教育研究，2012（5）：1-17.

[47] 刘颖 . 创新科技人才管理与开发 [M]. 北京：经济科学出版社，2018.

[48] 陈鹏 . 新产品开发工程师的创造力培养 [M]. 北京：电子工业出版社，2015.

[49] 潘柏桦 . 大学生解决逻辑推理问题的差异研究 [J]. 潍坊工程职业学院学报，2018，31（1）：48-52.

[50] 王旭光 . 大学生创业基础教育 [M]. 北京：首都师范大学出版社，2015.

[51] 秦辉，陈靖，余群 . 职业生涯规划与就业指导 [M]. 长春：吉林大学出版社，2017.

[52] 廖非，邓永霞 . 高职大学生创业基础 [M]. 北京：人民邮电出版社，2020.

[53] 郭勇，李群如 . 大学生创新创业指导 [M]. 郑州：河南人民出版社，2015.

[54] 李伟 . 创新创业教程 [M]. 北京：清华大学出版社，2019.

[55] 张兵，陈桂香，吴晓静，等.大学生创新创业基础 [M]. 北京：高等教育出版社，2016.

[56] 孙昀，李容芳，孙琴，等.大学生创业教育 [M]. 北京：高等教育出版社，2014.

[57] 廖非，邓永霞.高职大学生创业基础 [M]. 北京：人民邮电出版社，2020.

[58] 王宏斌，叶婷，姚瑞参.大学生职业规划与就业指导 [M]. 西安：西安交通大学出版社，2014.

[59] 李作战.从创业团队的形成模式探究高绩效创业团队的特征因素 [J]. 中国市场，2008（48）：23.

[60] 徐玥.基于知识创新视角的人力资源管理实践与创新研究 [J]. 中国管理信息化，2018，21（18）：90-91.

[61] 徐俊祥，徐焕然.创未来——大学生创业基础知能训练教程 [M]. 2 版.北京：现代教育出版社，2017.

[62] 卡尔文·库利居.创新者的阶梯 [J]. 世界人物，2019（7）：29.

[63] 张树新.联合运通投资控股公司主席张树新演讲稿：我始终对未来充满好奇 [N]. 网易房产，2018-01-07.

[64] 吴晓义，等.创新思维 [M]. 北京：清华大学出版社，2016.

[65] 邓文达，等.大学生创新创业基础 [M]. 2 版.北京：人民邮电出版社，2019.

[66] 李家华.创业基础 [M].2 版.北京：清华大学出版社，2015.

[67] 彼得·克鲁克.创新与企业家精神 [M]. 北京：机械工业出版社，2007.

[68] 邓文达，等.大学生创新创业基础 [M].2 版.北京：人民邮电出版社，2019.

[69] 左凌烨，雷家.创业评价方法综述 [J]. 中外管理导报，2002（7）：58.

[70] 彼得·德鲁克.后资本主义社会 [M]. 张星岩，译.上海：上海译文出版社，1998.

[71] 邹云龙.创业发展论 [M]. 北京：人民出版社，2013.

[72] 邹云龙.大学生知识型创业研究 [J]. 社会科学战线，2011（5）.

[73] 高文兵.大学生创业教育的研究 [M]. 上海：复旦大学出版社，2012.

[74] 孙金云，等.大学生创业概论与实践 [M]. 北京：机械工业出版社，2018（6）.

[75] 邓彦斌.大学生创业与高等院校创业教育实务全书 [M]. 北京：人民教育出版社，2004.

[76] 曹扬，邹云龙.经济发展方式转变背景下的大学生创业与创新创业教育 [J]. 东北师大学报，2012（7）.

[77] 孙昀.大学生创业教育 [M]. 北京：高等教育出版社，2014.

[78] 何红旗.从创业融资到企业 IPO 实施全案 [M]. 北京：人民邮电出版社，2018.

[79] 瑞安，等.成功的创业计划 [M]. 北京：机械工业出版社，2004.

[80] 李琳.基于 OBE 的电子商务专业创新创业人才培养模式 [J]. 电脑知识与技术，2020（2）.

[81] 杜玉波.努力开创高校创新创业教育和大学生自主创业工作新局面 [J]. 创新创业教育，2011（3）.

[82] 曹扬，邹云龙.经济发展方式转变背景下的大学生创业与创新创业教育 [J]. 东北师大学报，2012（7）.

[83] 王小兵.企业知识产权管理：操作实务与法律风险防范 [M]. 北京：中国法制出版社，2019.

[84] 刘春霖.知识产权资本化研究 [M]. 北京：法律出版社，2010.

[85] 陈静.知识产权资本化的条件与价值评估 [J]. 学术界，2015（8）：90-99+325.

[86] 冯雪飞，董大海，张瑞雪 . 互联网思维：中国传统企业实现商业模式创新的捷径 [J]. 当代经济管理，
    2015，37（4）：20-23.

[87] 徐明 . "互联网＋" 时代的大学生创业模式选择与路径优化 [J]. 中国青年社会科学，2015，34（5）：
    49-55.

[88] 刘小东 . 后互联网时代的创业机会 [J]. 科技潮，2012（11）：72.

[89] 赵宇飞 . 关于互联网＋时代的创业模式探讨 [J]. 中国国际财经，2016（17）：14-15.

[90] 胡小玲，李海波，陈灿 . 互联网时代嘉兴大学生创业模式选择及其路径分析 [J]. 创新与创业教育，
    2018，9（3）：98-103.

教师服务

感谢您选用清华大学出版社的教材！为了更好地服务教学，我们为授课教师提供本书的教学辅助资源，以及本学科重点教材信息。请您扫码获取。

≫ 教辅获取

本书教辅资源，授课教师扫码获取

≫ 样书赠送

创业与创新类重点教材，教师扫码获取样书

 清华大学出版社

E-mail: tupfuwu@163.com
电话：010-83470332 / 83470142
地址：北京市海淀区双清路学研大厦 B 座 509

网址：http://www.tup.com.cn/
传真：8610-83470107
邮编：100084